# 工业经济管理前沿理论与创新发展研究

孙立强　著

中国商务出版社
·北京·

图书在版编目（CIP）数据

工业经济管理前沿理论与创新发展研究 / 孙立强著 .

北京 : 中国商务出版社 , 2024. 8. -- ISBN 978-7-5103-
5306-2

Ⅰ .F4

中国国家版本馆 CIP 数据核字第 20242PM044 号

工业经济管理前沿理论与创新发展研究

孙立强　著

出版发行：中国商务出版社有限公司

地　　址：北京市东城区安定门外大街东后巷 28 号　邮编：100710

网　　址：http://www.cctpress.com

联系电话：010-64515150（发行部）　　010-64212247（总编室）
　　　　　010-64515210（事业部）　　010-64248236（印制部）

责任编辑：孟宪鑫

排　　版：北京嘉年华文图文制作有限责任公司

印　　刷：北京印匠彩色印刷有限公司

开　　本：710 毫米 × 1000 毫米　1/16

印　　张：16.25　　　　　　　字　　数：267 千字

版　　次：2024 年 8 月第 1 版　　印　　次：2024 年 8 月第 1 次印刷

书　　号：ISBN 978-7-5103-5306-2

定　　价：79.00 元

# 前　言

在当今全球经济一体化与信息化快速发展的背景下，工业经济管理面临着前所未有的机遇与挑战。随着科技的不断进步和市场需求的日益多样化，传统的工业经济管理方式已难以满足现代工业发展的需求。因此，探索工业经济管理的前沿理论，推动创新发展，成为当前工业领域亟待解决的问题。

本书旨在系统梳理工业经济管理的历史演变，深入分析当前面临的挑战，并在此基础上，全面探讨工业经济管理的前沿理论基础及其在实践中的应用。我们希望通过本书可以为工业经济管理领域的学者和实践者提供一个全面、深入的参考，助力他们在复杂的经济环境中做出更加科学、有效的决策。

本书共分为八章，内容涵盖了工业经济管理的多个重要方面。第一章为工业经济管理概述，将对工业经济管理的定义、重要性及其历史演变进行阐述，为读者提供一个清晰的概念框架。随后，我们将深入探讨当前工业经济管理面临的挑战，包括全球化竞争、资源环境约束、技术创新加速等，以期对现实问题有更为深刻的理解。在第二章中，我们将重点介绍工业经济管理的前沿理论基础，包括复杂系统管理理论、数字经济与工业4.0理论、可持续发展理论、创新生态系统理论以及数据驱动决策理论。这些理论为工业经济管理提供了新的视角和方法，有助于我们更好地把握工业经济发展的未来趋势。数字化转型是当前工业经济管理发展的重要趋势。第三章将详细阐述数字化转型的定义、背景及其在工业经济管理中的应用，同时分析数字化转型带来的机遇与挑战，并通过案例研究展示其在实际操作中的效果。可持续发展是工业经济管理中不可忽视的重要方面。第四章将探讨可持续发展的定义与重要性，分析工业经济管理中的可持续发展策略，特别是绿色生产与循环经济的实践，并通过前沿理论与实证研究展示可持续发展的实施路径。创新生态系统是推动工业经济管理创新发展的重要力量。第五章将深入剖析创新生态系统的定义与构成，探讨其在工业经济管理中的作用，并提出创新生态系统的构建与运营策略，通过前沿理论与案例展示其在实际应用中的价值。第六章将阐述数据驱动决策的定义与重要性，分析数据在工业经济管理中的应用，介绍前沿理论与模型，并探讨数据驱动决策面临的挑战与实施策略。智能制造与服务化转型是当前工业经济管理中的两大热点。第七章和第八章将分别深入探讨智能制造与服务化转型的定义、发展趋势、前沿技术与理论、机遇与挑战以及实施路径与策略，为读者提供全面、深入的洞见。

本书力求理论与实践结合，既注重理论的前沿性，又强调实践的可操作性。我们希望本书可以为工业经济管理领域的创新发展提供有益的参考与借鉴。

本书由青岛上合控股发展集团有限公司孙立强独立撰写完成。本书参与两个山东省重大项目可行性研究报告的编制：上合国际绿色农产品博览交易中心项目，2021年；上合示范区配套交通设施建设项目，2022年。

作　者

2024年7月

# 目　录

# 第一章　工业经济管理概述

## 第一节　工业经济管理的定义与重要性

### 一、工业经济管理的定义

工业经济管理是一个复杂而多维的领域，它涵盖了工业领域内经济活动的组织、计划、控制、激励和领导等多个方面。

#### （一）工业经济管理的内涵

工业经济管理，简而言之，是对工业领域内的经济活动进行科学管理的过程。这一过程涉及对工业资源的有效配置、生产过程的优化控制、市场需求的精准把握以及企业战略的明智制定等多个层面。其核心目标在于提高工业生产的效率与效益，推动工业经济的持续增长，并最终实现社会福祉的提升。

工业经济管理首先关注的是如何有效地配置有限的资源，包括原材料、资本、劳动力和技术等。这要求管理者具备敏锐的市场洞察力和丰富的行业知识，以便在竞争激烈的市场环境中做出明智的决策。在生产过程中，经济管理涉及对生产流程、质量控制、成本控制等多个环节的精细管理。通过引入先进的生产技术和管理理念，可以显著提高生产效率，降低生产成本，从而增强企业的市场竞争力。

同时工业经济管理还强调对市场需求的深入了解和精准把握。这要求企业管理者不断收集和分析市场信息，以便及时调整生产计划和产品策略，满足消费者不断变化的需求。在更宏观的层面，工业经济管理涉及企业战略的制定和实施，包括确定企业的长期发展目标、选择适合的市场定位以及制定有效的市场竞争策略等。

## （二）工业经济管理的外延

工业经济管理的外延广泛，它不仅局限于企业内部的生产经营活动，还涉及企业与外部环境（如政府、供应商、客户、竞争对手等）的互动关系。

政府在工业经济管理中扮演着重要的角色。它通过制定法律法规、提供财政支持和税收优惠等措施，为工业经济的发展创造良好的外部环境。同时，政府还通过监管和调控手段，确保工业经济的健康发展。在现代工业经济中，供应链管理成为越来越重要的环节。有效的供应链管理要求企业与供应商建立紧密的合作关系，确保原材料和零部件的及时供应，并降低库存成本。这要求企业具备强大的协调能力和信息管理能力。

同时企业还强调与客户建立长期稳定的合作关系。通过深入了解客户的需求和偏好，企业可以定制化生产产品，提供个性化的服务，从而增强客户的忠诚度和满意度。在工业经济管理中，竞争与合作是并存的。一方面，企业需要不断提升自身的竞争力，以在激烈的市场竞争中脱颖而出；另一方面，企业需要与其他企业或机构进行合作，共同推动工业经济的发展。

## （三）工业经济管理的重要性

工业经济管理在现代经济体系中占据着举足轻重的地位。它不仅关系到工业企业的生存和发展，还将对整个国民经济的稳定增长和社会福祉的提升产生深远影响。

工业是国民经济的重要支柱，工业经济管理的好坏直接影响到经济的增长速度和质量。通过有效的经济管理，企业可以提高工业生产的效率，增加工业产出，从而推动经济的持续增长。实施有效的工业经济管理有助于实现资源的优化配置。在有限的资源条件下，通过科学的管理和决策，企业可以将资源分配到最具生产力和效益的领域，提高资源的使用效率。

在工业经济管理中，企业是核心的主体。通过引入先进的管理理念和技术手段，企业可以不断提升自身的竞争力，以应对市场的变化和挑战。同时实施工业经济管理还与社会稳定和发展密切相关。通过推动工业经济的增长和优化产业结构，企业可以创造更多的就业机会，提高居民的收入水平，从而促进社会的和谐与稳定。

## 二、工业经济管理的作用与功能

工业经济管理作为现代企业管理体系中的核心组成部分，其作用与功能远不止于简单的资源配置和生产效率提升，而是深入到企业运营的每一个层面，进而对工业企业的长期发展和国民经济的稳定增长产生深远影响。

### （一）优化资源配置，提高生产效率

工业经济管理的首要作用在于优化资源配置，提高生产效率。在市场经济条件下，资源是有限的，而企业的需求是无限的。如何有效地配置这些有限的资源，使其发挥最大的效益，是工业经济管理面临的首要问题。通过科学的管理手段，如生产计划、库存管理、供应链管理等，企业可以实现对原材料、资金、劳动力等资源的精准配置，减少浪费，提高资源的利用效率。同时，通过引入先进的生产技术和设备，企业还可以进一步提升生产效率，降低生产成本，从而在市场竞争中占据有利地位。

### （二）保障产品质量，满足市场需求

企业承担着保障产品质量、满足市场需求的重要职责。在现代市场经济中，产品质量是企业生存和发展的基础。通过实施严格的质量管理体系，如ISO9001等，企业可以确保生产过程中的每一个环节都符合既定的质量标准，从而生产出高质量的产品。同时，企业还要关注市场动态和消费者需求的变化，通过市场调研和预测，企业可以及时调整产品结构和生产计划，以满足市场需求的变化。这种以市场为导向的生产方式不仅有助于企业扩大市场份额，提高盈利能力，还有助于提升企业的品牌形象和消费者忠诚度。

## （三）促进技术创新，推动产业升级

工业经济管理在促进技术创新和推动产业升级方面发挥着重要作用。随着科技的不断发展，新技术、新工艺、新材料层出不穷，为工业企业提供了前所未有的发展机遇。然而，技术创新的实现离不开有效的经济管理。通过设立研发部门、加大研发投入力度、建立产学研合作机制等措施，企业可以不断引进和吸收新技术，推动产品和服务的升级换代。同时，企业还要关注产业政策的调整和行业趋势的变化，引导企业把握产业升级的机遇，实现可持续发展。

## （四）加强内部控制，防范经营风险

工业经济管理在加强企业内部控制、防范经营风险方面发挥着重要作用。在复杂多变的市场环境中，企业面临着各种经营风险，如市场风险、信用风险、操作风险等。为了有效应对这些风险，企业需要建立健全的内部控制体系，确保各项经济活动的合规性和有效性。通过制定和执行严格的财务管理制度、审计制度、风险管理制度等，企业可以加强对企业各项经济活动的监督和约束，及时发现和解决存在的问题，防范潜在的经营风险。

## （五）提升员工素质，增强企业凝聚力

企业要关注员工素质的提升和企业凝聚力的增强。员工是企业最宝贵的资源之一，他们的素质和能力将直接影响到企业的生产效率与产品质量。通过实施科学的人力资源管理策略，如招聘、培训、激励等，企业可以吸引和留住优秀的人才，提升员工的整体素质和能力。同时，还要注重企业文化建设，通过营造积极向上的工作氛围和弘扬团队精神，增强员工的归属感和凝聚力，提高员工的工作积极性和创造力。

## （六）促进环境保护，实现可持续发展

随着全球环境问题的日益严峻，工业经济管理在促进环境保护和实现可持续发展方面发挥着重要作用。遵循绿色制造和循环经济等理念，企业可以在生产过程中减少资源消耗和环境污染，实现经济效益和环境效益的

双赢。同时，还要关注企业社会责任的履行，通过参与公益事业、支持环保项目等措施，展现企业的良好形象和社会责任感。

### （七）促进国际交流与合作，提升国际竞争力

在全球化的背景下，实施工业经济管理可以促进着国际交流与合作，提升企业的国际竞争力。通过参与国际贸易、吸引外资、开展国际合作项目等方式，企业可以拓宽市场渠道，引进先进技术和管理经验，提升自身的国际竞争力。同时，还要关注国际规则和标准的变化，引导企业遵守国际贸易规则和标准，维护企业的合法权益和形象。

## 三、工业经济管理在现代经济体系中的地位

工业经济管理在现代经济体系中的地位举足轻重，它不仅关乎工业企业的运营效率和竞争力，还将对整个国民经济的稳定增长和可持续发展产生深远影响。

### （一）工业经济管理是现代企业管理体系的核心

在现代企业管理体系中，工业经济管理占据着核心地位。随着市场竞争的加剧和消费者需求的日益多样化，工业企业面临着前所未有的挑战。为了应对这些挑战，企业需要建立科学、高效的管理体系，以确保各项经济活动的顺利进行。工业经济管理正是这一管理体系中的重要组成部分，它涵盖了生产、销售、财务、人力资源等多个方面，通过对这些方面的有效管理，企业可以优化资源配置、提高生产效率、降低成本、提升产品质量，从而在市场竞争中占据有利地位。

### （二）工业经济管理是推动产业升级和转型的关键力量

随着科技的进步和全球化的深入发展，产业升级和转型已成为现代经济发展的重要趋势。工业经济管理在这一过程中发挥着关键作用。通过引入新技术、新工艺和新材料，企业可以推动产品和服务的升级换代，提高附加值和竞争力。同时，还要关注行业趋势和市场变化，引导企业把握产业升级的机遇，实现可持续发展。例如，在新能源、智能制造、绿色制造

5

等新兴领域，通过科学规划和有效实施工业经济管理，推动一批具有核心竞争力的企业崛起，进而为产业升级和转型注入强劲动力。

## （三）工业经济管理是保障国家经济安全的重要屏障

工业是国民经济的重要支柱，工业经济管理的好坏直接关系到国家经济的安全和稳定。在全球化和信息化背景下，国家间的经济竞争日益激烈，工业经济领域成为各国竞相争夺的战略高地。通过加强工业经济管理，企业可以提高自主创新能力，掌握核心技术和关键资源，增强抵御外部风险的能力。同时，政府也可以通过制定和实施相关产业政策，引导和支持工业企业的发展，保障国家经济的安全和稳定。例如，在应对国际贸易摩擦和技术封锁等挑战时，强大的工业经济管理体系可以为企业提供有力的支持和保障。

## （四）工业经济管理是促进区域经济发展的重要支撑

区域经济发展是现代经济体系中的重要组成部分，而工业经济管理则是促进区域经济发展的重要支撑。通过优化产业布局、推动产业集聚和协同创新等措施，可以带动区域经济的快速增长和转型升级。同时，还要关注区域间的协同发展和资源共享，推动形成优势互补、互利共赢的区域经济格局。例如，在长三角、珠三角等经济发达地区，通过科学规划和有效实施工业经济管理，促进区域内工业企业的协同发展和产业升级转型，进而为区域经济的持续增长提供有力支撑。

## （五）工业经济管理是实现可持续发展的重要保障

随着全球环境问题的日益严峻和资源约束的加剧，可持续发展已成为现代经济体系中的重要议题。工业经济管理在实现可持续发展方面发挥着重要作用。通过推广绿色制造、循环经济和节能减排等措施，企业可以降低生产过程中的资源消耗和环境污染，实现经济效益和环境效益的双赢。同时，还关注企业社会责任的履行和生态环境的保护，推动企业积极参与环保公益事业和社会责任项目，为实现可持续发展贡献力量。

## （六）工业经济管理是推动创新发展的重要驱动力

创新是现代经济体系发展的重要驱动力，而工业经济管理则是推动创新发展的重要手段之一。通过加大研发投入力度、建立"产学研"合作机制、培养创新型人才等措施，可以激发企业的创新活力，推动技术创新和产品创新。同时，企业还要关注行业前沿技术和市场趋势的变化，引导企业把握创新发展的机遇和方向。例如，在人工智能、大数据、云计算等新技术领域，通过科学规划和有效实施工业经济管理，推动了一批具有自主知识产权和核心竞争力的创新型企业崛起，进而为现代经济体系的发展注入新的活力。

## 四、工业经济管理对企业和社会的重要性

工业经济管理，作为现代企业管理体系中的核心环节，其重要性不仅体现在对企业内部运营结构的优化和水平的提升上，还在于其对社会整体经济发展的深远影响。

### （一）工业经济管理对企业的重要性

工业经济管理的首要任务是对企业内部的资源进行合理配置，这包括原材料、资金、劳动力等生产要素。通过科学的管理手段和方法，如生产计划、库存管理、供应链管理等，企业可以实现资源的精准配置，避免资源浪费，从而提高生产效率。这不仅可以降低企业的生产成本，还可以增强企业在市场竞争中的优势。

在工业经济管理中，产品质量管理是一个至关重要的环节。通过实施严格的质量管理体系，如ISO9001等，企业可以确保生产过程中的每一个环节都符合既定的质量标准，从而生产出高质量的产品。这不仅可以满足消费者对产品质量的期望，还可以增强企业的品牌形象和市场竞争力。同时，企业还要关注市场动态和消费者需求的变化，使企业能够及时调整产品结构和生产计划，以满足市场需求的变化。同时工业经济管理在促进技术创新和推动产业升级方面也发挥着重要作用。

### （二）工业经济管理对社会的重要性

工业作为国民经济的重要支柱，其发展水平会直接影响到整个社会的经济增长和就业状况。工业经济管理通过优化企业资源配置、提高生产

效率、推动技术创新等措施，促进了工业企业的快速发展。这不仅带动了整个产业链的繁荣，还为社会提供了大量的就业机会，促进了社会的稳定和繁荣。在全球化和信息化背景下，国家间的经济竞争日益激烈。工业经济管理通过提升企业自主创新能力、掌握核心技术和关键资源等措施，增强了企业和产业在国际市场上的竞争力。同时，政府也可以通过制定和实施相关产业政策，引导和支持工业企业的发展，保障国家经济的安全和稳定。这对维护国家的长远利益和战略地位具有重要意义。

工业经济管理在促进区域经济发展和实现区域协调方面发挥着重要作用。通过优化产业布局、推动产业集聚和协同创新等措施，可以带动区域经济的快速增长和转型升级。同时，它还关注区域间的协同发展和资源共享，推动形成优势互补、互利共赢的区域经济格局。这有助于缩小地区间的发展差距，实现区域经济的均衡和协调发展。随着全球环境问题的日益严峻和资源约束的加剧，可持续发展已成为现代社会的重要议题。工业经济管理在实现可持续发展方面发挥着重要作用。通过推广绿色制造、循环经济和节能减排等措施，企业可以降低生产过程中的资源消耗和环境污染，实现经济效益和环境效益的双赢。这不仅有助于保护生态环境，还为社会的可持续发展提供了有力保障。

工业经济管理的发展直接关联到社会的进步和民生的改善。随着工业企业的快速发展和经济效益的提升，企业可以为社会提供更多的优质产品和服务，满足人民群众日益增长的美好生活需要。同时，工业经济管理还关注企业社会责任的履行和公益事业的参与，推动企业积极参与社会建设和发展，为社会的和谐稳定和民生改善做出贡献。

# 第二节　工业经济管理的各个发展阶段

## 一、传统工业经济管理的各个发展阶段

传统工业经济管理阶段，作为工业经济管理发展历程中的重要一环，其特点、影响及转型路径都值得我们深入探讨。

## （一）传统工业经济管理各发展阶段出现的背景与特点

### 1. 背景

传统工业经济管理阶段大致可以追溯到 18 世纪后期至 20 世纪初，这一时期正值工业革命兴起并逐渐向全球扩展。工业革命带来了生产技术的巨大飞跃，机器生产逐渐取代手工劳动，工厂制度成为工业生产的主要组织形式。在这一背景下，工业经济管理应运而生，并随着工业革命的深入而不断发展。

### 2. 特点

（1）以经验管理为主：在传统工业经济管理阶段，企业管理主要依赖资本家或其代理人的个人经验。由于当时生产力水平相对较低，企业规模普遍不大，因此经验管理成为主要的管理方式。管理者只是通过自己长期实践积累的经验来指导企业的生产经营活动，而缺乏系统的管理理论和方法。

（2）缺乏科学规范：这一阶段的企业管理缺乏科学、规范的管理制度和程序。企业的生产计划、成本控制、质量控制等方面往往依赖管理者的主观判断和直觉决策，往往会导致管理效率低下且易出错。同时，企业内部组织结构相对简单，部门职能划分不明确，信息传递不畅。

（3）劳动密集型生产：由于当时技术水平有限，传统工业经济管理阶段的生产方式主要以劳动密集型为主。工人通过手工操作机器或使用简单工具进行生产，劳动强度大且生产效率低下。这种生产方式对劳动力的依赖程度较高，而管理者对劳动力的管理和激励也主要依赖于简单的奖惩机制。

## （二）传统工业经济管理各发展阶段带来的影响

### 1. 积极影响

（1）推动工业化进程：传统工业经济管理阶段虽然存在诸多不足，但它为工业化进程的推进提供了必要的组织和管理基础。通过不断积累管理经验和优化生产流程，企业逐渐提高了生产效率并扩大了生产规模，为工业化的深入发展奠定了基础。

（2）培养管理人才：在这一阶段中，许多优秀的管理人才通过实践锻炼逐渐成长起来。他们凭借丰富的管理经验和敏锐的市场洞察力，为企业的发展做出了重要贡献。同时，这些管理人才也为后续管理理论的发展提供了宝贵的实践经验。

2.消极影响

（1）管理效率低下：由于经验管理为主且缺乏科学规范的管理制度和方法，传统工业经济管理阶段的企业管理效率普遍较低。这不仅增加了企业的运营成本还降低了市场竞争力。

（2）限制企业发展：随着市场环境的不断变化和竞争的日益激烈，传统工业经济管理阶段的管理方式逐渐暴露出其局限性。它因无法适应企业规模扩大和复杂性增加的需求从而限制了企业的进一步发展。

## （三）传统工业经济管理各发展阶段的转型路径

随着工业革命的深入和市场环境的变化传统工业经济管理阶段逐渐向科学管理阶段与现代管理阶段转型。这一转型过程主要体现在以下几个方面。

一是科学管理理论的出现为传统工业经济管理阶段的转型提供了重要的理论支撑。泰勒等科学管理先驱通过系统研究和实践探索总结出一套科学的管理理论和方法，如工作标准化、时间研究、差别计件工资制等。这些理论和方法的应用极大地提高了企业的生产效率和管理水平。在科学管理理论的指导下企业开始建立科学规范的管理制度。这些制度包括生产计划管理制度、成本控制制度、质量控制制度等，其涵盖了企业生产经营活动的各个方面。通过实施这些制度企业实现了管理的规范化和程序化，提高了管理效率和准确性。

二是为了适应企业规模扩大和复杂性增加的需求企业开始优化组织结构和管理流程。通过明确部门职能划分和职责分工建立高效的信息传递与沟通机制，通过引入先进的信息技术和管理系统实现管理流程的自动化和智能化，通过加强员工培训和提高员工素质提升企业的整体管理水平和竞争力。在现代管理阶段中人本管理成为企业管理的重要理念之一。企业开始关注员工的需求和发展，通过提供良好的工作环境和福利待遇、建立激励机制和晋升机制等方式激发员工的积极性和创造力。同时企业还要注重培养员工的团队协作精神和创新能力以应对复杂多变的市场环境。

## 二、现代工业经济管理阶段

现代工业经济管理阶段，作为工业经济管理发展历程中的重要一环，不仅继承了传统管理阶段的精华，也在全球化、信息化、智能化等新时代背景下展现出新的特点和趋势。

### （一）现代工业经济管理阶段的特点

现代工业经济管理阶段最显著的特点之一是它的科学化与规范化。随着管理理论的不断发展和完善，企业开始广泛采用科学的管理方法和工具，如六西格玛管理、精益生产、全面质量管理等，以提高生产效率和产品质量。同时，企业还建立健全了各项规章制度和管理流程，确保各项经济活动有章可循、有据可查，并实现了管理的规范化和程序化。信息技术的飞速发展为现代工业经济管理提供了强有力的支撑。企业通过建立信息化管理系统，实现了生产、采购、销售、财务等各个环节的信息共享和协同作业，提高了管理效率和决策水平。此外，随着人工智能、大数据、云计算等技术的广泛应用，企业开始探索智能化管理的新模式，如智能工厂、智能制造等，通过自动化、数字化、网络化等手段提升生产的效率和灵活性。

现代工业经济管理阶段强调以人为本的管理理念，注重员工的成长和发展。企业通过建立完善的激励机制和培训体系，激发员工的积极性和创造力，促进员工与企业共同成长。同时，企业还注重民主化管理，鼓励员工参与决策过程，增强员工的归属感和责任感。这种人本化与民主化的管理方式有助于构建和谐的企业文化，增加企业的凝聚力和竞争力。随着全球化进程的加速推进，现代工业经济管理阶段呈现出明显的全球化与网络化特点。企业不再局限于国内市场，而是积极开拓国际市场，参与全球竞争与合作。同时，企业通过建立广泛的供应链网络和销售渠道，实现资源的优化配置和风险的分散管理。此外，企业还利用互联网等现代信息技术手段加强与供应商、客户、合作伙伴等的沟通与协作，形成紧密联系的产业生态网络。

面对资源约束和环境压力的挑战，现代工业经济管理阶段越来越重视可持续发展问题。企业开始将环境保护和社会责任纳入管理范畴，通过推广绿色制造、循环经济等模式降低能耗和排放减少对环境的影响。同时企业还积极参与社会公益事业、履行社会责任，并树立良好的企业形象和品牌信誉。

## （二）现代工业经济管理阶段的发展趋势

随着信息技术的不断发展和普及数字化转型已成为现代工业经济管理的重要趋势之一。企业将加快信息化建设步伐，推动生产、管理、营销等各个环节的数字化转型，提高数据分析和决策支持能力，实现智能化运营和管理。面对全球气候变化和环境保护的紧迫任务，绿色低碳转型已成为现代工业经济管理的重要方向之一。企业将积极响应国家节能减排政策，推广绿色制造和循环经济模式，降低能耗和排放，减少对环境的影响，实现经济效益和社会效益的双赢。

创新是现代工业经济管理阶段的核心动力之一。企业将加大研发投入力度，加强技术创新和产品创新，提高自主创新能力，形成核心竞争优势。同时企业还将加强与高校、科研机构等的合作与交流，推动"产学研"深度融合，促进科技成果的转化和应用。供应链管理是现代工业经济管理的重要环节之一。企业将加强供应链管理的优化和创新，增加供应链的透明度和协同性，降低库存成本和物流成本，提高供应链的整体效率和响应速度。同时企业还将加强与供应商、客户等的合作与沟通，建立长期稳定的合作关系，形成紧密的供应链生态网络。

人才是现代工业经济管理阶段的重要资源之一。企业将加强人才培养和引进工作，建立完善的人才培养体系和激励机制，吸引和留住优秀人才，为企业的发展提供有力的人才保障。同时企业还将注重员工的成长和发展，提供广阔的发展空间和晋升机会，激发员工的积极性和创造力。

# 三、信息化与数字化工业经济管理的发展阶段

在工业经济管理的发展历程中，信息化与数字化是两个至关重要的阶

段，它们不仅深刻改变了工业经济的运作方式，还极大地提升了管理效率和竞争力。

## （一）信息化工业经济管理的发展阶段

### 1. 背景与定义

信息化工业经济管理阶段是在计算机技术、网络技术等现代信息技术快速发展的背景下出现的。这一阶段的核心在于将信息技术广泛应用于工业经济管理的各个环节，实现信息的采集、处理、传输和共享，从而提高管理决策的效率和准确性。

### 2. 主要特点

（1）信息系统的建立：企业开始构建和完善各类信息系统，如ERP（企业资源计划）、CRM（客户关系管理）、SCM（供应链管理）等，这些系统覆盖了生产、采购、销售、财务等多个领域，实现了数据的集中管理和共享。

（2）业务流程的优化：通过信息化手段，企业对传统业务流程进行梳理和优化，减少冗余环节，提高流程效率。同时，信息系统能够实时监控业务流程的执行情况，确保各项任务按时完成。

（3）决策支持系统的应用：随着数据的积累和分析能力的提升，企业开始利用决策支持系统辅助管理决策。这些系统能够对海量数据进行挖掘和分析，为管理者提供有价值的参考信息，提高决策的科学性和准确性。

（4）信息孤岛问题：尽管信息化带来了诸多便利，但也存在"信息孤岛"问题。不同部门、不同系统之间的数据难以实现无缝对接和共享，导致信息资源的浪费和管理效率的下降。

### 3. 影响与意义

信息化工业经济管理阶段显著提升了企业的管理水平和竞争力。一方面，通过信息系统的应用，企业能够更加精准地掌握市场动态和客户需求，及时调整经营策略；另一方面，信息化的推进促进了企业内部管理的规范化和透明化，降低了管理成本。然而，"信息孤岛"问题仍需引起高度重视，企业可以通过加强系统集成和数据共享来破解这一难题。

## （二）数字化工业经济管理的发展阶段

1. 背景与定义

数字化工业经济管理阶段是在信息化基础上的进一步深化和发展。这一阶段强调将物理世界中的业务活动全面转化为可度量、可分析的数据资产，并通过大数据、云计算、人工智能等先进技术对数据进行深度挖掘和应用，从而推动工业经济的转型升级和创新发展。

2. 主要特点

（1）数据的全面连接与共享：数字化阶段解决了信息化阶段的"信息孤岛"问题，实现了企业内部各部门、各系统之间数据的全面连接和共享。这使得数据资源得到充分利用和挖掘，为企业的精细化管理提供了有力支持。

（2）大数据分析与决策：随着大数据技术的成熟应用，企业能够对海量数据进行深度挖掘和分析，发现数据背后的规律和趋势，为管理决策提供科学依据。同时，基于大数据的预测分析还能够帮助企业提前识别潜在风险并制定相应的应对措施。

（3）智能化管理与服务：人工智能、物联网等技术的融入使得工业经济管理更加智能化。企业可以通过智能机器人、自动化生产线等设备实现生产过程的自动化和智能化控制。同时企业也可以通过智能客服、个性化推荐等服务提升客户满意度和忠诚度。

（4）数字化生态的构建：在数字化阶段下，企业不再孤立于市场之中，而是积极参与到数字化生态的构建中。通过与其他企业、机构等建立合作关系，共同推动产业链上下游的数字化转型和创新发展。

3. 影响与意义

数字化工业经济管理阶段为企业带来了前所未有的发展机遇和竞争优势。一方面通过大数据分析和智能化管理，企业能够更加精准地把握市场趋势和客户需求，实现产品和服务的个性化定制；另一方面通过构建数字化生态，企业能够拓展更广阔的市场空间，实现资源的优化配置和共享。此外，数字化还有助于推动工业经济的绿色低碳转型和创新发展，为企业的可持续发展奠定坚实基础。

### （三）信息化与数字化工业经济管理阶段的融合与发展

在实际应用中信息化与数字化往往不是孤立存在的而是相互融合、相互促进的关系。信息化为数字化提供了基础数据和技术支撑，而数字化则进一步推动了信息化的深化和拓展。未来随着技术的不断进步和应用场景的不断拓展，信息化与数字化工业经济管理阶段将继续融合发展，为企业带来更加高效、智能、可持续的管理模式和竞争优势。

# 第三节　当前工业经济管理面临的挑战

## 一、全球化与市场竞争加剧

在全球化的浪潮下，各国经济日益紧密相连，形成了一个错综复杂的全球经济体系。这一进程不仅促进了商品、资本、技术和信息的跨国流动，还加剧了市场竞争的激烈程度。企业面临着前所未有的挑战，但同时也孕育着新的机遇。

### （一）全球化与市场竞争加剧的背景

全球化是一个多维度的概念，它涵盖经济、政治、文化和社会等多个层面。在经济层面，全球化主要表现为国际贸易和投资的自由化、跨国公司的崛起以及国际金融体系的整合。这些变化推动了全球市场的形成，使得企业能够在更广泛的地理范围内开展业务。

然而，全球化并非一帆风顺。随着市场的开放和贸易壁垒的降低，越来越多的企业涌入全球市场，导致竞争日益激烈。特别是在一些高附加值行业，如科技、金融和服务业，竞争更是达到了白热化的程度。

### （二）全球化与市场竞争加剧带来的挑战

随着全球市场的形成，企业进入新市场的门槛也随之提高。企业需要具备更强的实力、更高的品牌知名度和更完善的营销网络，才能在激烈的市场竞争中脱颖而出。在激烈的市场竞争中，价格战成为一种常见的竞争手段。企业为了争夺市场份额，不得不降低产品价格，从而导致利润空间的压缩。

在全球化背景下，技术创新成为企业竞争的核心。然而，随着技术的快速发展和更新换代速度的加快，企业需要不断投入研发资金以保持其竞争优势。在全球市场运营时，企业需要遵守不同国家和地区的法律法规。这不仅会增加企业的运营成本，还可能因为合规问题而面临法律风险。

## （三）全球化与市场竞争加剧带来的机遇

全球化为企业提供了更广阔的市场空间。企业可以通过拓展国际市场、实现多元化发展来降低其对单一市场的依赖风险。在全球化背景下，企业可以更容易地获取全球范围内的资源，如人才、技术、资金等。通过资源整合和优化配置，企业可以提高其整体竞争力和运营效率。

全球化促进了技术创新的跨国合作。企业可以通过与国际领先的技术机构或企业合作，共同研发新技术、新产品，从而提升自身的技术实力和创新能力。在全球化进程中，企业有机会将其品牌推向国际市场，提升其品牌的国际知名度和影响力。这不仅可以增加企业的市场份额，还有助于塑造企业的良好形象。

## （四）应对全球化与市场竞争加剧的策略

在进入新市场之前，企业需要进行深入的市场调研，了解当地的市场需求、竞争格局和消费者行为。通过精准的市场定位，企业可以制定更有针对性的营销策略和产品组合。在激烈的市场竞争中，企业需要不断提升其核心竞争力，包括技术创新、品牌建设、营销网络拓展等多个方面。只有通过打造独特的竞争优势，企业才可以在市场中脱颖而出。

为了降低对单一市场的依赖风险，企业可以实施多元化发展战略，包括产品多元化、市场多元化和投资多元化等多个层面。通过多元化发展，企业可以在不同市场和领域寻求新的增长点。在全球化背景下，企业需要加强与国际合作伙伴的联系和合作。通过建立战略联盟、共同研发新技术或产品等方式，企业可以共享资源、分担风险并实现互利共赢。在全球市场运营时，企业需要严格遵守不同国家和地区的法律法规。同时，企业还需要构建完善的风险管理体系，对潜在的法律风险和市场风险进行及时预警和应对。

## 二、资源与环境约束加剧

在当今世界，资源与环境问题日益凸显，成为制约经济社会发展的重要因素。随着人口增长、工业化进程加速以及消费模式的转变，资源消耗和环境压力不断加剧，这些都将对可持续发展构成严峻挑战。

### （一）资源与环境约束加剧的背景

资源与环境是人类生存和发展的基础。然而，在过去的几个世纪里，随着工业革命的推进和全球人口数量的爆炸式增长，人类对自然资源的开采和利用达到了前所未有的程度。同时，环境污染和生态破坏问题也日益严重，对地球的生命支持系统构成了严重威胁。

资源的有限性和环境的脆弱性是人类面临的基本事实。许多关键资源，如水资源、矿产资源、能源等，都是有限的，并且分布不均。随着人类活动范围的不断扩展，这些资源的消耗速度远远超过了其自然再生速度。同时，环境污染和生态破坏的累积效应也开始显现，如气候变化、生物多样性丧失、土地退化等，这些问题都将对人类的生存和发展构成严重威胁。

### （二）资源与环境约束加剧带来的挑战

随着人口的增长和经济的发展，对资源的需求不断增加。然而，许多关键资源的储量有限，且分布不均，导致资源短缺和供需矛盾日益突出。工业化进程和城市化发展带来了大量的环境污染和生态破坏。空气、水体和土壤的污染问题严重，生态系统的稳定性和功能受到损害。

气候变化是当前全球面临的最大环境问题之一。温室气体排放导致全球气温上升，引发极端气候事件和海平面上升等一系列问题。资源与环境约束加剧将对可持续发展构成严重压力。如何在保障经济发展的同时，实现资源节约和环境保护，成为学界亟待解决的问题。

### （三）资源与环境约束加剧带来的影响

资源短缺和环境问题限制了经济发展的速度和质量。许多国家和地区因为资源匮乏或环境恶化而面临经济发展瓶颈。资源与环境问题往往会引发社会矛盾和冲突。资源争夺、环境污染和生态破坏等问题可能导致社会不稳定与动荡。

环境污染和生态破坏将对人类健康构成严重威胁。空气、水体和土壤污染可能导致各种疾病和健康问题。资源与环境问题是全球性问题，需要各国共同应对。然而，由于利益冲突和立场不同，全球合作面临诸多挑战。

### （四）应对资源与环境约束加剧的策略

加快经济结构调整，推动产业向低碳、环保、可持续方向转型。发展绿色经济，培育新兴产业，降低对传统资源的依赖。通过技术创新和管理改进，提高资源的利用效率。推广节能技术和产品，减少资源浪费和损失。

加大环境保护投入力度，加强环境污染治理和生态修复。制定严格的环境法规和标准，强化环境监管和执法力度。加强国际合作，共同应对资源与环境问题。分享经验和技术，协同推进全球环境治理和可持续发展。提高公众对资源与环境问题的认识和参与度。倡导绿色生活方式，鼓励民众积极参与环保行动和志愿服务。创新政策和制度，为资源节约和环境保护提供有力保障。建立绿色金融体系，鼓励社会资本投资环保领域。完善资源有偿使用制度和生态环境补偿机制，激励企业和个人节约资源、保护环境。

## 三、技术创新与变革的压力

在当今快速发展的时代，技术创新与变革已成为推动社会进步和经济发展的核心动力。然而，这种创新与变革并非一帆风顺，它往往会面临巨大的压力和挑战。

## （一）技术创新与变革的背景

技术创新是人类社会发展的必然产物，它推动着生产力的提升、生产关系的变革以及社会结构的优化。从蒸汽机的发明到互联网的普及，每一次重大的技术创新都深刻地改变了人类的生活方式和工作模式。而今，随着人工智能、大数据、云计算等新兴技术的崛起，我们正处在一个前所未有的技术创新与变革的时代。

然而，技术创新并非孤立存在，它总是与社会的经济、政治、文化等各个方面紧密相连的。因此，技术创新与变革不仅是一个技术层面的问题，也是一个涉及社会整体发展的复杂问题。

## （二）技术创新与变革面临的压力

在全球化背景下，市场竞争日益激烈。企业为了保持竞争优势，必须不断进行技术创新和变革。然而，这种创新和变革需要大量的资金投入与人才支持，给企业带来了巨大的压力。随着科技的飞速发展，新技术出现和更新的速度越来越快。企业和技术人员需要不断学习与掌握新技术，以跟上时代的步伐。这种快速的技术更新给企业和个人都带来了巨大的学习与适应压力。

技术创新与变革往往伴随着社会期望和责任。人们期望新技术能够解决社会问题、改善生活质量，同时也对新技术可能带来的风险表示担忧。这种社会期望和责任给技术创新者带来了巨大的压力和挑战。技术创新与变革往往涉及法律法规和政策的变化。企业需要密切关注政策动态，确保技术创新符合法律法规的要求。然而，法律法规和政策的不确定性也会给技术创新带来很大的风险与挑战。

## （三）技术创新与变革带来的机遇

技术创新是推动经济发展的重要动力。通过技术创新，企业可以提高生产效率、降低成本、开拓新市场，从而实现经济增长和产业升级。技术创新可以改善人们的生活质量。例如，医疗技术的创新可以帮助人们更好地预防和治疗疾病；交通技术的创新可以缩短人们的出行时间，提高出行效率。

同时技术创新还可以促进不同文化之间的交流和理解。通过互联网和社交媒体等新技术，人们可以更加便捷地获取不同文化信息，增进对不同文化的了解和尊重。另外，技术创新还可以创造大量的就业机会。随着新技术的不断涌现，需要更多的技术人员和研发人员来推动技术的发展及应用。

### （四）应对技术创新与变革压力的策略

企业应加强技术研发能力，不断推出具有竞争力的新技术和产品。同时，企业之间不仅应加强合作，共同应对技术创新带来的挑战，也应密切关注市场动态，灵活调整战略和业务模式，以适应不断变化的市场需求。同时，企业也应注重品牌建设和服务质量，提高客户满意度和忠诚度。

技术创新需要高素质的人才支持。企业应注重人才培养和引进，建立完善的人才激励机制和培训体系，吸引和留住优秀的技术人才。企业应密切关注政策法规动态，确保技术创新符合法律法规的要求。同时，企业也应积极参与政策制定和行业标准制定，为技术创新创造良好的外部环境。技术创新者应积极承担社会责任和期望，关注新技术可能带来的社会问题和风险。通过加强技术研发和应用的安全性、可靠性与可持续性等方面的考虑，确保技术创新能够真正造福社会。

## 四、人才培养与组织结构调整面临的挑战

在当今快速变化的商业环境中，企业为了保持竞争力和适应市场变化，需要经常进行人才培养与组织结构的调整。然而，这一过程并非易事，它往往会面临诸多挑战和困难。

### （一）人才培养与组织结构调整的背景

随着市场环境的变化、技术的进步以及消费者需求的多样化，企业需要不断调整其战略和业务模式以保持其竞争力。作为企业执行战略和实现业务目标的基础，人才和组织结构也必须随之进行调整。这种调整

可能涉及招聘新的人才、培训现有员工、改变组织架构、优化流程等多个方面。

## （二）人才培养与组织结构调整面临的挑战

在竞争激烈的市场中，找到具有所需技能和经验的人才变得越来越困难。企业需要投入更多的时间和精力来筛选并面试候选人。组织结构调整往往伴随着职位的变动和职责的重新分配，这可能导致一些员工感到不满或不安，从而增加人才流失的风险。为了使员工适应新的组织结构和履行新的职责，企业需要进行大量的培训。这不仅需要企业投入大量的资金，还需要耗费管理者大量的时间和精力。在组织结构调整后，一些员工可能会对自己的职业发展路径感到困惑。如果企业不能为员工提供清晰的发展路径和晋升机会，那么员工的积极性和忠诚度可能就会受到影响。

组织架构的调整涉及多个部门和团队的重新组合，这可能导致企业管理层权力关系的变动、员工之间沟通障碍的增加以及企业决策效率的降低。在调整组织结构的同时，企业还需要优化其业务流程以提高效率。然而，流程优化往往涉及多个部门和团队的协作，需要克服各种技术和文化上的障碍。

不同的部门和团队可能拥有不同的文化与价值观。在组织结构调整后，这些文化和价值观之间的冲突可能变得更加明显，从而影响团队的凝聚力和协作效率。如果企业的价值观与员工的个人价值观不一致，那么员工就可能难以认同企业的目标和战略，从而影响其工作积极性和忠诚度。

## （三）应对人才培养与组织结构调整挑战的策略

利用现代招聘技术和工具，如人工智能和大数据分析，来更精准地识别和吸引具有所需技能与经验的人才。通过提供具有竞争力的薪酬和福利、制定明确的职业发展路径以及建立公正的绩效评价体系来激励和留任员工。根据员工的实际需求和职业发展路径，提供定制化的培训和发展计划。鼓励员工持续学习和自我提升，通过建立学习型组织来培养员工的创新能力和适应能力。

　　采用渐进式的方式来调整组织架构，以减少对员工的冲击和不确定性。促进不同部门和团队之间的协作与沟通，以确保业务流程的顺畅和高效。在组织结构调整后，积极促进不同文化和价值观的融合，以形成共同的企业文化和价值观。通过明确的价值观和行为准则来引导员工的行为与决策，确保员工与企业的目标和战略保持一致。

# 第二章 工业经济管理的前沿理论基础

## 第一节 复杂系统管理理论

### 一、复杂系统的定义与特征

复杂系统，这一术语涵盖了从自然科学到社会科学，乃至日常生活中广泛存在的各类系统。它们以其高度的相互依赖性、非线性行为、涌现特性以及自组织能力等特征，成为当代科学研究的重要领域。

#### （一）复杂系统的定义

复杂系统是指由大量相互作用的组件组成的系统，这些组件通过复杂的交互关系形成一个整体，展现出与单个组件截然不同的行为特性。复杂系统的复杂性不仅体现在其组成的多样性和规模上，也在于其内部组件之间的相互作用方式以及这些作用如何共同影响系统的整体行为。

从更广泛的角度来看，复杂系统可以视为一种跨学科的研究对象，它融合了物理学、生物学、社会科学、计算机科学等多个领域的知识和方法。复杂系统的研究旨在揭示系统各部分之间的关系如何导致其集体行为，以及系统如何与其环境相互作用和形成关系。

#### （二）复杂系统的特征

复杂系统由大量的组件组成，这些组件可能是物理实体（如细胞、神经元等）、社会个体（如人、组织等）或信息单元（如数据包、指令等）。

这些组件之间通过各种方式进行相互作用，形成复杂的网络结构。这种网络结构不仅决定了系统的拓扑性质，还影响着系统的动态行为和功能表现。复杂系统的行为往往呈现出非线性特性，即系统的输出与输入之间不存在简单的比例关系。这种非线性行为使得系统对初始条件和外部干扰极为敏感，微小的变化就可能导致系统行为发生显著变化。非线性行为是复杂系统难以预测和建模的重要原因之一。

涌现是复杂系统的一个重要特征，它指的是系统整体表现出的行为或属性无法从单个组件的行为或属性中直接推导出来。涌现特性体现了复杂系统层次结构的重要性，即系统的整体行为是由低层次组件的相互作用在高层次上涌现出来的。涌现特性使得复杂系统具有高度的适应性和创新性，能够在不断变化的环境中保持生存和发展。自组织是复杂系统的另一个显著特征，它指的是系统在没有外部控制或指导的情况下，通过内部组件的相互作用自发地形成有序结构或功能。自组织能力使得复杂系统能够在没有中央控制的情况下实现高效的协调和合作，从而应对各种复杂环境的挑战。

复杂系统通常具有多层次的结构，从微观层面的组件到宏观层面的整体行为，每个层次都有其独特的属性和动态规律。多层次性使得复杂系统具有高度的灵活性和适应性，能够在不同层次上应对不同的环境变化和需求。复杂系统是一个动态演化的过程，其内部组件和交互关系随着时间的推移而不断变化。这种动态性和演化性使得复杂系统能够适应外部环境的变化并不断发展壮大。同时，动态性和演化性也给复杂系统的研究带来了挑战，因为需要不断地更新和调整模型与理论以适应系统的变化。复杂系统通常是一个开放的系统，与外部环境进行物质、能量和信息的交换。这种开放性和交互性使得复杂系统能够与外部环境形成紧密的联系与互动，从而不断地从外部环境中获取新的资源和信息来支持自身的生存与发展。

## （三）复杂系统的应用与挑战

复杂系统的研究不仅具有重要的理论意义，还广泛应用于各个领域。例如，在生态系统中，复杂系统理论有助于揭示生物种群之间的相互作用关系以及生态系统的稳定性和恢复力；在经济系统中，复杂系统理论可以用于分析市场波动、金融危机等现象的成因和演变规律；在社会系统中，复杂系统理论有助于理解社会结构的形成和演变以及社会现象的涌现机制。

然而，复杂系统的研究也面临着诸多挑战。首先，复杂系统的非线性行为和涌现特性使得其难以用传统的还原论方法进行建模与预测；其次，复杂系统的多层次性和动态性要求研究者具备跨学科的知识与技能以全面把握系统的行为及规律；最后，复杂系统的开放性和交互性使得其易受外部环境的影响与干扰从而增加了研究的难度及不确定性。

## 二、复杂系统管理的基本原理

复杂系统管理的基本原理涉及多个层面，包括系统内生复杂性的管理、系统组成成分的智能性、资源的稀缺性与整合、系统的目标导向性、动态性与环境影响、定性与定量因素的相互作用、多层次结构的协调以及系统的自组织性、自适应性和动态性。

复杂系统的内生复杂性是系统管理面临的核心挑战之一。系统的复杂性过高或过低都不利于系统的稳定运行和持续发展。理想的复杂性存在一个阈值范围，当系统低于这个阈值时，系统适应性较差，活力不足，发展速度缓慢。此时，需要适当改进系统的结构和功能，提升系统应对外界刺激的灵敏度，以提高系统的内生复杂性，从而促进系统的自组织、进化和创新。反之，当系统内生复杂性高于阈值时，系统要素间的关联复杂程度和相互作用强度过高，系统变得脆弱，小的扰动就可能引发不可预测的灾难事件。此时，需要通过改进系统的结构和功能来降低系统的内生复杂性，使系统保持在可控和稳定的范围内。

复杂系统的一个重要特征是其组成成分具有智能性，即具有思维能力的人或具有智能特性的实体（如人工智能系统）。这些智能成分能够基于经验、智慧和思维进行决策与行动，由此对系统的整体行为产生深远影响。在管理复杂系统时，需要充分考虑这些智能成分的特性和行为规律，通过合理的引导和激励机制，使它们能够协同工作，共同推动系统目标的实现。复杂系统中的资源往往是稀缺的，不能任意获得。因此，资源管理成为复杂系统管理的重要组成部分。有效的资源管理需要创造、整合和合理利用有限资源，以满足系统的运行和发展需求。这包括资源的分配、调度、优化和再生等多个方面。通过科学的资源管理和整合策略，可以提高资源的利用效率，降低系统的运行成本，增强系统的可持续发展能力。

复杂系统通常具有明确的目标导向性，即要求最有效率、最有价值地实现其预定目标。在管理复杂系统时，需要明确系统的目标体系，包括长期目标、中期目标和短期目标等。同时，需要建立有效的目标管理机制，确保系统各组成部分能够围绕共同目标协同工作。这包括目标设定、分解、跟踪、评估和调整等多个环节。通过目标导向的管理策略，可以激发系统的内在动力，推动系统不断向预定目标迈进。

复杂系统是一个动态演化的过程，其内部组件和交互关系随着时间的推移而不断变化。同时，系统还会受到外部环境的影响和干扰。因此，在管理复杂系统时，需要充分考虑系统的动态性和环境影响。这包括建立动态监测和预警机制，及时发现和应对系统内部和外部的变化。另外，还需要加强系统与环境的互动和适应，通过调整系统结构和功能来适应外部环境的变化与需求。

复杂系统受多种因素影响，这些影响因素中既有定性因素也有定量因素。定性与定量因素之间相互作用、相互影响，共同决定系统的行为特性。在管理复杂系统时，需要综合运用定性和定量的方法与技术手段，对系统进行全面深入的分析和评估。这包括建立系统的数学模型和仿真平台，通过定量分析揭示系统的内在规律和机制。同时，还需要结合定性分析的方法，对系统的社会、经济、文化等方面进行深入探讨。通过定性与定量方法的有机结合，可以更加准确地把握系统的行为特性和发展趋势。复杂系统具有多层次结构的特点，每个层次的经济利益和目标可能并不一致。因此，在管理复杂系统时，需要加强多层次结构的协调和整合。这包括明确各层次之间的权责关系和工作流程；建立有效的沟通机制和协作平台；制定合理的利益分配和激励机制等。通过多层次结构的协调和整合，可以实现系统各组成部分之间的无缝衔接和高效协同工作，从而推动系统整体目标的实现。

复杂系统具有自组织性、自适应性和动态性的特征。这些特征不仅使得系统能够在没有外部干预的情况下自发地形成有序结构和功能，而且能够根据外部环境的变化自动调整自身结构和功能以适应新的环境与需求。在管理复杂系统时，需要充分利用这些特征优势，通过合理的引导和激励机制激发系统的内在潜力；需要建立有效的监测和评估机制及时发现和解决系统存在的问题与风险确保系统的稳定运行，并得到持续发展。

# 三、复杂系统管理在工业经济管理中的应用

在当今快速变化的全球经济环境中，工业经济管理面临着前所未有的挑战。传统的线性管理模式已经难以应对复杂多变的工业经济系统，而复杂系统管理理论则为工业经济管理提供了新的视角和方法。

## （一）复杂系统理论概述

复杂系统理论是对由大量相互作用的组件组成的系统进行研究的理论框架。这些系统具有高度的非线性、涌现性、自组织性和动态性等特点。在工业经济领域，复杂系统理论被广泛应用于理解和管理企业、市场、供应链等复杂经济系统。

## （二）工业经济管理的复杂性

工业经济管理涉及多个层面和环节，包括生产、销售、物流、供应链管理等。这些环节之间相互依存、相互影响，形成了一个高度复杂的系统。此外，企业还受到市场需求、技术进步、政策环境等多种外部因素的影响，使得其管理难度进一步加大。

## （三）复杂系统管理在工业经济管理中的应用

1. 系统思维的应用

系统思维是复杂系统管理理论的核心之一。在工业经济管理中，系统思维强调从整体和全局的角度来审视问题，关注各组成部分之间的相互联系和相互作用。通过系统思维，企业可以更好地理解市场需求、生产流程、供应链管理等各个环节之间的关系，从而制定更加科学、合理的经营策略。

例如，在制订生产计划时，企业需要综合考虑市场需求、原材料供

应、生产能力等多个因素。传统的管理方式往往只关注单一因素或局部环节，而忽略了它们之间的内在联系。通过系统思维，企业可以建立一个全面的生产计划模型，将各个因素纳入其中进行综合考虑和优化，从而提高生产效率和市场响应速度。

2. 动态适应性的提升

复杂系统具有高度的动态适应性，能够在环境变化时自动调整自身结构和功能以适应新的需求。在工业经济管理中，这种动态适应性同样具有重要意义。随着市场需求的不断变化和技术的不断进步，企业需要不断调整自身经营策略以适应外部环境的变化。

通过复杂系统管理理论的应用，企业可以建立一种更加灵活和适应性的管理机制。这种机制能够实时监测市场变化和竞争态势，及时调整生产计划、销售策略和供应链布局等关键环节。同时，企业还可以利用数据挖掘和仿真技术等手段对未来市场趋势进行预测及分析，为决策提供科学依据。

3. 供应链管理的优化

供应链管理是工业经济管理中的重要环节之一。复杂系统管理理论在供应链管理中的应用主要体现在以下几个方面。

通过复杂系统管理理论的应用，企业可以加强供应链各环节之间的协同合作，实现信息共享和资源整合。这有助于提高供应链的整体效率和响应速度，降低运营成本。复杂系统管理理论强调对系统内部和外部风险的全面识别和管理。在供应链管理中，企业可以利用该理论建立风险预警和应对机制，及时发现并应对潜在的风险，保障供应链的稳定运行。

通过复杂系统管理理论的应用，企业可以对供应链布局进行优化调整。这包括选择合适的供应商、优化物流路径、降低库存成本等。优化后的供应链布局能够更好地适应市场需求变化和技术进步趋势，提高企业的竞争力。

4. 决策支持系统的构建

决策支持系统是复杂系统管理在工业经济管理中的另一重要应用。该系统利用数据挖掘、仿真模拟等技术手段对大量数据进行处理和分析，为企业管理者提供科学、准确的决策依据。

通过决策支持系统，企业可以对市场需求、生产成本、销售利润等多个方面进行全面的分析和预测。这有助于企业管理者更加清晰地了解企业的运营状况和市场环境变化趋势，从而制定更加合理和有效的经营策略。同时，决策支持系统还可以帮助企业实现智能化决策和自动化管理，进而提高管理效率和决策质量。

### （四）复杂系统管理带来的变革与优势

复杂系统管理理论的应用打破了传统线性管理模式的束缚，为工业经济管理带来了新的视角和方法。通过系统思维、动态适应性提升和供应链管理优化等手段的应用，企业能够更加全面地理解和管理复杂多变的工业经济系统，实现管理模式的创新和升级。

复杂系统管理理论的应用有助于提高管理效率和决策质量。通过构建决策支持系统和实现智能化决策和自动化管理，企业能够更加快速地响应市场需求变化和技术进步趋势，制定更加合理和有效的经营策略。同时这也有助于降低管理成本和减少人为因素导致的决策失误风险。复杂系统管理理论的应用有助于增强企业的竞争力。通过优化供应链管理、提高生产效率和市场响应速度等手段，企业能够更好地满足市场需求，提高客户满意度和忠诚度。同时这也有助于降低运营成本和提高盈利能力，从而提高企业在市场中的竞争地位。

## 四、复杂系统管理理论的最新进展

复杂系统管理理论作为现代系统科学的一个重要分支，近年来在理论探索与实践应用方面都取得了显著的进展。这一领域的研究不仅深化了我们对复杂系统内在机制的理解，也为解决实际问题提供了新的思路和方法。

### （一）理论创新

复杂网络理论是复杂系统管理理论的重要组成部分，近年来在揭示网络结构特性、动力学行为及网络控制等方面取得了重要突破。例如，研究人员通过构建多层次、多尺度的网络模型，深入分析网络中的社团结构、度分布、聚类系数等特征，揭示了网络结构的复杂性和多样性。同时，基于复杂网络理论的控制策略也得到了广泛研究，如牵制控制、分布式控制等，为研究网络系统的稳定性和可靠性提供了有力保障。

自组织临界性和涌现现象是复杂系统研究中的热点问题。自组织临界性指的是系统在没有外部干预的情况下自发地达到一种临界状态，此时系统对微小扰动高度敏感，容易引发大规模的变化。涌现现象则是指由大量简单个体组成的系统表现出整体上的复杂行为，这种行为无法从个体行为中直接推断出来。近年来，研究人员通过理论分析和数值模拟等方法，深入探讨自组织临界性和涌现现象的内在机制，为理解复杂系统的动态演化提供了新视角。复杂系统管理理论的发展离不开多学科交叉融合。近年来，物理学、数学、计算机科学、经济学、管理学等多个学科的研究人员携手合作，共同推动了复杂系统管理理论的发展。例如，物理学中的统计力学、非线性动力学等理论被广泛应用于复杂系统的建模与分析；数学中的图论、优化理论等为复杂系统的控制与优化提供了有力工具；计算机科学中的大数据处理、人工智能等技术则为复杂系统的实时监测与智能决策提供了可能。

## （二）方法发展

随着大数据时代的到来，数据驱动的方法在复杂系统管理中的应用越来越广泛。研究人员通过收集和分析大量数据，揭示出复杂系统的内在规律和动态演化过程。例如，基于机器学习的方法被用于预测复杂系统的行为趋势，基于深度学习的方法则被用于识别复杂系统中的关键变量和影响因素。这些方法不仅提高了复杂系统管理的精度和效率，也为理论创新提供了新的数据来源和验证手段。

仿真建模技术是复杂系统管理中的重要工具之一。近年来，随着计算机技术的快速发展和仿真软件的不断完善，仿真建模技术在复杂系统管理中的应用越来越广泛。研究人员通过构建高精度的仿真模型，可以模拟复杂系统的动态演化过程、预测系统的未来状态并评估不同管理策略的效果。这种方法不仅有助于降低实验成本和时间成本，还可以为实际管理决策提供科学依据。优化与决策支持技术是复杂系统管理中的关键环节之一。近年来，随着优化理论和决策科学的发展以及计算机技术的应用推广，优化与决策支持技术在复杂系统管理中的应用取得了显著进展。研究人员通过构建多目标优化模型、随机优化模型等不同类型的优化模型，了解复杂系统管理中的优化问题；利用决策支持系统提供的数据分析和智能决策功能辅助管理者做出更加科学合理的决策。

### （三）应用领域拓展

在工业经济管理领域复杂系统管理理论的应用越来越广泛。例如，在供应链管理方面，研究人员通过构建基于复杂网络的供应链模型，分析供应链中的风险传播和稳定性问题；在生产调度方面，利用优化算法了解多目标生产调度问题，提高生产效率和质量。此外，复杂系统管理理论还被应用于企业战略管理、市场营销等多个方面，进而可以为企业决策提供有力支持。

智慧城市与交通管理是复杂系统管理理论的重要应用领域之一。研究人员通过构建城市交通网络模型，分析交通拥堵、事故频发等问题并提出有效的管理策略；利用大数据和人工智能技术实时监测城市交通状况并进行智能调度与优化。这些方法不仅有助于缓解城市交通压力，提高出行效率，还可以为城市规划和建设提供科学依据。同时生物医学与健康管理也是复杂系统管理理论的重要应用领域之一。研究人员通过构建基于复杂网络的生物医学模型分析疾病传播机制、药物作用机理等问题；利用数据挖掘和机器学习等技术对生物医学数据进行深度挖掘和分析，揭示疾病发生发展的内在规律，并提出有效的预防和治疗策略。这些方法不仅有助于提高医疗水平，降低疾病发病率，还可以为生物医学研究提供新的思路和方法。

# 第二节 数字经济与工业4.0理论

## 一、数字经济的定义与内涵

数字经济，作为21世纪最具活力和变革性的经济形态，正以前所未有的速度重塑全球经济格局。这一概念的提出,不仅标志着人类社会进入了一个全新的发展阶段,也预示着未来经济发展的新方向和新趋势。

## (一)数字经济的定义

数字经济是一个内涵丰富且不断演进的概念。广义上,数字经济是指所有直接或间接利用数据来引导资源发挥作用、推动生产力发展的经济形态。这一定义涵盖了从技术层面到应用层面的广泛内容,包括但不限于大数据、云计算、物联网、区块链、人工智能、5G通信等新兴技术,以及"新零售""新制造"等新型商业模式。

具体而言,数字经济是指以数字技术为核心,以数据为关键生产要素,以网络化、智能化、个性化为主要特征的经济形态。它利用现代信息网络作为重要载体,通过信息通信技术的有效使用,提升经济效率、优化经济结构,推动一系列经济活动的发展。"数字经济"这一概念最早可追溯到20世纪90年代,由美国学者唐·泰普斯科特在《数字经济:网络智能时代的前景与风险》一书中首次提出。然而,随着技术的不断进步和应用的不断深化,数字经济的内涵和外延也在不断丰富和拓展。

## (二)数字经济的内涵

在数字经济时代,数据被视为新的"石油",成为推动经济发展的核心资源。与传统经济形态不同,数字经济依赖实时获取的海量数据,包括主体数据、行为数据、交易数据、交往数据等,来组织社会生产、销售、流通、消费、融资、投资等活动。这些数据不仅为企业提供了决策支持,也为整个经济体系的优化和升级提供了可能。

互联网作为数字经济的基础设施,极大地改变了传统的生产关系。通过互联网的连接作用,企业可以跨越地域限制,实现资源的快速优化配置和再生。同时,互联网还促进了信息的高效流通和共享,降低了交易成本,提高了市场透明度,为企业的创新发展提供了有力支撑。人工智能是数字经济时代的重要生产力。通过机器学习、深度学习等先进算法的应用,人工智能让数据处理能力得到指数级的提高。这不仅提高了生产效率和质量,还为企业创造了新的商业模式和增长点。例如,智能制造、智能物流、智能金融等领域的发展，都得益于人工智能技术的广泛应用。

数字经济具有显著的数字化、网络化、智能化特征。数字化是将社会经济活动通过信息系统、物联传感、机器视觉等方式进行抽象和记录的过程；网络化是利用互联网、物联网等网络载体实现数据、信息和知识的自由流动和无缝对接；智能化则是利用IT系统、大数据、云计算、人工智能等技术提高数据处理的效率和能力，实现自动化、智能化的决策和管理。

### （三）数字经济的特征

数字经济是创新驱动型经济。它依赖新一代信息技术的不断突破和应用创新，推动传统产业转型升级和新业态新模式不断涌现。同时，数字经济还促进了创新资源的快速流动和高效配置，为创新创业提供了更加广阔的机遇和空间。

数字经济具有高度的包容性。它打破了传统经济形态的地域限制和行业壁垒，为中小企业和偏远地区提供了更加公平的市场竞争环境与发展机会。同时，发展数字经济还可以促进信息的共享和开放，降低了信息不对称带来的风险和成本，提高了社会整体福祉水平。数字经济是推动可持续发展的重要力量。它通过提高资源利用效率、降低能耗和排放、促进绿色生产和消费等方式，为实现经济、社会、环境的协调发展提供了有力支撑。同时，数字经济还促进了知识共享和技术扩散，为构建人类命运共同体提供了重要平台。

### （四）数字经济对经济社会的深远影响

数字经济正在加速变革传统经济模式，推动经济增长方式由要素驱动向创新驱动转变。通过发挥数据资源的作用和提高全要素生产率，进而为数字经济为经济增长注入新的动力和活力。

数字经济促进了传统产业的数字化、网络化和智能化转型升级，推动了新兴产业的快速发展和壮大。同时，发展数字经济还促进了产业间的跨界融合和创新发展，从而为构建现代化经济体系提供有力支撑。发展数字经济为社会治理提供了新手段和新途径。通过大数据、云计算等技术的应用，政府可以更加精准地掌握社会动态和民意诉求，提高决策的科学性和民主性；同时，发展数字经济还可以促进社会信用的建设和维护，提高社会治理的效率和公信力。发展数字经济可以为改善民生福祉提供重要保障。通过推动电子商务、移动支付等新兴业态的发展和应用，不仅可以为消费者提供更加便捷、高效、个性化的服务体验，还可以促进教育、医疗等公共服务的数字化和智能化升级，进而提高服务质量和覆盖面。

总之，数字经济作为新时代经济发展的新动能和转型发展的主抓手，正以前所未有的速度和规模改变着全球经济格局和社会结构。面对这一历史机遇和挑战，我们应积极拥抱数字经济时代的变化和发展趋势，加强技术创新和人才培养力度，推动数字经济与实体经济深度融合发展，为实现经济高质量发展和社会全面进步贡献智慧和力量。

## 二、工业 4.0 的核心概念与特点

工业 4.0，也被称为第四次工业革命，是一场将先进信息技术与制造业深度融合的全球性变革。它不仅是一次技术上的革新，也是对传统制造业生产模式、组织结构和价值链的深刻重塑。

### （一）工业 4.0 的核心概念

工业 4.0 的核心概念在于智能制造与个性化定制的结合。智能制造强调通过物联网、大数据、人工智能等先进技术，实现生产过程的自动化、智能化和高度灵活性。这种智能化不仅体现在生产设备的自主控制和优化调整上，还体现在对整个生产流程的数据驱动决策和实时监控上。个性化定制则是指根据消费者的具体需求和偏好，实现产品的定制化生产。工业 4.0 通过数字化技术和模块化设计，使得小批量、多样化的生产方式成为可能，从而满足市场的多元化需求。

工业 4.0 的另一个核心概念是虚实整合系统（Cyber-Physical System, CPS）与物联网（Internet of Things, IoT）的结合。CPS 是一种将计算资源与物理资源紧密结合的系统，它能够实现物理世界与数字世界的无缝对接和实时交互。物联网则是通过射频识别（RFID）、传感器、嵌入式系统等技术，将各种物品与互联网连接起来，实现信息的交换和共享。在工业

4.0中，CPS与IoT的结合使得在生产过程中的每一个实体设备都能被实时监控和管理，从而实现生产流程的优化和智能化控制。工业4.0强调数据在生产过程中的核心地位。通过物联网和传感器等设备收集的大量实时数据，企业可以运用大数据分析技术进行深度挖掘和处理，从而发现生产过程中的潜在问题和优化空间。这些数据不仅可以帮助企业优化生产流程、提高生产效率和质量，还可以为企业决策提供更加科学、准确的依据。同时，工业4.0还倡导建立数据驱动的决策支持系统，通过实时数据分析和预测模型，为企业提供更加精准的市场预测和风险管理策略。

## （二）工业4.0的主要特点

工业4.0强调设备、机器、系统和人员之间的高度互联和实时通信。通过物联网和云计算等技术手段，生产过程中的每一个环节都可以实现数据的实时采集、传输和处理。这种高度互联和实时通信不仅可以提高生产流程的透明度与可追溯性，还使得企业能够更加快速地响应市场变化和客户需求。如前所述，工业4.0将数据视为生产过程中的重要资源。通过对大量实时数据的收集和分析处理，企业可以更加准确地了解市场需求、生产状况和设备状态等信息，并据此进行智能化决策和优化调整。这种数据驱动和智能化决策的方式不仅可以提高企业的运营效率和市场竞争力，还可以为企业创造更多的商业价值和增加利润的机会。

工业4.0通过模块化设计和数字化技术可以提高产品的个性化定制和快速响应市场需求的能力。采用模块化设计使得企业可以根据不同客户的需求进行灵活组合和配置产品；数字化技术则使得生产过程中的每一个环节都可以实现数据的实时监控和优化调整。采用这种模块化设计和个性化定制的方式不仅满足了市场的多元化需求，还提高了产品的附加值和市场竞争力。工业4.0通过引入自动化设备和智能化系统可以实现生产过程的高度自动化和智能化。这些自动化设备和智能化系统可以自主完成生产任务、优化生产流程并实时监控设备状态等。这种高度自动化和智能化的生产方式不仅可以提高生产效率和质量稳定性，还可以降低劳动力成本和人为错误的风险。

工业4.0将大数据和云计算等技术引入供应链管理领域可以实现供应

链的协同与优化。通过对供应链各个环节的数据进行实时采集和分析处理，企业可以更加准确地掌握供应链的运行状况和风险点，并据此进行协同优化和调整。这种供应链协同与优化的方式不仅可以提高供应链的响应速度和效率，还可以降低库存成本和风险水平。

### （三）工业4.0对制造业的深远影响

通过引入工业4.0先进的信息技术和智能化设备推动了制造业的转型升级。这种转型升级不仅体现在生产方式的变革上，也体现在组织结构、管理模式和市场策略的全面升级上。通过实施工业4.0企业可以实现从大规模生产向个性化定制的转变、从单一产品向多元化服务的拓展、从国内市场向国际市场的扩张等目标。实施工业4.0通过高度自动化和智能化的生产方式可以提高生产效率与质量稳定性。实施自动化设备和智能化系统可以自主完成生产任务并实时监控设备状态等信息，从而避免人为错误和故障风险的发生。同时通过对生产流程的优化和调整，企业还可以进一步提高生产效率和降低成本水平。

实施工业4.0可以为制造业的创新与发展提供强大的支撑和动力。通过引入数字化技术和模块化设计，企业可以更加快速地响应市场需求和变化，并推出符合市场需求的新产品和服务。同时实施工业4.0还倡导企业建立开放共享的创新生态体系，鼓励企业、高校、研究机构等各方共同参与创新活动，从而推动整个制造业的创新与发展进程。虽然实施工业4.0可以为制造业带来诸多机遇，但也面临着诸多挑战。例如，技术更新速度加快、数据安全风险增加、人才培养需求迫切等问题，都需要企业采取有效措施加以应对和解决。然而正是这些挑战也为企业提供了更多的发展机遇和空间，促使企业不断追求卓越和创新发展。

## 三、数字经济与工业4.0的融合与发展

随着信息技术的飞速发展，数字经济已成为全球经济发展的重要引擎，而工业4.0作为制造业的新一轮革命，正引领着传统工业向智能化、数字化方向转型。数字经济与工业4.0的融合，不仅可以推动制造业的转型升级，也将促进整个经济体系的优化与重构。

### （一）数字经济与工业 4.0 的基本概念

数字经济是指以数字化知识和信息为关键生产要素，以现代信息网络为重要载体，以信息通信技术的有效应用作为提升效率和优化经济结构的重要推动力的一系列经济活动。它涵盖了互联网、大数据、云计算、人工智能、区块链等新兴技术，以及基于这些技术的各种新型商业模式和服务模式。数字经济以其高效、便捷、智能的特点，正在深刻改变着人类的生产生活方式和经济社会发展模式。

工业 4.0，也被称为第四次工业革命，是制造业向全面数字化、智能化转型的一个新时代。它最早由德国提出，旨在通过物联网、大数据、云计算、人工智能等先进技术的融合应用，实现生产过程的优化和自动化，提高生产效率和灵活性，降低成本和资源消耗。工业 4.0 强调智能制造、网络化协同、个性化定制和服务化延伸等特征，推动制造业向更高质量、更高效益的方向发展。

### （二）数字经济与工业 4.0 的融合路径

数字经济与工业 4.0 的融合首先体现在技术层面。物联网、大数据、云计算、人工智能等先进技术在制造业的广泛应用，可以为工业 4.0 的实现提供强大的技术支撑。这些技术不仅可以提高生产设备的智能化水平，还可以实现生产流程的数字化管理和优化。同时，数字经济中的平台经济、共享经济等新型商业模式也可以为制造业的创新发展提供新思路和新机遇。数字经济强调将数据作为核心生产要素的重要性，而工业 4.0 则通过物联网等技术手段可以实现生产数据的全面采集和分析。两者的结合，使得制造业能够基于海量数据进行智能决策和优化调整，进而提高生产效率和产品质量。同时，通过数据共享和开放，促进产业链上下游企业的协同创新和共同发展。

同时数字经济与工业 4.0 的融合还可以推动制造业商业模式的创新。传统的产品销售模式逐渐向提供增值服务和个性化解决方案等领域转变，企业更加注重客户体验和市场需求的变化。通过数字化手段，企业可以更加精准地把握市场动向和客户需求，实现定制化生产和精准营销，提高市场竞争力。

## （三）数字经济与工业4.0的发展模式

智能制造是数字经济与工业4.0融合发展的一个重要方向。通过引入智能设备、机器人、自动化生产线等智能化装备，结合物联网、大数据等技术手段，实现生产过程的智能化控制和管理。智能制造模式不仅可以提高生产效率和质量稳定性，还可以降低劳动力成本和人为错误的风险。

网络化协同是数字经济与工业4.0融合的另一个重要方向。通过构建开放共享的网络平台，实现设备、生产线、工厂乃至整个供应链的互联互通和协同作业。应用网络化协同模式打破了传统制造业中的"信息孤岛"和壁垒，促进了产业链上下游企业的紧密合作和资源共享，提高了整个供应链的响应速度和灵活性。个性化定制是数字经济时代消费者需求的重要特征之一。实施工业4.0通过模块化设计、柔性生产等手段，可以实现产品的快速迭代和个性化定制。结合数字经济中的大数据分析技术，企业可以更加精准地把握消费者需求和市场趋势，推出符合市场需求的新产品和服务，提高客户满意度和市场竞争力。

## （四）数字经济与工业4.0融合对未来经济社会的影响

数字经济与工业4.0的融合将推动制造业向更高质量、更高效益的方向发展。通过智能化、数字化手段的应用，提高生产效率和产品质量稳定性；通过网络化协同和个性化定制等手段满足消费者多元化需求；通过商业模式的创新实现价值最大化。这些变化将促进制造业的转型升级和高质量发展。

数字经济与工业4.0的融合将促进经济结构的优化和重构。一方面，随着制造业向智能化、数字化方向发展，传统制造业的比重将逐渐降低，而高技术产业和服务业的比重将逐渐提高；另一方面，数字经济中的平台经济、共享经济等新型商业模式将催生新的经济增长点和就业机会，促进经济的多元化和包容性发展。

数字经济与工业4.0的融合将提高社会治理能力。通过大数据、云计算等技术手段的应用，政府可以更加精准地掌握社会动态和民意诉求，提高决策的科学性和民主性；通过构建智慧城市、智慧交通等数字化基础设施，提高城市管理和公共服务水平；通过加强网络安全和数据保护等措施，保障数字经济的健康发展和社会稳定。

# 四、数字经济与工业4.0对工业经济管理的影响

随着信息技术的飞速发展和全球经济的数字化转型，数字经济与工业4.0已成为推动工业经济管理变革的重要力量。这两者不仅改变了传统工业的生产方式和商业模式，还深刻影响了工业经济管理的理念、方法和策略。

## （一）生产模式的变革

工业4.0的核心在于智能制造，通过物联网、大数据、云计算和人工智能等技术的融合应用，实现了生产过程的智能化、自动化和高度灵活性。这种生产模式的变革使得企业能够根据市场需求快速调整生产计划，实现小批量、多品种的柔性生产，从而满足消费者日益增长的个性化需求。这种生产模式的变革要求企业更加注重灵活性和响应速度，以适应快速变化的市场环境。

数字经济时代，数据已成为企业管理和决策的重要资源。工业4.0通过物联网技术实现了生产数据的全面采集和分析，为工业经济管理提供了丰富的数据支持。企业可以基于实时数据进行生产调度、质量控制、成本控制等决策，提高决策的科学性和精准度。同时，大数据分析技术还可以帮助企业预测市场趋势、优化供应链管理，为企业的长期发展提供有力支持。

## （二）组织结构的优化

在数字经济和工业4.0的背景下，信息传递的速度和效率至关重要。传统的层级式组织结构已难以满足企业快速响应市场需求的要求。因此，企业需要建立扁平化的组织结构，减少中间环节和管理层级，提高信息传递的速度和效率。扁平化组织结构有助于企业更快地做出决策、更快地响应市场变化，从而提升企业的竞争力。

实施工业4.0强调跨部门协作和团队创新。通过数字化平台，不同部门之间可以实现信息共享和协同工作，打破部门壁垒，提高整体工作效率。同时，团队创新成为企业发展的重要动力。企业鼓励员工提出创新想法和解决方案，通过跨部门协作将创新想法转化为实际成果，推动企业可持续发展。

## （三）供应链管理的创新

数字经济与工业4.0的结合推动了供应链管理的数字化创新。通过物联网、区块链等技术手段，企业可以实现对供应链全过程的实时监控和追溯，提高供应链的透明度和可追溯性。同时，实施数字化供应链管理还可以帮助企业优化库存管理、降低物流成本、提高供应链响应速度，从而提升企业的运营效率和市场竞争力。

在数字经济时代，供应链协同成为企业拥有竞争优势的关键。通过构建开放共享的供应链生态体系，企业可以实现与供应商、客户、物流服务商等各方的紧密合作和资源共享。这种协同合作模式有助于企业快速响应市场需求变化、降低运营成本、提高产品质量和服务水平，从而增强企业的整体竞争力。

## （四）商业模式与营销策略的创新

数字经济时代，数字营销成为企业与客户互动的重要手段。通过社交媒体、电子商务平台等数字化渠道，企业可以更加直接和有效地触及目标客户群体，实现精准营销和个性化服务。同时，客户关系管理系统（CRM）的应用使得企业能够更好地跟踪和管理客户信息，提高客户满意度和忠诚度。

随着消费者需求的多样化和个性化趋势日益明显，传统的产品销售模式已难以满足市场需求。因此，企业需要向服务化转型，通过提供增值服务、解决方案等多样化的服务形式来满足客户需求，并创造新的价值增长点。这种服务化转型要求工业经济管理更加注重客户需求和市场变化，不断创新服务模式和服务内容以提升客户满意度与企业市场竞争力。

### （五）人才培养与管理

实施数字经济与工业4.0对人才提出了更高要求。企业需要培养具备数字化技能和创新能力的人才队伍，以适应快速变化的市场环境和技术发展趋势。因此，企业需要注重数字化技能人才的培养和引进工作，通过培训、实践等方式提升员工的数字化技能和创新能力，为企业发展提供有力的人才保障。

在数字经济时代，人才是企业发展的核心资源。因此，工业经济管理需要建立科学的人才激励机制和企业文化氛围，以吸引和留住优秀人才。通过制定合理的薪酬制度、晋升机制等激励措施，以及营造开放包容、鼓励创新的企业文化氛围，激发员工的积极性和创造力，进而推动企业可持续发展。

# 第三节　可持续发展理论

## 一、可持续发展的定义与目标

### （一）可持续发展的定义

"可持续发展"是一个多维度、多层次的概念，它强调在满足当前世代需求的同时，不损害未来世代满足其需求的能力。自1987年世界环境与发展委员会在《我们共同的未来》报告中首次提出以来，"可持续发展"的概念不断深化和扩展，涵盖了自然环境的改善、经济的发展和社会的进步等多个领域。它不仅关乎环境保护，还涉及经济、社会、科技、政治等多个方面，是一个综合性的发展理念。

从自然属性的角度来看，可持续发展强调保护和加强环境系统的生产与更新能力，确保自然资源的可持续利用和生态系统的稳定性。从经济属性的角度来看，可持续发展要求企业在保持自然资源的质量和其所提供服务的前提下，实现经济发展利益的最大化，追求经济增长与环境保护的双赢。从社会属性的角度来看，可持续发展致力于在不超过生态系统承载能力的前提下，提高人类的生活质量，实现社会公正和增加包容性。

## （二）可持续发展的目标

可持续发展的目标是一个复杂而多维的体系，旨在实现社会、经济、环境的协调与平衡目标。

可持续发展的首要目标是实现人与自然之间的和谐共生。这意味着人类活动必须在尊重自然规律、保护生态环境的前提下进行，避免过度开发和污染破坏。同时，可持续发展也强调人与人之间的和谐共处，消除贫困、不公和歧视，促进社会的公平与正义。为了实现可持续发展，必须营造一个良好的环境。这包括改善自然环境质量，恢复和保护生态系统；优化经济结构，推动绿色低碳发展；加强社会治理，促进社会和谐稳定。通过这些措施，可以确保自然环境、经济环境和社会环境的和谐共生。

企业实施可持续发展要求在追求经济增长的同时，注重发展的质量和可持续性。这意味着必须实现发展速度、质量和效益的有机统一，确保经济发展与环境保护、社会进步的协调一致。同时，还需要关注发展的多维度临界阈值问题，避免超出生态系统的承载能力或造成不可逆的环境损害。可持续发展的实现需要各种资本的合理配置和科学组合。自然资本是可持续发展的物质基础，必须加以保护和合理利用；人力资本是创新发展的动力源泉，需要加强教育和培训；生产资本是经济增长的重要支撑，需要优化结构和提高效率；社会资本是社会和谐稳定的重要保障，需要加强信任和合作机制建设。

为了实现可持续发展，必须有效控制人口增长、资源能源消耗和生态退化等问题。这要求采取综合措施降低人口自然增长率、提高资源能源利用效率、加强生态环境保护和修复工作。通过这些措施，可以逐步实现三个"零增长"目标，确保人类活动对自然环境的压力控制在合理范围内。实施可持续发展强调代际公平原则，即当代人在满足自身需求的同时不能损害后代人的发展权益。这要求我们在制定政策和发展战略时充分考虑长远利益和未来世代的需求，确保经济社会发展成果能够惠及全体人民，并为后代留下更多发展的机会和空间。

同时实施可持续发展还强调区域间的公平与协作。不同地区之间由于自然条件、经济基础和社会文化等方面的差异，发展水平和需求也有所不同。为了实现可持续发展目标，不仅要加强区域间的交流与合作，促进资源共享和优势互补，还需要关注贫困地区和弱势群体的发展问题，通过政策扶持和资金投入等方式消除贫困与不合理的区域差异。

# 二、可持续发展理论的基本原则

可持续发展理论的基本原则是指导人类社会在追求经济发展的同时，兼顾环境保护和社会公正的重要准则。这些原则不仅体现出人类对未来发展负责的态度，也是实现全球经济、社会、环境协调发展的基础。

## （一）公平性原则

公平性原则是可持续发展理论的核心之一，它强调发展的机会和成果应当被公平地分配给当代人和未来各代人。这一原则包含以下两个主要方面。

1.代内公平

代内公平指的是同一代人之间的公平，即不论种族、性别、地域、经济状况等因素，每个人都应享有平等的发展机会和获得资源的能力。实现代内公平要求消除贫困、减少不平等现象，确保每个人都能从发展中受益。这需要通过采取政策调整、资源分配优化和社会制度建设等手段来实现。

2.代际公平

代际公平则是指当代人与未来各代人之间的公平，即当代人的发展不能以牺牲后代人的利益为代价。实现代际公平要求当代人在利用自然资源时采取谨慎和负责任的态度，确保自然资源的可持续利用和生态系统的稳定性。这需要对资源开采、环境污染等行为进行严格的控制和监管，同时加强对人们的环保教育和意识的提升工作。

## （二）持续性原则

持续性原则强调人类的经济和社会发展必须建立在自然资源的可持续

利用与生态系统的可持续性的基础上。资源持续利用是指人们在使用自然资源时，要确保资源的再生能力和替代资源的可用性，避免资源的过度消耗和枯竭。实现资源持续利用需要采取节约资源、提高资源利用效率、开发替代资源等措施。同时，还需要加强资源管理和监管工作，防止资源浪费和滥用现象的发生。

生态系统的持续性是指生态系统在受到外界干扰时能够保持其结构和功能的稳定性，维持生物多样性和生态平衡。实现生态系统的持续性需要加强生态保护和环境治理工作，保护自然生态系统和生物多样性。同时，还需要推动绿色低碳发展，减少人类活动对生态系统的负面影响。

### （三）共同性原则

共同性原则强调可持续发展是全球性的任务，需要各国政府、国际组织、非政府组织以及社会各界的共同努力和合作。全球共识是指各国政府和国际社会在可持续发展问题上形成共同的认识与行动纲领。实现全球共识需要加强国际交流与合作，推动形成共识性的可持续发展目标和政策框架。同时，还需要加强国际法律体系和治理机制的建设，为可持续发展提供有力的制度保障。

共同参与是指各国政府、国际组织、非政府组织以及社会各界，在可持续发展过程中积极参与、共同承担责任和义务。实现共同参与需要鼓励社会各界积极参与可持续发展实践，发挥各自的优势和作用。同时，还需要加强能力建设和技术转让工作，提高发展中国家在可持续发展方面的自主能力和创新能力。共同行动是指各国政府和国际社会在可持续发展问题上采取协调一致的行动措施和政策措施。实现共同行动需要加强政策协调和合作机制建设，推动各国在可持续发展领域的交流与合作。同时，还需要加强监督和评估工作，确保政策措施和可持续发展目标得到有效实施与实现。

## 三、可持续发展在工业经济管理中的实践

随着全球经济的快速发展，资源短缺、环境污染和社会不公等问题日益凸显，可持续发展已成为工业经济管理不可或缺的一部分。在工业领

域，可持续发展不仅关乎企业的长期竞争力，还关系到整个社会的福祉与未来。

## （一）高效利用资源：降低成本，提升竞争力

资源是工业经济发展的基础，但传统工业模式往往伴随着资源的过度消耗和浪费。在可持续发展理念下，企业首先应注重资源的高效利用。这要求企业在生产过程中，通过引进先进制造工艺和管理体系，优化生产流程，实施精细化管理，以降低原料损耗、提高生产效率。例如，利用智能制造和物联网技术，可以实现生产过程的智能调度和实时监控，减少人为错误和浪费，提高资源利用率。

同时，企业还应将资源的循环利用纳入产品设计与生命周期管理中。通过采用可再生材料、减少产品包装使用量以及实施产品的回收与再制造等措施，企业可以进一步降低生产成本，提升经济效益。采取这种循环经济的模式，不仅有助于企业节约资源、降低成本，还能减少废弃物排放，实现经济效益和环境效益的双赢。

## （二）保护环境：实现绿色生产，维护生态系统稳定

环境保护是可持续发展的重要内容之一。在工业经济管理中，企业应采取各种措施减少对环境的不利影响，遵循绿色生产的理念。首先，企业应建立健全环境管理体系，运用清洁生产技术减少有害物质的产生，并确保生产中产生的废物及污染物能够得到妥善处理。这既是对法律的遵守，也是对企业承担社会责任的体现。

其次，企业应将环保理念融入产品的设计与开发中，促进绿色产品的研发和生产。绿色产品不仅具有较低的环境影响，还能满足消费者对环保和健康的需求，从而增加企业在市场上的竞争优势。例如，开发使用可再生材料、低能耗、易回收的产品，可以减少企业在生产过程中的资源消耗和环境污染，提升企业的品牌形象和市场认可度。

## （三）承担社会责任：关注员工权益，推动公平经济建设

在可持续发展理念下，企业要肩负起更大的社会责任，关注员工权

益、社区发展以及积极参与社会公益事业。这不仅是对企业自身形象的维护，也是对社会和谐稳定的贡献。

首先，企业应提高员工福利水平、制定公平的薪资制度、创建良好的工作氛围并提供专业的职业培训。这些措施有助于调动员工的工作热情，提高整体绩效水平，进而增强企业的竞争力。

其次，企业应积极参与社区建设和公益事业，推动公平经济的建设。通过投资教育、医疗、环保等社会项目，企业可以回馈社会、提升品牌形象，并与社区形成良好的互动关系。这种社会责任的承担，有助于构建企业的长期竞争优势和提高企业可持续发展能力。

## （四）创新技术：驱动工业经济转型升级

技术创新是实现工业经济可持续发展的关键驱动力。在可持续发展理念下，企业应加大技术研发投入力度，推动生产技术的优化和创新。一方面，企业可以引进国际先进制造工艺和设备，提升生产效率和产品质量；另一方面，企业应加强自主研发能力，开发具有自主知识产权的核心技术，增强市场竞争力。

此外，企业还应关注新兴技术在工业领域的应用，如人工智能、大数据、云计算等。这些技术可以为企业提供更加精准、高效的生产和管理解决方案，推动工业经济的转型升级。例如，利用大数据技术对生产数据进行挖掘和分析，可以发现企业在生产过程中的潜在问题和改进空间；利用人工智能技术优化生产流程和控制参数，可以实现生产过程的智能化和自动化。

## （五）建立合作伙伴关系：共享资源，协同发展

在工业经济管理中，建立合作伙伴关系是实现可持续发展的有效途径之一。通过加强企业间的交流与合作，可以实现资源、知识和技术的共享，提升企业的创新能力和市场竞争水平。例如，同行业企业可以共同研发新技术、共享市场信息和销售渠道；不同行业企业可以开展跨界合作，拓展新的业务领域和市场空间。此外，企业还可以与非营利组织、政府机构等建立合作关系，形成有效的协同机制。这些合作伙伴可以为企业提供

政策指导、技术支持和市场拓展等方面的帮助与支持，共同推进可持续发展战略的制定与执行。

# 第四节　创新生态系统理论

## 一、创新生态系统的定义与构成

### （一）定义

创新生态系统是一个复杂而动态的概念，它描述了在一定区域范围内，创新群落与创新环境之间以及创新群落内部相互作用和相互影响的系统。这一概念首次由美国竞争力委员会在《创新美国——在挑战和变革的世界中实现繁荣》的研究报告中提出，旨在强调创新活动的多元参与和协同作用。创新生态系统借鉴了生物学的生态系统特征，将区域经济中的各类创新主体视为相互依存、相互促进的群落，共同构成一个复杂的创新网络。

具体来说，创新生态系统可以被理解为一种新兴的区域产业集群，它形成了一个创新的"栖息地"，其中主体产业与相关的支持体系和合作组织之间形成了一个相互依赖及共生演进的创新生态体系。在这个体系中，各类创新主体通过发挥各自的异质性，进行协同创新，实现价值创造目标，并形成相互依赖和共生演进的网络关系。

### （二）构成

创新生态系统由多个关键要素构成，这些要素相互作用、相互依存，进而共同推动创新活动的发生和发展。

1.创新主体

创新主体是创新生态系统中的核心要素，主要包括企业、研究性大学、研究机构和创新服务机构等。

作为市场创新的主体，企业在创新生态系统中处于核心位置。它们不仅涵盖供应企业、互补企业，还包括相关企业、需求企业等。企业与其他创新主体之间具有直接或间接的联系，通过协同创新实现技术突破和产品创新。研究性大学是原始创新的主体，是创新生态系统人才流、技术流的源泉。它们直接参与新知识和新技术的创造、研发、传播与应用，进而为创新生态系统提供源源不断的创新来源。研究机构与大学类似，是前沿技术和基础研究的主力军。它们与工程中心进行充分合作，将研究成果转化为实际生产力，并为企业发展提供技术支持。创新服务机构包括生产力促进中心、孵化中心、科技中介机构等，它们可以为创新主体提供大量社会化、专业化的技术咨询服务，推动创新知识的传播、技术扩散及科技成果转化。

2. 创新环境

创新环境是创新生态系统得以存在和发展的基础条件，包括促进区域创新的体制、政策、市场、基础设施条件、文化等要素。良好的体制和政策环境是创新生态系统健康发展的保障。政府通过制定和实施一系列创新政策，可以为创新主体提供政策支持和激励措施，降低创新风险，激发创新活力。

市场是创新活动的导向和动力源泉。创新生态系统中的企业需要密切关注市场需求变化，通过技术创新和产品创新满足市场需求，实现商业价值。完善的基础设施条件是创新生态系统高效运转的重要保障。这包括交通、通信、能源等基础设施的建设和完善，以及创新平台、孵化器、加速器等创新服务设施的建设和运营。

创新文化是推动创新生态系统持续发展的重要因素。它倡导开放合作、勇于探索、宽容失败的创新精神，鼓励创新主体之间加强交流与合作，共同推动创新活动的产生和发展。

3. 创新要素

创新要素是创新生态系统中不可或缺的组成部分，包括人力资源、技术、信息、资本等。

人力资源是创新活动的核心要素。创新生态系统需要吸引和培养大量高素质的创新人才，包括科研人员、技术人员、管理人员等，可以为创新活动提供人才保障。技术是创新活动的核心驱动力。创新生态系统需要不断引进和研发新技术，推动产业升级和转型发展。同时，还需要加强知识产权的保护，确保创新成果得到有效利用和保护。信息是创新活动的重要资源。创新生态系统需要加强信息化建设，构建完善的信息交流平台和服务体系，为创新主体提供及时、准确、全面的信息服务。资本是创新活动的重要保障。创新生态系统需要吸引各类社会资本投入创新活动，包括风险投资、政府资金、企业自筹资金等，可以为创新主体提供充足的资金支持。

## （三）特征

创新生态系统具有一些显著的特征，这些特征共同构成了其独特的运行机制和发展模式。

创新生态系统是一个有机整体，各个要素之间相互依存、相互促进，共同推动创新活动的产生和发展。创新生态系统是一个不断发展和变化的系统，随着市场需求、技术进步等外部条件的变化，可以不断调整和优化自身的结构与功能。

创新生态系统是一个开放的系统，它不断与外界进行物质、能量和信息的交换，引入新的创新资源和要素，推动创新活动的持续进行。创新生态系统中的各个创新主体之间需要加强协同合作，通过资源共享、优势互补等方式实现协同创新，提高创新效率和成功率。

# 二、创新生态系统的工作原理与机制

创新生态系统是一个复杂且动态的系统，它借鉴了生物学中"生态系统"的概念，描述了新兴的区域产业集群如何形成创新的"栖息地"，并通过不同支持体系和合作组织之间的相互作用，实现共同进化与可持续发展。

## （一）工作原理

创新生态系统的工作原理可以概括为"共生演进"与"协同创新"。在共生演进方面，系统内的各个创新主体通过相互依赖和相互促进，形成类似于生物界的共生关系。这种关系不仅体现在资源的共享与互补上，还体现在知识与技术的流动与扩散上。通过共生演进，系统能够不断提升整体的创新能力和竞争力。

在协同创新方面，创新生态系统强调不同主体间的合作与互动。这种合作不仅限于企业与企业之间，还包括企业与高校、研究机构、金融机构、政府机构等之间的广泛合作。通过协同创新，系统能够汇聚各方优势资源，突破单一主体难以解决的技术难题和市场瓶颈，推动创新成果的转化与应用。

## （二）运行机制

### 1. 动态演化机制

创新生态系统是一个动态演化的系统。技术、创新主体和外部环境均在不断变化，推动系统从低级有序向高级有序发展。这种动态演化机制体现在以下几个方面。

随着科技的飞速发展，新技术不断涌现并替代旧技术。创新生态系统需要不断吸纳新技术，推动产业升级和转型。创新主体随着市场和技术的发展而不断变化。新的企业、高校和研究机构不断涌现，而旧的主体则可能因不适应环境变化而被淘汰。创新环境随着政策、市场、基础设施等要素的变化而不断调整。系统需要不断适应这些变化，保持自身的稳定性和竞争力。

### 2. 资源整合机制

资源整合是创新生态系统运行的关键机制之一。系统内的各个创新主体通过资源整合，实现优势互补和资源共享。资源整合机制体现在以下几个方面。

高校和研究机构可以为系统提供源源不断的人才支持，企业通过吸纳这些人才推动技术创新和产业升级。研究机构和企业通过合作研发，共享技术成果和知识产权，推动技术创新的快速转化和应用。金融机构可以为系统内的创新活动提供资金支持，降低创新风险，加速创新成果的商业化进程。

### 3. 价值创造机制

价值创造是创新生态系统的最终目标。系统内的各个创新主体通过协同创新，实现价值创造和共享。价值创造机制体现在以下几个方面。

企业通过技术创新和产品研发，推出具有市场竞争力的新产品和服务，满足用户需求，实现商业价值。系统内的产业升级和转型可以推动整个区域经济的结构优化和效率提升，实现更大的经济价值和社会价值。高校和研究机构的知识溢出效应可以推动整个系统的知识积累和技术进步，为未来的创新活动提供有力支持。

4. 政策引导与保障机制

政府作为创新生态系统的重要组成部分，通过政策引导和保障机制推动系统的发展。这种机制体现在以下几个方面。

政府根据区域经济发展的需要，制定相关的创新政策，为系统内的创新活动提供政策支持和保障。政府投资建设基础设施，为系统内的创新活动提供良好的硬件环境。政府通过市场培育和政策引导，推动市场需求与供给的有效对接，促进创新成果的商业化进程。

## （三）关键要素

企业是创新生态系统的核心主体。作为技术创新的实施者，企业在系统中处于核心位置。企业不仅可以通过技术创新推动产业升级和转型，还可以通过与其他主体的合作实现资源共享和优势互补。

高校与研究机构是创新生态系统的知识源泉和技术支撑。它们通过知识溢出效应和技术转移推动系统内的技术创新与产业升级。同时，高校与研究机构还可以为企业培养大量高素质的人才，为系统的发展提供有力的人力资源保障。金融机构可以为创新生态系统提供资金支持。它们通过风险投资、贷款等方式为系统内的创新活动提供必要的资金保障，降低创新风险，加速创新成果的商业化进程。

政府机构在创新生态系统中发挥着重要的引导和保障作用。它们通过政策制定、基础设施建设、市场培育等方式推动系统的发展。同时，政府机构还可以通过监管和调控手段维护系统的稳定和可持续发展。中介服务机构在创新生态系统中发挥着重要的沟通和整合作用。它们通过提供技术咨询、成果转化等服务推动系统内的知识流动和技术扩散。同时，中介服务机构还可以通过搭建合作平台，促进系统内主体间的交流与合作。

# 三、创新生态系统在工业经济管理中的作用与价值

在当今全球经济一体化的背景下，工业经济管理不再局限于传统的生产与销售模式，而是更加注重技术创新、产业升级与可持续发展。创新生态系统作为推动经济增长和社会进步的重要力量，其在工业经济管理中的作用与价值日益凸显。

## （一）提升创新能力

创新能力是工业经济持续发展的核心动力。创新生态系统通过汇聚企业、高校、研究机构、金融机构等多方力量，形成协同创新的网络体系。在这个体系中，企业可以直接与高校和研究机构进行技术合作，快速获取前沿科技成果，缩短新产品研发周期，提高产品竞争力。同时，创新生态系统内的知识溢出效应也可以促进技术的广泛传播和应用，进一步提升整个工业领域的创新能力。

具体来说，创新生态系统通过以下几种方式提升工业经济的创新能力：一是建立产学研合作机制，促进科研成果向现实生产力转化；二是搭建技术创新平台，为企业提供技术咨询、测试验证等服务；三是举办创新创业大赛、技术交流会等活动，激发创新活力，挖掘创新潜力。

## （二）促进产业升级

产业升级是工业经济管理的重要目标之一。企业通过推动技术创新和商业模式创新，加速传统产业的转型升级，培育新兴产业，形成新的经济增长点。在创新生态系统中，企业可以借助外部资源和力量，实现技术突破和模式创新，进而推动整个产业链的升级。

例如，在智能制造领域，企业通过整合智能制造技术、工业互联网平台、大数据等先进资源，推动传统制造业向智能化、网络化、服务化方向转型升级。这不仅可以提高生产效率和质量，还可以降低能耗和成本，增强了企业的市场竞争力。

## （三）优化资源配置

资源配置效率直接关系到工业经济的运行质量和效益。企业通过市场机制和政策引导相结合的方式，优化创新资源的配置和利用。在创新生态系统中，各类创新主体根据自身优势和需求进行资源交换与共享，实现资源的高效配置和利用。

一方面，创新生态系统内的金融机构可以为创新活动提供必要的资金支持，降低创新风险，加速创新成果的商业化进程；另一方面，政府通过制定相关政策和规划，引导创新资源向重点领域和关键环节集聚，推动产业结构的优化升级。此外，企业还可以通过建立信息共享机制，促进创新资源的流动和有效对接，提升资源配置的效率和效果。

## （四）增强市场竞争力

市场竞争力是工业经济生存和发展的关键所在。企业通过提升创新能力、促进产业升级和优化资源配置等方式，可以显著增强工业经济的市场竞争力。在创新生态系统中，企业可以依托先进的技术和产品，快速响应市场需求变化，抢占市场先机。同时，创新生态系统内的合作机制也可以促进企业间的协同作战和优势互补，从而共同应对市场挑战和竞争压力。

此外，企业还通过品牌建设、市场拓展等方式提升工业经济的整体形象和知名度。在品牌建设方面，鼓励企业注重产品质量和服务水平提升，树立品牌形象和口碑；在市场拓展方面，支持企业开展跨国经营和合作交流活动，拓展资源来源范围和国际市场渠道。

## （五）推动可持续发展

可持续发展是当今时代的重要议题之一。企业通过推动绿色技术创新、节能减排和资源循环利用等方式，为工业经济的可持续发展提供有力支撑。在创新生态系统中，企业可以积极研发和应用绿色技术产品降低能耗与排放水平；政府通过制定相关环保政策和标准引导企业加强环保意识与责任担当。

此外，企业还注重推动循环经济发展模式的应用和推广。通过构建循环经济产业链和生态工业园等方式，实现资源的最大化利用和废弃物的最小化排放；鼓励企业开展废物回收再利用和资源再生利用等活动，提高资源利用效率和经济效益。

# 四、创新生态系统理论的最新发展

随着全球经济的快速发展和科技的日新月异，作为研究创新活动及其与环境相互关系的重要框架，创新生态系统理论正经历着深刻的变革与拓展。

## （一）概念演进

创新生态系统理论源自对创新系统的生态学分析，其核心概念借鉴了生物学中生态系统的隐喻，将创新活动视为不同创新主体与外部环境相互作用、共同演化的过程。自1987年英国学者克里斯托弗·弗里曼提出"国家创新体系"以来，创新生态系统理论经历了从国家层面到区域层面，再到产业层面乃至企业层面的不断深化与拓展。

近年来，随着全球化和信息化的加速推进，创新生态系统理论更加注重系统内部的复杂关联、动态演化以及与环境的互动反馈。特别是2004年美国竞争力委员会首次提出"国家创新生态系统"的概念后，创新生态系统理论逐渐成为研究创新活动的新视角和新范式。

## （二）最新研究成果

当前，创新生态系统理论的研究框架日益完善，涵盖了创新主体、创新资源、创新环境等多个维度。创新主体包括企业、高校、研究机构、政府、金融机构等；创新资源包括人才、技术、资金、信息等；创新环境则涉及政策、市场、文化、基础设施等多个方面。这些要素在创新生态系统中相互作用、相互影响，共同推动着创新活动的发生与发展。

动态演化机制是创新生态系统理论研究的热点之一。学者们通过采用实证分析和模型构建等方法，深入探讨了创新生态系统内部的动态变化过程及其影响因素。研究发现，创新生态系统的动态演化往往会受到技术进步、市场需求、政策环境等多种因素的共同作用。这些因素通过影响创新主体的行为决策和资源配置方式，进而推动创新生态系统的不断完善和发展。随着不同学科领域的交叉融合和协同创新趋势的加强，创新生态系统理论也开始关注跨领域融合与协同创新的研究。学者们通过案例分析和比较研究等方法，探讨不同领域创新生态系统之间的相互作用和协同机制。例如，在生物医药领域，企业通过整合医药研发、医疗服务、健康管理等多个环节的资源与力量，推动生物医药产业的快速发展和转型升级。

### （三）发展趋势

随着数字经济的蓬勃发展，创新生态系统正加速向数字化与智能化转型。大数据、人工智能、区块链等新兴技术的应用为创新生态系统的发展提供了更加高效、精准、便捷的支持。未来，企业将更加注重数据的收集、分析与应用能力建设，推动创新活动的智能化决策和精准化管理。

全球化趋势的加强使得创新生态系统不再局限于单一国家或地区，而是更加注重全球化与本土化的并重发展。一方面，通过国际交流与合作，引入外部创新资源和技术成果；另一方面，结合本土市场需求和文化特点进行定制化创新。这种全球化与本土化并重的发展模式将有助于提升创新生态系统的整体竞争力和可持续发展能力。面对全球气候变化和环境保护的严峻挑战，绿色化与可持续发展成为创新生态系统发展的重要方向之一。未来企业将更加注重绿色技术的研发与应用，推广绿色生产方式和生活方式；加强生态环境保护意识，提升全社会对可持续发展的认识和重视程度。

# 第五节  数据驱动决策理论

## 一、数据驱动决策的定义与特点

### （一）数据驱动决策的定义

数据驱动决策，顾名思义，是指在决策过程中充分利用数据，依靠数据的指导和支持来制定战略、规划资源、评估风险等。这种决策方式强调基于客观、实时、可量化的数据来进行，而非仅凭主观意愿和直觉。具体而言，数据驱动决策涉及对海量数据的收集、整理、分析和挖掘，以揭示隐藏在其背后的规律和趋势，为企业决策提供科学、精准、及时的依据。

## （二）数据驱动决策的特点

数据驱动决策的核心在于其精准性。通过对海量数据的深度分析和挖掘，企业能够发现隐藏在数据背后的关键信息和潜在规律，从而制订出更加符合实际情况的决策方案。这种精准性不仅体现在对市场趋势的准确预测上，还体现在对客户需求、产品质量、生产效率等多方面的精细把握上。例如，某汽车零部件制造企业通过数据驱动决策，精准地识别客户需求的变化趋势后，从而在产品设计和生产计划上做出了相应的调整，显著提升了市场竞争力。

数据驱动决策具有高度的及时性。在快速变化的市场环境中，企业需要及时掌握市场动态和客户需求变化，以便迅速调整决策方案。数据驱动决策通过实时收集和分析数据，能够确保企业及时获取最新信息，并据此做出快速响应。这种及时性不仅有助于企业抓住市场机遇，还能够有效应对潜在风险和挑战。数据驱动决策的有效性体现在其能够为企业提供多种决策方案上，并可以对每种方案的可行性、风险等进行全面评估。通过对不同方案的比较分析，企业可以选出最优方案，确保决策的科学性和合理性。同时，实施数据驱动决策还能够根据市场变化和企业实际情况对决策方案进行动态调整及优化，从而提高决策的有效性和灵活性。

随着人工智能、机器学习等技术的不断发展，数据驱动决策正逐步向智能化方向发展。智能化的数据驱动决策系统能够自动完成数据收集、处理、分析和挖掘等任务，并根据分析结果自动推荐决策方案。这种智能化不仅可以提高决策的效率和质量，还可以降低人为因素对决策结果的影响。例如，一些先进的数据分析平台已经能够实现自动化的市场预测和风险评估等功能。实施数据驱动决策强调基于客观事实和数据来进行决策，避免出现主观臆断和偏见对决策结果的影响。通过收集和分析客观数据，企业能够更加清晰地了解市场状况、客户需求和自身实力等情况，从而制订出更加符合实际情况的决策方案。这种客观性不仅可以提高决策的科学性和准确性，还有助于增强企业内部的信任和合作氛围。

数据驱动决策具有动态性的特点。市场环境、客户需求和企业内部状况等因素都在不断变化中，因此决策方案也需要随之进行调整和优化。实施数据驱动决策通过实时收集和分析数据，能够及时发现市场变化和客户需求变化等情况，并据此对决策方案进行动态调整。这种动态性不仅有助于企业保持竞争优势，还能够有效应对市场挑战和不确定性因素。随着企业业务范围的不断拓展和多元化发展，数据驱动决策也呈现出跨领域融合的趋势。不同领域的数据资源在决策过程中相互关联、相互影响，共同构成复杂的数据生态系统。企业需要整合不同领域的数据资源，发现数据之间的关联性和规律性，为多元化发展提供决策支持。这种跨领域融合不仅有助于企业更全面地了解市场状况和客户需求，还能够促进不同业务之间的协同发展和创新。

## 二、数据驱动决策的基本原理与方法

在当今数字化时代，数据已经成为企业和组织决策过程中不可或缺的重要资源。数据驱动决策（Data-Driven Decision Making, DDDM）作为一种新兴的决策方法，其核心在于通过数据分析、大数据技术和人工智能等手段，以数据为依据进行决策，从而提高决策的科学性、准确性和效率。

### （一）数据驱动决策的基本原理

数据驱动决策的基本原理在于将数据作为决策过程中的核心依据，通过对海量数据的收集、处理、分析和挖掘，揭示数据背后的规律、趋势和关联性，从而为决策提供科学、客观的支持。这一原理体现了以下几个关键特点：与传统基于经验和直觉的决策方式不同，数据驱动决策强调以数据为核心，通过数据说话，减少人为偏见和主观臆断对决策过程的影响。利用统计学、机器学习等先进的数据分析技术，对数据进行深入探索和研究，发现数据中的价值，为决策提供科学依据。数据驱动决策是一个持续迭代的过程，随着新数据的不断产生和旧数据的更新，决策模型需要不断进行调整和优化，以适应不断变化的市场环境和业务需求。

## （二）数据驱动决策的方法步骤

数据驱动决策的过程大致可以分为数据收集、数据预处理、数据分析、模型构建与评估、决策制定与实施等几个关键步骤。

一是数据收集是数据驱动决策的第一步，也是基础。数据可以来自多个渠道，包括企业内部系统（如ERP、CRM等）、外部公开数据（如政府统计数据、行业报告等）、社交媒体、物联网设备等。在收集数据时，需要明确数据的来源、范围和质量标准，确保数据的真实性和有效性。

二是数据预处理是对原始数据进行清洗、整理、转换和集成的过程。由于原始数据往往存在噪声、错误、缺失值等问题，因此需要通过数据预处理来提高数据质量。具体来说，数据预处理包括去除噪声、填补缺失值、转换数据类型、归一化或标准化数据等。此外，还需要将来自不同来源的数据整合到一个统一的数据库中，以便进行后续的分析和建模。

三是数据分析是数据驱动决策的核心环节。通过对数据进行描述性分析、预测性分析、关联性分析等操作，可以揭示数据背后的规律、趋势和关联性，为决策提供科学依据。描述性分析主要用于计算数据的基本统计量（如平均值、中位数、方差等），以了解数据的整体分布情况；预测性分析通过时间序列分析、回归分析等方法预测未来的趋势和事件；关联性分析则用于找出数据之间的关联关系和规律。

四是在数据分析的基础上，需要根据业务需求和数据特征选择合适的模型进行构建。常用的模型包括线性回归、逻辑回归、决策树、随机森林、支持向量机等。

五是模型构建完成后，需要使用验证数据集对模型性能进行评估，以确保模型的准确性和可靠性。评估指标通常包括准确率、召回率、F1分数等。根据评估结果，可以对模型参数进行调整和优化，以提高模型的性能。

根据模型分析和评估结果，可以制订出更加科学、合理的决策方案。企业决策的制定需要考虑多个因素的综合影响，包括业务需求、市场环境、竞争态势等。决策实施则需要将决策方案转化为具体的行动计划，并明确责任人和时间节点。在实施过程中，企业需要持续跟踪和监控决策效果，以便及时调整和优化决策方案。

### （三）数据驱动决策的优势

相比传统决策方式，数据驱动决策显著的优势主要体现在以下几个方面。

通过数据分析揭示数据背后的规律和趋势，为决策提供科学依据，减少人为偏见和主观臆断对决策过程的影响。自动化决策过程可以减少人工干预，提高决策效率。同时，数据驱动决策能够快速响应市场变化和业务需求，及时调整和优化决策方案。通过对数据进行分析和预测，可以提前发现潜在风险并采取相应措施进行防范和应对，从而降低决策风险。实施数据驱动决策能够帮助企业发现新的商业机会和市场需求，推动产品和服务的创新升级，提高市场竞争力。

## 三、数据驱动决策理论的最新研究动态

随着大数据、人工智能和云计算等技术的飞速发展，数据驱动决策（Data-Driven Decision Making, DDDM）理论在近年来取得了显著的进展，为企业和组织提供了更加科学、精准和高效的决策支持。

### （一）理论创新

传统上，大数据分析方法在决策优化中占据主导地位，但近期的研究表明，即使在数据量有限的情况下，也能通过创新方法实现精准决策。例如，山东大学管理学院于国栋教授的研究成果在国际管理科学领域顶级期刊发表，并提出了基于小数据驱动的复杂决策优化方法。这些方法特别适用于高端装备研发制造、重大工程项目任务规划、重大突发事件应急决策等场景，这些场景往往因数据稀缺或不确定性高而难以应用传统大数据方法。通过融合历史需求数据和订单交互双源数据，采用Wasserstein概率估

计法和双层分布式鲁棒合约优化方法，企业可以实现在有限数据条件下的精准决策。

MIT博士论文探讨了数据驱动的动态决策理论，将机器学习和运筹学思想融合，开发出新的实用算法，用于处理具有不确定性的动态决策问题。该研究关注上下文臂问题，并提出从上下文臂到离线回归的最优和高效降维方法，将离线学习的进展转化为在线决策制定的优势。此外，MIT博士论文还研究了在存在长期约束的新环境中，如资源限制、数据查询累积限制等条件下的经典在线决策问题，为动态决策制定中的统计和计算复杂性提供了深入理解。

## （二）技术革新

大数据分析技术的不断深化，为数据驱动决策提供了更加丰富的工具和手段。当前，利用爬虫技术、API接口、物联网传感器等手段从各种来源获取海量数据已成为常态。MapReduce、Spark等并行计算框架的广泛应用，使得数据的清洗、整合、转换等预处理操作更加高效。关联规则挖掘、聚类分析、分类与预测等数据挖掘方法，以及监督学习、无监督学习、深度学习等机器学习算法，进一步提升了从数据中提取有价值信息和知识的能力。

人工智能技术在数据驱动决策中的应用不断深化，尤其是在智能分析与挖掘、预测与决策支持方面展现出巨大潜力。通过构建基于历史数据和实时数据的预测模型，人工智能可以为企业提供精准的市场趋势预测、客户需求分析、风险评估等服务。同时，个性化推荐系统、智能客服等创新应用，不仅提升了用户体验，还为企业带来了更多的商业机遇。

## （三）应用拓展

实施数据驱动决策在商业领域的应用范围不断拓展，涵盖市场营销、供应链管理、金融风险管理等多个方面。在市场营销中，实施大数据分析可以帮助企业了解市场趋势、优化营销策略、实现精准营销和个性化服务。在供应链管理中，数据驱动的供应链优化可以提高物流效率，降低运营成本。在金融领域，数据驱动的金融风险识别和分析，可以为企业提供有效的风险管理手段。

　　除了商业领域，数据驱动决策在社会治理和公共决策中也发挥着越来越重要的作用。例如，在重大突发事件应急响应中，大数据分析有助于快速识别潜在风险点，建立风险预警机制，为政府决策提供科学依据。在公共服务资源规划中，数据驱动的方法有助于实现资源的公平与效率权衡，提升社会治理水平。

# 第三章　工业经济管理中的数字化转型

## 第一节　数字化转型的定义与背景

### 一、数字化转型的定义、内涵及意义

在当今这个数字化时代，数字化转型已成为企业和组织不可回避的重要议题。它不仅是技术层面的革新，也是企业战略、组织文化、业务流程等多个方面的全面升级。

#### （一）数字化转型的定义

数字化转型，简而言之，是指企业或组织利用数字技术和信息化手段，对其业务、流程、组织结构和价值创造方式进行全面的改变与优化，以提升企业的竞争力、创新能力和运营效率。这一过程涵盖了从管理、运营、生产等多个方面的数字化改革，旨在通过数字技术的应用，使传统的业务流程和模式转变为更加数字化、高效、创新的业务模式。

数字化转型是顺应新一轮科技革命和产业变革趋势的必然结果。随着大数据、人工智能、物联网、云计算、区块链等新一代信息技术的飞速发展，企业管理者开始意识到，只有充分利用这些技术，企业才能在激烈的市场竞争中立于不败之地。因此，数字化转型成为提升企业核心竞争力的关键途径。

#### （二）数字化转型的内涵

数字化转型的内涵丰富而深刻，它不仅是一个技术项目，也是一场涉

及企业战略、组织文化、业务流程等多个方面的深刻变革。

数字化转型首先体现在技术层面的革新上。企业需要引入云计算、大数据、人工智能、物联网等新一代信息技术，构建数字化基础设施，实现数据的实时采集、存储、处理和分析。这些技术的应用，不仅可以提高数据处理的速度和准确性，还可以为企业的决策提供科学依据。在技术革新的过程中，企业还需要关注技术的融合与创新。例如，通过人工智能与大数据的结合，企业可以实现对市场趋势的精准预测和客户需求的深度挖掘；通过物联网技术的应用，企业可以实现对生产过程的智能调度和实时监控。这些技术的融合与创新，为企业带来了前所未有的发展机遇。

数字化转型的核心在于业务流程的优化与重塑。企业需要利用数字技术对现有的业务流程进行全面梳理和改造，去除冗余环节，提高流程效率。同时，企业还需要通过数据分析发现业务流程中的瓶颈问题，并采取相应的措施进行改进。在业务流程重塑的过程中，企业需要关注流程的自动化和智能化。通过引入自动化系统和智能机器人等技术手段，企业可以实现业务流程的自动化操作，减少人工干预，提高生产力和效率。此外，企业还可以利用人工智能技术对业务流程进行智能优化和动态调整，以适应市场变化和业务需求。

数字化转型涉及组织结构与文化的变革。企业需要建立灵活、创新和协作的组织结构，以适应数字化转型的需求。这包括打破部门壁垒、促进跨部门合作、建立敏捷团队等措施。同时，企业还需要培养员工的数字化思维和文化氛围，鼓励员工积极学习和应用新技术、新方法。在组织文化变革的过程中，企业需要关注员工的成长和发展。数字化转型不仅要求员工具备数字化技能和能力，还要求员工具备创新思维和跨界合作的能力。因此，企业需要加强对员工培训和教育的投入，提高员工的综合素质和竞争力。同时，企业还需要建立激励机制和晋升通道，激发员工的积极性和创造力。

数字化转型的最终目标是实现数据驱动决策。企业需要建立数据管理体系和决策支持系统，将所有业务数据整合到同一个平台上进行集中分析和管理。通过数据分析发现市场趋势、客户需求和业务瓶颈等问题，并据此制订科学、合理的决策方案。在数据驱动决策的过程中，企业需要关注数据的质量和准确性。只有高质量的数据才能为决策提供可靠的依据。因此，企业需要加强数据治理和数据质量管理工作，确保数据的完整性和一致性。同时，企业还需要建立数据安全和隐私保护机制，防止数据泄露和滥用等风险的发生。

### （三）数字化转型的意义

数字化转型对企业来说具有深远的意义。首先，数字化转型可以提高企业的生产效率和降低成本。通过自动化和智能化技术的应用以及业务流程的优化与重塑等措施的实施，企业可以实现生产过程的自动化和智能化控制以及资源的优化配置和高效利用，从而降低生产成本和提高生产效率。

其次，数字化转型可以提升企业的竞争力和市场份额。通过引入新技术和新方法以及优化业务流程和组织结构等措施的实施，企业可以打造出更加高效、灵活和创新的业务模式，从而快速响应市场变化和抓住市场机遇，提高市场竞争力并扩大市场份额。

最后，数字化转型可以推动企业实现可持续发展和创新驱动发展。通过数字化转型企业可以建立起以数据为核心的新型发展模式，推动产品和服务的不断创新和升级，加强与客户、供应商等利益相关者的合作与共赢，实现企业的可持续发展和社会责任的履行的目标。

## 二、数字化转型的背景与驱动力

在当今这个快速发展的时代，数字化转型已成为各行各业不可逆转的趋势。无论是大型企业还是中小型企业，都在积极探索和实践数字化转型的道路。这一转型不仅涉及技术的革新，还关乎企业战略、组织文化、业务流程等多个层面的深刻变革。

### （一）数字化转型的背景

近年来，信息技术的飞速发展，特别是云计算、大数据、人工智能、物联网等新兴技术的崛起，为企业数字化转型提供了强大的技术支撑。这些技术不仅可以提高数据处理的速度和准确性，还可以为企业提供更多的创新可能性。例如，通过云计算，企业可以更加灵活地管理和利用数据资源；通过大数据和人工智能，企业可以深入挖掘客户需求，实现精准营销和个性化服务；通过物联网，企业可以实现生产过程的智能调度和实时监控。

随着市场竞争的日益激烈和消费者需求的不断变化，企业需要更加敏捷地响应市场变化，以满足客户的个性化需求，而数字化转型可以帮助企业实现这一目标。通过采取数字化手段，企业可以更加深入地了解客户需求，快速调整产品和服务计划，提高市场竞争力。同时，数字化转型还可以帮助企业拓展新的市场渠道，开拓新的业务领域。随着企业规模的不断扩大和业务范围的拓展，企业需要更加高效的管理和运营模式来支撑其发展，而数字化转型可以帮助企业实现这一目标。通过采取数字化手段，企业可以优化业务流程，提高运营效率，降低运营成本。同时，企业的数字化转型还可以帮助其实现资源的优化配置和高效利用，提高企业的整体效益。

## （二）数字化转型的驱动力

在数字化时代，企业的竞争力越来越依赖其数字化能力。通过数字化转型，企业可以更加深入地了解客户需求，快速响应市场变化，提供更加优质的产品和服务。同时，数字化转型还可以帮助企业实现业务的创新和拓展，开拓新的市场领域，从而提高其市场竞争力。

数字化转型可以帮助企业优化业务流程，提高运营效率。通过采取数字化手段，企业可以实现业务的自动化和智能化处理，减少人工干预和错误率。同时，数字化转型还可以帮助企业实现资源的优化配置和高效利用，降低运营成本，提高企业的整体效益。数字化转型可以为企业带来更多的创新可能性。通过引入新技术和新方法，企业可以打造出更加高效、灵活和创新的业务模式。例如，通过电商平台和社交媒体等数字化渠道，企业可以实现线上线下的融合营销；通过大数据和人工智能等技术，企业可以实现精准营销和个性化服务；通过物联网和智能制造等技术，企业可以实现生产过程的智能化和自动化控制。

数字化转型使得数据成为企业决策的重要依据。通过数字化手段，企业可以收集、整理和分析大量的业务数据，从而更加准确地了解市场趋势、客户需求和业务状况。基于这些数据，企业可以制订出更加科学、合理的决策方案，提高决策的准确性和效率。

在数字化时代，企业面临着诸多市场挑战，如客户需求的变化、市场竞争的加剧、新技术的不断涌现等。通过数字化转型，企业可以更好地应对这些挑战。例如，通过采取数字化手段，企业可以快速了解客户需求的变化，调整产品和服务计划；通过引入新技术和方法，企业可以提高生产效率和产品质量；通过数字化营销和渠道拓展，企业可以扩大市场份额和提高品牌影响力。

# 三、数字化转型在全球范围内的发展趋势

在全球经济日益紧密相连的今天，数字化转型已成为推动各行各业发展的核心动力。这一趋势不仅限于个别国家或地区，而是在全球范围内广泛展开，并深刻影响着经济、社会、文化等多个层面。

## （一）技术创新的推动作用持续加强

技术创新是企业数字化转型的基础。随着大数据、云计算、人工智能、物联网、区块链等技术的不断成熟和普及，企业数字化转型的步伐正在加快。这些技术的应用可以为企业提供前所未有的数据处理能力、智能化决策支持以及高效协同的工作环境。

人工智能正在成为企业数字化转型的催化剂。无论是智能客服、智能营销、智能决策还是智能制造，人工智能的应用都可以显著提升企业的生产效率和客户体验。生成式人工智能的发展更是使得客户服务的个性化和即时性成为可能，进一步推动企业数字化转型的深化。通过云计算提供灵活的计算资源和虚拟化环境，可以为企业数字化转型提供强大的支撑。边缘计算的引入，使得数据处理更加贴近数据源，提高了数据处理的实时性和效率。两者的融合，可以为企业构建一个更加高效、可靠的数字化基础设施。

区块链技术以其去中心化、透明性和不可篡改性等特点，在金融、物联网、版权保护等领域展现出巨大的潜力。随着技术的不断成熟和应用范围的拓展，区块链有望在未来成为企业数字化转型的重要组成部分。

### （二）经济环境带来的不确定性越来越少

经济环境是数字化转型不可忽视的外部因素。在全球经济不确定性增加的背景下，数字化转型成为企业提升竞争力、降低成本的重要途径。

面对可能出现的经济衰退，企业要更加注重数字化转型以寻求新的增长点。通过优化业务流程、提高运营效率、创新商业模式等方式，企业可以在经济低迷时期保持竞争力并实现持续发展。在经济环境充满挑战的情况下，成本控制成为数字化转型的首要目标。企业通过引入云应用和服务、推动端到端流程自动化等方式来降低运营成本，并释放更多资金用于创新和发展。

面对不确定的商业环境，敏捷方法成为企业数字化转型的重要工具。通过将数字化转型计划分解为更小的部分，企业可以实现更快的周转和财务回报，同时更好地应对市场变化和技术更新带来的挑战。

### （三）行业云平台与平台工程蓬勃兴起

行业云平台和平台工程的兴起，为企业数字化转型提供了更加便捷和高效的解决方案。

行业云平台旨在满足企业的行业特定需求，减少应用程序开发的烦琐工作。通过提供定制化的解决方案，行业云平台可以帮助企业更快地实现数字化转型并降低转型成本。平台工程通过共享资源、加速软件交付等方式推动数字化转型。它使得企业能够更加高效地开发、部署和管理数字化应用，从而提升整体运营效率和客户满意度。

基于SaaS的平台通过整合多个SaaS工具，可以提高互操作性和数据集成能力，进一步降低企业的数字化转型成本。这种整合不仅有助于企业实现业务流程的自动化和智能化，还有助于提升企业的数据分析和决策能力。

### （四）变革管理与人才培养的重要性日益凸显

数字化转型不仅是技术层面的革新，也是组织文化和人才结构的深刻变革。因此，变革管理和人才培养成为企业数字化转型不可或缺的一环。

随着数字化转型的深入，变革管理变得更加重要。企业需要建立有效的变革管理机制来应对新工具对员工的影响，确保其对工作场所的平稳过渡和适应。同时，企业还需要关注员工的心态变化和技能提升需求，通过培训和支持帮助他们更好地适应数字化转型带来的变化。企业数字化转型需要具备数字化技能和知识的人才来支撑。因此，企业需要加强数字化人才的培养和引进工作。通过内部培训、外部招聘以及与高校和研究机构的合作等方式，企业可以建立起一支高素质、专业化的数字化人才队伍，为数字化转型提供有力的人才保障。

### （五）可持续发展受到的关注日益增多

在数字化转型过程中，可持续发展问题日益受到关注。企业需要关注数字化转型对环境和社会的影响并采取相应措施来应对这些挑战。

数字化转型过程中产生的能源消耗和废弃物排放等问题不容忽视。企业需要采取节能减排、资源循环利用等措施，来降低数字化转型的环境成本并推动绿色可持续发展。例如，通过引入智能电表、能源管理系统等数字化技术，来实时监测和优化能源消耗；通过物联网技术对废弃物进行智能分拣和回收再利用等。

数字化转型应该促进社会的包容性发展。企业需要关注数字化转型对弱势群体和社会边缘群体的影响，并采取相应措施来保障他们的权益和利益。例如，通过开发无障碍技术来支持残障人士的使用；通过提供数字化教育和培训机会来缩小数字鸿沟等。

## 四、数字化转型对工业经济管理的影响

随着科技的飞速进步，数字化转型已成为工业经济管理领域不可逆转的趋势。这一转型不仅深刻改变了企业的运营模式和管理方式，还极大地推动了工业经济的创新与发展。

### （一）提高运营效率与降低成本

实施数字化转型通过引入先进的信息化技术和智能化管理系统，企业可以实现工业经济管理的数字化和自动化，从而显著提高其运营效率并降低成本。

数字化技术的应用使得生产过程更加自动化和智能化。通过引入自动化设备和工业互联网技术，企业可以实时监控生产线的运行状态，优化生产流程，减少人工干预，提高生产效率和产品质量。同时，实施智能预测维护系统可以提前发现设备故障，避免生产中断，进一步降低维护成本。实施数字化转型使得供应链管理更加精准和高效。通过大数据分析，企业可以实时掌握库存情况、物流信息以及市场需求变化，从而优化库存管理，减少库存积压和浪费。此外，采用数字化平台还可以促进供应商与生产商之间的信息共享和协同作业，提高供应链的响应速度和灵活性。

实施数字化管理使得企业能够更加精确地掌握资源的使用情况，实现资源的优化配置。通过数据分析，企业可以找出资源利用的低效环节并加以改进，从而提高资源使用效率，降低运营成本。

## （二）增强决策能力与市场洞察力

数字化转型为工业经济管理提供了强大的数据支持，使得决策更加科学、准确，市场洞察力更加敏锐。

传统的管理决策往往依赖领导的经验和直觉，而数字化转型则使得"数据决策"成为可能。通过收集和分析大量的业务数据，企业管理者可以更加全面地了解市场趋势、客户需求和竞争对手动态，从而制订出更加科学、合理的决策方案。这种基于数据的决策方式不仅可以提高决策的准确性和效率，还可以降低决策的风险。

采用大数据分析技术使得企业能够深入挖掘市场数据中的价值信息，洞察市场趋势和消费者行为。通过对历史数据的分析，企业可以预测未来市场的变化趋势，提前布局市场，抓住商机。这种市场洞察能力使得企业可以在激烈的市场竞争中保持领先地位。

## （三）促进创新与转型升级

数字化转型为工业经济管理带来了更多的创新机会和手段，推动了传统产业的转型升级。

通过大数据和人工智能技术，企业可以更加精准地把握市场需求和消费者行为，开发出更加符合市场需求的产品。同时，采用数字化技术还可以帮助企业在产品研发过程中进行模拟测试和优化设计，提高产品的创新性和竞争力。

实施数字化转型可以为企业提供更加灵活多样的业务模式选择。例如，企业可以通过电商平台和社交媒体等数字化渠道拓展线上市场；通过智能制造和个性化定制等方式满足消费者多元化、个性化的需求；通过物联网和区块链等技术实现产品追溯和防伪等功能。这些创新业务模式不仅可以拓宽企业的收入来源渠道，还可以提升企业的品牌形象和市场竞争力。实施数字化转型可以推动工业经济管理模式的创新。通过引入数字化管理系统和工具，企业可以实现管理流程的优化和再造，提高管理效率和响应速度。同时，实施数字化管理还可以促进企业内部信息的共享和协同作业，增强组织的凝聚力和执行力。

### （四）提升客户体验与增强市场竞争力

数字化转型使得企业能够更加深入地了解客户需求、并提供更加个性化的服务体验，从而增强其市场竞争力。

通过大数据分析和人工智能技术，企业可以实时掌握客户的消费习惯、偏好和需求等信息，并据此提供个性化的产品和服务推荐。这种个性化服务不仅可以提高客户的满意度和忠诚度，还可以为企业带来更多的商业机会和收入来源。

数字化平台使得企业能够与客户进行实时互动和反馈。通过社交媒体、在线客服等渠道，企业可以及时了解客户的意见和建议并进行改进优化。这种实时互动机制不仅可以增强客户的参与感和归属感，还可以为企业提供宝贵的市场信息并提出改进意见。

# 第二节　数字化在工业经济管理中的应用

## 一、数字化在生产流程中的应用

随着科技的飞速发展，数字化已经成为现代生产流程中不可或缺的一部分。数字化技术的应用不仅可以提高生产效率，还可以优化生产流程，进而为企业带来显著的经济效益。

## （一）数字化的定义与重要性

数字化是指将信息转化为可被计算机处理的数据形式的过程。在生产流程中，数字化意味着将传统的生产方式和流程转化为基于数字技术的新型生产模式。这种转变对提高企业生产效率、降低成本、优化资源配置以及增强市场竞争力具有重要意义。

数字化的重要性体现在以下几个方面：通过数字化技术，生产流程中的各个环节可以实现自动化和智能化，从而减少人工干预，提高生产效率。采用数字化技术可以帮助企业更精确地控制生产成本，减少浪费，提高资源利用效率。通过数字化技术，企业可以实时掌握生产资源的使用情况，实现资源的优化配置，提高资源利用效率。数字化生产流程可以使企业更快地响应市场变化，满足客户需求，从而增强市场竞争力。

## （二）数字化在生产流程中的具体应用

通过引入自动化生产设备，企业可以实现生产流程的自动化和智能化。这些设备可以根据预设的程序和指令自动完成生产任务，减少人工干预，提高生产效率。采用智能化生产管理系统可以实时监控企业在生产流程中的各个环节，包括原材料采购、生产加工、质量检测等。通过数据分析，系统可以自动调整生产参数和流程，确保生产过程的稳定性和高效性。

数字化技术可以帮助企业实现供应链的数字化管理。通过数字化平台，企业可以与供应商、分销商等合作伙伴实现信息共享和协同作业，提高供应链的响应速度和灵活性。同时数字化技术还可以应用于质量控制与检测领域。通过引入智能检测设备和数据分析技术，企业可以实现对生产过程的全面监控和实时检测，确保产品质量符合标准和客户要求。

另外，数字化技术还可以应用于设备的预测性维护。通过收集和分析设备运行过程中的数据，企业可以预测出设备的故障趋势，并提前进行维护和更换，避免出现生产中断和损失。

# 二、数字化在供应链管理中的应用

数字化在供应链管理中的应用是一个广泛而深入的话题，它涉及从原材料采购到最终产品交付给消费者的全过程。随着信息技术的飞速发展和全球市场竞争的加剧，数字化已经成为企业提升供应链效率、降低成本、增强竞争力的关键手段。

## （一）数字化供应链管理的定义与重要性

数字化供应链管理是指利用现代信息技术，如大数据、云计算、物联网（IoT）、人工智能（AI）等，对供应链中的各个环节进行数字化改造和优化，以实现更高效、更智能、更可持续的供应链管理。数字化不仅可以改变企业内部的管理方式，还可以使得供应链上的各个参与方能够更加紧密地协作，共同应对市场变化，提升整体竞争力。

在全球化背景下，供应链管理面临着诸多挑战，如需求不确定性增加、供应链风险上升、成本控制压力增加等。数字化供应链管理的出现，可以为企业提供一种全新的解决方案，它能够帮助企业实时掌握供应链动态，快速响应市场变化，有效降低运营成本和风险，从而提升企业的市场竞争力。

## （二）数字化在供应链管理中的具体应用

数字化工具可以利用历史销售数据、市场趋势、社交媒体反馈等多种数据源，通过机器学习算法进行需求预测。这种预测更加准确，能够帮助企业制订更为合理的生产计划和库存策略，减少过剩库存和缺货风险。

数字化平台可以实现采购流程的自动化，从供应商选择、合同签订到订单跟踪，都可以通过系统在线完成。同时，利用大数据分析，企业可以对供应商进行绩效评估，优化供应商结构，提高采购质量和效率。物联网技术在生产现场的应用，可以实现生产设备的实时监控和数据采集，为生产计划调度提供实时依据。在物流环节，通过GPS追踪、智能仓储系统等，可以实现对货物位置的精确掌握，优化运输路线，减少物流时间和成本。

数字化库存管理系统可以实时更新库存信息，实现库存的可视化管理。结合需求预测数据，企业可以实施精益库存管理，减少库存积压。在分销环节，数字化平台可以帮助企业更好地管理分销渠道，提高市场覆盖率和服务水平。同时企业实施数字化供应链管理还强调与客户的互动和反馈机制。通过社交媒体、在线调查、客户评价等方式收集客户反馈，企业可以及时调整产品生产和服务策略，提升客户满意度。

### （三）数字化供应链管理面临的挑战与应对策略

尽管数字化供应链管理的实施为企业发展带来了机遇，但在实施过程中也面临着诸多挑战，如数据安全与隐私保护、技术投资回报的不确定性、员工技能培训活动能否正常开展等。

随着大量敏感数据在供应链中的流动，数据安全和隐私保护成为首要问题。企业应建立完善的数据安全管理体系，采用加密技术、访问控制等手段确保数据安全。数字化项目的投资回报往往难以立即显现，企业需要制订长期的投资规划，并分阶段实施，同时建立科学的评估机制，确保投资的有效性。

数字化技术的应用要求企业员工具备相应的技能和知识。企业应加大对员工的培训力度，提升其在数据分析、信息技术等方面的能力，以适应数字化供应链管理的需求。

## 三、数字化在市场营销与客户关系管理中的应用

在当今这个数字化时代，市场营销与客户关系管理（CRM）正经历着前所未有的变革。随着互联网、大数据、人工智能、云计算等技术的飞速发展，企业正逐步将数字化融入其营销策略和客户关系管理流程中，以开展更高效、更精准、更个性化的市场互动与客户服务。

### （一）数字化市场营销的应用

数字化营销的核心在于数据。通过收集和分析消费者的行为数据、交易数据、社交媒体互动数据等，企业能够构建出精细化的用户画像，实现精准营销。这种精准营销不仅可以提高广告投放的效率，还可以增强用户

体验，使得营销信息更加贴近消费者的实际需求。例如，利用AI算法进行个性化推荐，根据用户的浏览历史和购买行为推送相关产品，有效提升转化率。

数字化时代为企业提供了丰富的营销渠道，包括社交媒体、搜索引擎、电子邮件、短视频平台等。企业可以根据目标受众的特点和偏好，选择合适的渠道进行营销活动。同时，通过跨渠道整合，实现营销信息的无缝对接，提升品牌曝光度和用户参与度。例如，利用社交媒体平台进行内容营销，通过短视频、直播等形式吸引用户关注，再结合搜索引擎优化提高品牌搜索排名，形成全方位的营销攻势。数字化营销方式不断创新，涌现出许多新颖的营销手段。例如，元宇宙作为一个虚拟的三维数字世界，为企业提供了全新的营销空间。企业可以在元宇宙中构建独特的品牌体验馆，通过虚拟现实（VR）和增强现实（AR）技术，让消费者沉浸在品牌打造的虚拟场景中，感受前所未有的互动体验。此外，非同质化代币（NFT）等数字资产也成为企业营销的新宠，通过限量发行NFT商品，吸引收藏爱好者和品牌粉丝的关注。

同时实施数字化营销还可以实现企业营销流程的自动化和智能化。通过营销自动化工具，企业可以设定自动化工作流，如自动回复邮件、自动发送营销短信等，减少人工干预，提高工作效率。另外，AI技术也被广泛应用于营销领域，如智能客服机器人可以实时响应客户咨询，提供个性化服务；智能分析系统可以预测市场趋势和消费者需求变化，为企业决策提供数据支持。

## （二）数字化客户关系管理的应用

数字化CRM系统通过收集和分析客户的基本信息、交易记录、行为数据等，构建出全面的客户画像。基于这些画像，企业可以将客户细分为不同的群体，针对不同群体制订个性化的营销策略和服务方案。这种细分策略有助于企业更精准地满足客户需求，提升客户满意度和忠诚度。

在数字化时代，客户与企业的接触点变得更加多样化。除了传统的电话、邮件，社交媒体、在线聊天、移动应用等也成为重要的客户接触渠道。数字化CRM系统能够帮助企业整合这些渠道的信息，实现对多渠道客户接触点的统一管理。通过统一的客户视图，销售人员可以全面了解客户的历史互动记录，提供更加个性化的服务。数字化CRM系统支持实时互动功能，企业可以与客户进行即时沟通，解决客户问题，提升客户体验。例如，通过社交媒体监听工具，企业可以实时捕捉客户在社交媒体上的反馈和投诉，并迅速响应处理。此外，智能客服机器人可以24小时在线服务，提供自助查询和简单问题的解答，减轻人工客服的压力。

数字化CRM系统通过大数据分析和机器学习技术，可以为企业提供丰富的数据分析报告和预测模型。这些报告和模型能够帮助企业深入了解市场趋势、客户需求变化以及营销活动的投资回报率（ROI）等信息，可以为企业的决策提供数据支持。基于这些数据分析结果，企业可以不断优化营销策略和服务流程，提升整体运营效率和客户满意度。同时实施数字化CRM系统还注重客户关系的维护和提升。通过积分奖励计划、会员俱乐部等形式，企业可以激励客户重复购买和推荐新客户；通过定期回访和沟通了解客户的满意度和需求变化，及时解决客户问题；通过组织客户活动增强客户之间的互动和交流，提升客户黏性。这些措施有助于企业与客户建立长期稳定的关系，提升客户忠诚度。

## （三）数字化在市场营销与客户关系管理中面临的挑战与应对措施

尽管数字化为企业的市场营销与客户关系管理带来了诸多优势，但在实施过程中也面临着诸多挑战。例如，数据安全和隐私保护问题日益凸显；技术更新换代速度加快，企业需要不断跟上新技术的发展；人才短缺成为制约数字化转型的关键因素之一。针对这些挑战，企业可以采取以下应对措施：加强数据安全和隐私保护意识，建立完善的数据安全管理体系；关注行业动态和新技术发展动态，积极引进和应用新技术；加大人才培养和引进力度，构建高素质的数字营销和CRM团队；建立完善的合规体系，确保业务运营符合相关法律法规和行业标准要求。

# 四、数字化在决策支持系统中的应用

在当今这个数据驱动的时代，数字化已经渗透到商业和管理的各个层面，决策支持系统（Decision Support Systems, DSS）也不例外。决策支持系统是一种集成了数据管理、模型构建和用户界面等功能的信息系统，旨在帮助决策者更有效地解决复杂问题。随着数字化技术的飞速发展，DSS的能力得到了极大的提升，使得企业能够在数据洞察的基础上做出更加明智、迅速的决策。

## （一）数字化决策支持系统的基本概念

数字化决策支持系统是指利用数字化技术，如大数据、云计算、人工智能等，对传统的决策支持系统进行改造和升级，以实现更高效、更智能的决策支持。数字化决策支持系统不仅具备传统DSS的数据分析和模型构建功能，还能够通过实时数据处理、机器学习算法等技术，提供更精准、更个性化的决策建议。

## （二）数字化在决策支持系统中的应用

数字化决策支持系统的核心在于其强大的数据集成和管理能力。通过大数据技术，DSS能够从多个数据源中实时收集、整合和存储数据，包括企业内部数据、市场数据、社交媒体数据等。这些数据被清洗、转换和加载到数据仓库或数据湖中，供后续的分析和建模使用。数据集成和管理能力的提升，使得DSS能够提供更加全面、准确的数据支持，帮助决策者更好地了解业务现状和市场环境。

数字化决策支持系统支持实时数据分析，能够对流数据进行快速处理和分析，提供实时的业务监控和预警。通过数据可视化技术，DSS能够将分析结果以图表、仪表盘等形式直观地展示给决策者，帮助他们快速理解数据背后的业务含义。实时数据分析和可视化功能使得DSS能够在业务运营过程中提供即时的决策支持，帮助企业及时应对市场变化和业务挑战。数字化决策支持系统利用机器学习算法构建预测模型，对历史数据进行训练和学习，以预测未来的业务趋势和市场走向。这些预测模型可以应用于销售预测、库存优化、风险评估等多个领域，为企业提供有力的决策依据。通过不断学习和优化，机器学习算法能够提升预测模型的准确性和稳定性，使得DSS的决策建议更加可靠和有效。

同时数字化决策支持系统还集成优化算法和决策模拟功能，帮助企业在解决复杂问题上进行决策优化。通过设定目标函数和约束条件，DSS能够搜索出最优的决策方案，如最优的产品定价策略、最优的生产计划等。同时，DSS还能够对不同的决策方案进行模拟和评估，帮助决策者了解不同方案的可能结果和风险，从而做出更加明智的决策。数字化决策支持系统注重与用户的交互性，并提供丰富的用户界面和交互方式。决策者可以通过DSS进行数据查询、模型调整、方案对比等操作，与系统进行实时的交互和反馈。这种交互式的决策支持方式使得DSS能够更加贴合用户的需求和偏好，提供更加个性化的决策建议。

### （三）数字化决策支持系统的优势与面临的挑战

相比传统的DSS具有显著的优势，数字化决策支持系统包括更高效的数据处理能力、更精准的预测和分析能力、更优化的决策方案等。然而，在实施过程中也面临着诸多挑战，如数据安全和隐私保护问题、技术更新换代的压力、人才培养和引进的难度等。

为了充分发挥数字化决策支持系统的优势并应对挑战，企业需要采取一系列措施。首先，加强数据安全和隐私保护意识，建立完善的数据安全管理体系；其次，关注行业动态和新技术发展动态，积极引进和应用新技术；再次，加大人才培养和引进力度，构建高素质的数字化决策支持团队；最后，建立完善的合规体系，确保业务运营符合相关法律法规和行业标准要求。

# 第三节 数字化转型带来的机遇与挑战

## 一、数字化转型带来的机遇

在当今这个快速发展的信息时代，数字化转型已成为企业不可回避的战略选择。它不仅代表着技术的革新，也是一场深刻的商业变革。数字化转型为企业带来了前所未有的机遇，从优化业务流程、提升运营效率，到创新商业模式、开拓新市场，再到增强客户体验、构建竞争优势，数字化转型的深远影响正在逐渐显现。

实施数字化转型首先可以为企业带来业务流程的优化和运营效率的显著提升。传统的手工操作和纸质文档处理方式往往繁琐低效，而数字化技术能够实现信息的实时传递和共享，减少人为错误和重复劳动。通过引入企业资源规划（ERP）、客户关系管理（CRM）等数字化系统，企业可以更加高效地管理供应链、生产、销售等各个环节，实现业务流程的自动化和智能化。这不仅降低了运营成本，还提高了响应速度和市场竞争力。其次，实施数字化转型可以为企业带来了商业模式创新的巨大机遇。互联网、大数据、人工智能等技术的快速发展，使得企业可以更加灵活地设计产品和服务，满足消费者的个性化需求。例如，通过电子商务平台，企业可以直接触达消费者，打破地域限制，开拓更广阔的市场。同时，基于数据分析的精准营销和个性化推荐也成为可能，可以进一步提升企业的市场占有率和盈利能力。

在数字化转型的过程中，企业可以更加深入地了解客户需求，提供更加个性化的产品和服务，从而增强客户体验。通过社交媒体、在线客服等渠道，企业可以与消费者进行实时互动，及时解答疑问，收集反馈意见，不断优化产品和服务。这种紧密的客户关系管理不仅可以提升客户满意度，还可以培养客户的忠诚度，为企业带来稳定的客源和口碑效应。实施数字化转型使企业能够收集和分析大量运营数据，为决策提供更加精准的依据。通过数据分析工具，企业可以实时监测业务状况，发现潜在问题，及时调整策略。同时，机器学习、人工智能等技术的应用，使得企业可以实现预测性分析和自动化决策，进一步提高管理效率和准确性。这种数据驱动的决策方式，使企业能够更加灵活地应对市场变化，抓住发展机遇。

实施数字化转型可以为企业带来跨界合作和生态系统构建的新机遇。在数字化平台上，不同行业的企业可以更加便捷地进行合作，共同开发新产品、新市场。例如，金融机构可以与电商平台合作，推出在线金融服务；制造企业可以与互联网企业合作，实现智能制造和定制化生产。这种跨界合作不仅拓宽了企业的业务范围，还将促进整个生态系统的繁荣发展。数字化转型使企业更加注重技术创新和人才培养。为了推动数字化进程，企业需要引进和培养具备数字化技能的人才，如数据分析师、软件开发工程师等。这些人才的加入，不仅可以为企业带来新的技术和思想，还可以激发企业的创新活力。通过组建跨部门的数字化团队，企业可以更加高效地进行技术研发和产品创新，保持市场竞争优势。

# 二、数字化转型面临的挑战

随着信息技术的飞速发展，数字化转型已成为全球企业不可逆转的趋势。从制造业到金融领域，从医疗健康到教育系统，数字化转型正在深刻改变着我们的生活和工作方式。然而，数字化转型并非一帆风顺的旅程，它充满了各种挑战和不确定性。

## （一）战略层面带来的挑战

数字化转型的首要挑战在于战略层面的缺失和方向不明确。许多企业在启动数字化转型时，往往缺乏清晰的愿景和明确的路线图。这种战略缺位导致企业在转型过程中容易迷失方向，无法制订出有效的行动计划。同时，一些企业的数字化战略与业务发展脱节，难以形成协同效应，使得转型成果难以及时显现。

数字化转型要求企业重新审视自身的商业模式和竞争策略。然而，许多企业在这一过程中面临着巨大挑战。传统的商业模式和竞争策略可能不再适应数字化时代的需求，企业需要寻找新的利润增长点和创新点。然而，这一过程充满了不确定性和风险，企业需要不断试错和调整，才能找到适合自己的数字化发展路径。

## （二）技术与实施层面带来的挑战

数字化转型涉及众多前沿技术，如大数据、云计算、人工智能等。企业在技术选型时往往面临诸多难题，如技术成熟度、兼容性、成本效益等。同时，不同技术之间的集成也将带来巨大的挑战。企业需要确保各技术系统之间的顺畅对接和数据共享，以实现整体业务的数字化升级。然而，这一过程往往涉及复杂的系统架构和数据处理流程，需要企业投入大量的人力、物力和财力。

数据是数字化转型的核心资产，但同时也将带来巨大的挑战。企业在数字化转型过程中需要收集、存储、分析和利用大量数据，以支持决策和业务运营。然而，数据管理和隐私保护问题日益凸显。企业需要确保数据的准确性、完整性和安全性，防止数据泄露和滥用。同时，企业还需要遵守相关法律法规和行业标准，确保数据处理的合规性。数字化转型的实施过程往往复杂而漫长，需要企业投入大量的时间和资源。然而，许多企业在实施过程中面临诸多难题，如技术团队能力不足、项目管理不善、跨部门协作不畅等。这些问题可能会导致项目进度缓慢、成本超支甚至转型失败。因此，企业需要提高项目管理能力，提升技术团队的专业素养，并建立良好的跨部门协作机制，以确保数字化转型的顺利实施。

## （三）组织与文化层面带来的挑战

数字化转型不仅是一场技术革命，也是一场组织结构和文化的变革。传统的层级式组织结构往往难以适应数字化时代的需求，企业需要建立更加扁平化、灵活的组织结构，以提升信息传递和决策效率。同时，企业还需要塑造支持创新和变革的企业文化，鼓励员工积极参与数字化转型过程。然而，这一过程往往充满阻力并带来挑战，需要企业领导者发挥表率作用，积极推动组织结构和文化的变革。数字化转型要求员工具备新的技能和知识，以适应数字化时代的工作需求。然而，许多企业员工在技能方面存在短板，难以胜任数字化转型带来的新任务和应对新的挑战。因此，企业需要加强员工培训和教育，提升员工的数字素养和专业技能。同时，企业还需要建立有效的人才激励机制，吸引和留住具备数字化技能的人才，为数字化转型提供有力的人才保障。

## （四）市场与竞争层面面临的挑战

数字化转型过程中，企业面临的市场环境和竞争态势往往会充满不确定性。市场需求的变化、新技术的不断涌现以及竞争对手的策略调整都可能会对企业的数字化转型产生影响。因此，企业需要保持敏锐的市场洞察力，及时调整数字化转型策略和行动计划。同时，企业还需要提高风险管理能力，制定有效的风险应对措施，以应对可能出现的市场风险和挑战。

数字化转型使得市场竞争更加激烈和复杂。企业需要不断寻找新的竞争优势和增长点，以应对日益激烈的市场竞争。然而，这一过程往往充满挑战和不确定性。企业需要加大创新能力和研发投入力度，不断推出符合市场需求的新产品和服务。同时，企业还需要注重品牌建设和客户关系管理，提升客户满意度和忠诚度，以形成差异化的竞争优势。

# 三、数字化转型带来的风险与应对策略

数字化转型作为当前企业发展的核心战略之一，正以前所未有的速度改变着企业的运营模式和市场格局。然而，这一转型过程并非一帆风顺，既可以带来巨大的机遇，也隐藏着诸多风险。企业在进行数字化转型时，必须充分认识到这些风险，并采取有效的应对策略，以确保转型的顺利进行和最终成功。

## （一）数字化转型带来的主要风险

技术风险是数字化转型中最直接、最显著的风险之一。首先，技术选型不当可能导致系统性能低下、兼容性问题频发，进而影响业务运营。其次，技术更新滞后可能使企业在新兴技术应用上处于劣势，错失市场先机。此外，系统集成困难也是常见的技术风险，不同系统之间的数据交换和业务流程对接可能面临诸多挑战。

数字化转型涉及大量数据的收集、存储和处理，数据安全风险也随之增加。数据泄露、黑客攻击和数据丢失等事件可能导致企业面临巨大的财务损失和声誉损害。同时，随着数据保护法规的日益严格，企业还需遵守相关法律法规，确保数据处理的合规性。数字化转型需要企业具备数字化技能和思维的人才队伍，但现实中往往面临人才短缺、员工抵触心理和组织文化冲突等风险。一方面，企业难以招聘到合适的数字化人才；另一方面，现有员工可能因技能不足或对接受新技术的抵触心理而阻碍企业数字化转型进程。

数字化转型可能改变企业的经营模式，由此会带来新的市场机会和挑战。然而，这种变化也可能导致企业面临市场需求变化、竞争加剧和业务模式失效等风险。如果企业未能及时调整经营策略以适应市场变化，可能就会导致业务萎缩甚至转型失败。数字化转型涉及众多法律法规问题，如数据保护、知识产权等。企业在进行数字化转型时，必须确保遵守相关法律法规和行业标准，否则可能就会面临合规风险和法律纠纷。此外，不同国家和地区的法律法规存在差异，企业在进行跨国经营时还需关注国际法律合规问题。

数字化转型需要大量的资金投入，包括技术研发、系统建设、人才培训等方面。然而，由于转型周期较长且效果难以立竿见影，企业可能面临资金不足、投资回报不明确和相关财务风险等问题。

## （二）数字化转型采取的应对策略

企业在启动数字化转型前，应制订科学的战略规划，明确转型目标、路径和时间表。战略规划应与企业整体业务战略相一致，确保转型方向正确且符合市场需求。同时，企业还应对转型过程中可能出现的风险进行预测和评估，并制定相应的应对措施。

企业应关注前沿技术的发展趋势，加大技术研发和创新投入力度，确保在技术上保持领先地位。在选择技术时，应充分考虑技术成熟度、兼容性和成本效益等因素，避免出现选型不当带来的风险。同时，企业还应建立技术更新机制，定期评估现有技术的性能和适用性，确保系统始终保持高效、稳定运行。数据安全是数字化转型的重中之重。企业应建立完善的数据安全管理制度和采取技术防护措施，确保数据收集、存储和处理过程中的安全性。这些具体措施包括采用加密技术保护敏感数据、建立访问控制机制防止未经授权访问、定期进行数据安全检查等。此外，企业还应加强员工的安全意识教育，提高员工对数据安全的认识和重视程度。

人才是数字化转型的关键。企业应积极培养和引进具备数字化技能与思维的人才队伍，为转型提供有力的人才保障。这些具体措施包括建立内部培训体系提升员工技能水平、与高校和研究机构合作培养数字化人才、制定优惠政策吸引外部优秀人才等。同时，企业还应关注员工的心态变化和组织文化冲突问题，通过沟通和引导帮助员工适应数字化转型带来的变化。数字化转型可能导致企业经营模式的改变和市场环境的变化。因此，企业需要保持敏锐的市场洞察力和灵活的应变能力，及时调整经营模式和策略以适应市场变化。这些具体措施包括加强市场调研和需求分析、制定灵活的定价和产品组合策略、加强与客户的沟通和互动等。同时，企业还应关注竞争对手的动态和市场趋势的变化，及时调整自身策略以保持竞争优势。

企业在进行数字化转型时，必须确保遵守相关法律法规和行业标准，避免出现合规风险和法律纠纷。这些具体措施包括加强对相关法律法规的学习和研究、建立合规管理制度和流程、加强与监管机构的沟通和合作等。此外，企业还应建立完善的风险管理制度和应急预案，对可能出现的风险进行及时识别和有效应对。数字化转型需要大量的资金投入和资源支持。因此，企业需要合理规划资金和资源配置，确保转型的顺利进行和最终成功。这些具体措施包括制订详细的财务预算和计划、优化资源配置和利用、引入外部投资和加强合作等。同时，企业还应关注投资回报和财务效益的分析与评估，确保其数字化转型的经济效益和社会效益的实现。

# 四、数字化转型的成功案例与启示

在当今这个信息化、数字化快速发展的时代，数字化转型已成为企业提升竞争力、实现可持续发展的关键路径。众多企业通过积极探索和实践，成功完成其数字化转型，不仅优化了内部运营流程，还创新了商业模式，拓展了市场边界。

## （一）数字化转型的成功案例

亚马逊最初只是一家在线图书零售商，随着互联网的兴起，它敏锐地捕捉到了数字化转型的机遇。通过建立电子商务平台，亚马逊将传统线下零售模式转变为线上电商，极大地拓宽了销售渠道和市场份额。同时，亚马逊还积极采用物流科技和大数据分析，实现了快速、便捷的交易和物流服务，进一步提升了用户体验。此外，亚马逊还不断推出创新产品，如Kindle电子书阅读器和亚马逊云计算服务（AWS），进一步巩固了其在电商领域的领先地位。

作为中国最大的互联网公司之一，腾讯通过不断整合和创新，成功打造了一个庞大的数字化生态圈。腾讯的业务涵盖社交媒体、在线游戏、云计算、金融科技等多个领域，通过在这些领域的布局和整合，腾讯建立了一个庞大的用户群体和商业网络。腾讯注重用户体验和技术创新，通过推出微信、支付宝等创新产品和服务，不断满足用户需求，提升品牌价值。同时，腾讯还通过合作和并购，成功整合多个领域的业务，形成了一个互相促进、共同发展的生态体系。

作为全球连锁超市巨头，沃尔玛在数字化转型方面取得了显著成效。沃尔玛通过建立电商平台和智能供应链系统，实现了线上线下的融合，提供了多渠道的销售和服务。顾客可以通过沃尔玛的电商平台购买商品，并选择线下门店自提或者配送。同时，沃尔玛还利用物流技术和大数据分析，优化了供应链管理流程，提高了库存周转率和运营效率。这些举措不仅提升了顾客体验，还降低了运营成本，增强了沃尔玛的市场竞争力。

华侨城集团通过自主搭建花橙旅游平台，实现了旅游行业的数字化转型。花橙旅游平台作为涵盖管理、营销、服务和用户体验等多维度的综合平台，基于旅游行业的特殊电商模式，建立了"电商+会员+营销+服务"的"一站式"在线旅游服务平台。该平台不仅为游客提供了票务预定、资讯查询等综合服务，还为景区提供了营销赋能。未来，华侨城集团还将推动与更多企业的跨界合作，打造会员积分体系和创新营销思路，将花橙旅游平台打造成为以景区为核心的目的地旅游深度服务平台。

## （二）数字化转型带来的启示

数字化转型需要企业敢于创新并持续投资研发。亚马逊和腾讯的成功经验表明，只有站在技术前沿，不断寻求技术创新和新的商业模式，才能满足用户需求并提升企业竞争力。企业应注重研发投入，培养创新文化，鼓励员工提出新想法和新方案，推动产品和服务的不断升级。

数字化转型需要企业整合内部资源并优化业务流程。沃尔玛通过线上线下融合和供应链优化，实现了资源的合理配置和高效利用。企业应充分利用现有资源，打破部门壁垒，实现跨部门协作和资源共享。同时，企业还应关注业务流程的优化和重构，提高运营效率和响应速度。数字化转型的核心在于以用户为中心。无论是亚马逊还是腾讯，都注重用户的体验和需求的满足。企业应深入了解用户需求和市场变化，通过数据分析等手段精准把握用户画像和行为特征，为用户提供个性化、差异化的产品和服务。同时，企业还应加强与用户的互动和沟通，及时收集用户反馈意见和建议，不断优化产品和服务质量。

数字化转型需要企业加强跨界合作并构建生态体系。华侨城集团通过搭建花橙旅游平台并推动跨界合作，实现了旅游行业的数字化转型和生态构建。企业应积极寻求与其他行业企业的合作机会，共同开发新市场、新产品和服务。通过跨界合作和生态构建，企业可以形成优势互补和资源共享的局面，提高整体竞争力和市场影响力。数字化转型过程中，企业应高度关注数据安全与合规问题。随着数据的海量增长和广泛应用，数据安全风险也随之增加。企业应建立完善的数据安全管理制度和技术防护措施，确保数据收集、存储和处理过程中的安全性。同时，企业还应遵守相关法律法规和行业标准，确保数据处理的合规性。通过加强数据安全与合规管理，企业可以保障用户权益和企业声誉，为其数字化转型提供有力保障。

数字化转型需要企业培养具备数字化技能和思维的人才队伍。数字化人才是企业实现数字化转型的关键力量。企业应注重数字化人才的培养和引进工作，建立健全的人才激励机制和培训体系。通过培养数字化人才并发挥其专业优势和创新能力，企业可以推动数字化转型的深入实施和持续发展。

# 第四节　数字化前沿理论与案例研究

## 一、数字化前沿理论概述

随着科技的飞速发展和互联网的普及，数字化已经成为推动社会进步和经济发展的重要力量。数字化前沿理论作为这一领域的重要支撑，不断探索和引领着数字化技术的发展方向和应用场景。

### （一）高性能计算：技术融合的新路径

高性能计算作为先进算力的代表，正在经历着前所未有的变革。随着量子计算、云计算和边缘计算的兴起，高性能计算集群的"四算融合"（高性能计算、量子计算、云计算、边缘计算）成为未来技术的新路径。这种融合不仅可以为计算能力带来质的飞跃，还可以推动人工智能、大数据分析等领域的发展。

量子计算作为未来计算技术的重要方向，其模块化和芯片互联的发展将推动其更快走向实用。云计算经过多年的发展，已日臻成熟，并逐步向精细化、集成化和异构计算演进。边缘计算则通过减少数据传输延迟和提高数据安全性，可以为实时应用提供有力支持。这些技术的融合，将催生出全新的计算范式，为各行业提供更加高效和智能的支持。

## （二）人工智能：多模态智能体的崛起

作为数字化发展的核心驱动力，人工智能正逐步从单一模态向多模态发展。多模态智能体通过解析世界的本来面貌，可以提高个体更加广泛和深入的认知能力。从大脑到 Agent，大模型逐渐从辅助角色走向主导，端侧大模型的加速部署更有望成为未来交互的新入口。

人工智能不仅在文本、自然语言和视觉领域取得了重要突破，还在数学推理、新药研发、材料发现等领域大显身手。AI科学家的出现，加速了科研流程的优化和科研人员创新能力的提升。同时，价值对齐成为大模型发展的必由之路，确保人工智能在未来更好地实现科技向善的目标。

## （三）交互技术：沉浸式体验的突破

交互技术的不断革新，为用户带来了更加沉浸式的体验。数字交互引擎作为构建超级数字场景的高效工具集，与AIGC（人工智能生成内容）互相驱动，推动了各行业数字孪生的实时性发展。通过集成物理模拟、3D建模、实时渲染等多种前沿技术，数字交互引擎在娱乐、教育、医疗等领域展现出了巨大的应用潜力。

脑机接口技术的快速发展，可以为人机交互方式带来革命性变革。从医疗领域的神经系统疾病监测及诊疗突破到交互革命的深化应用，脑机接口与人工智能的结合将推动更高效、安全的类脑智能发展。未来，随着生物相容性电极、微创植入等关键技术的进展，脑机接口的应用场景将更加广泛和多样。

### （四）通信网络：星地直连与多能流协同

通信网络的发展也是数字化前沿理论的重要组成部分。星地直连通信技术的应用将推动泛在网络的覆盖和发展，为全球企业提供更加高效、可靠的连接方式。随着卫星研制成本的降低和周期的缩短，卫星通信逐渐走向大众化。同时，eVTOL（垂直起降飞机）技术的崛起将加速空中出行的革新，为城市交通带来更多可能性和解决方案。

在能源领域，多能流实时协同技术的发展将重塑虚拟电厂的未来。通过交通网、信息网、能源网的融合与实时协同，可以实现电力架构的变革和能源的高效利用。这种技术不仅可以提高电力系统的调控能力，还可以推动智能、绿色的能源变革。

### （五）元宇宙：虚拟与现实的无缝融合

作为数字化前沿理论的新兴概念，元宇宙正逐步从理论走向实践。元宇宙是一个涵盖虚拟世界、数字资产和区块链技术的综合体系，用户可以在其中创建、购买、交易虚拟资产，参与各种虚拟活动。元宇宙不仅可以为用户提供更加沉浸式和丰富的体验，还可以推动虚拟现实技术、区块链技术等领域的创新和发展。

元宇宙的构建需要高性能计算、人工智能、交互技术等多方面的支持。通过数字交互引擎和沉浸式媒体技术的应用，元宇宙可以为用户呈现出一个高度逼真、互动性强的虚拟世界。同时，区块链技术可以为元宇宙提供去中心化的数据管理和安全保障，确保虚拟世界的公平性和透明度。

## 二、数字化转型的案例分析

在当今工业企业运营环境中，数字化转型已成为企业提升竞争力、优化运营流程、创新商业模式的重要途径。

作为中国大型油气田企业，长庆油田面临着提升生产效率、保障能源安全的双重挑战。随着物联网、大数据、云计算等新技术的发展，长庆油田开始探索数字化转型之路。长庆油田应用新技术构建了大科研、大运营、大监督三大支撑体系，筑牢统一数据湖和统一云平台两大基础。通过实施数字化转型，长庆油田实现了场站无人值守、油气井智能生产、风险作业可视化监控等六大业务领域的应用支撑。同时，长庆油田还持续推进数字化建设，计划在未来实现智能油气田的全面升级。

长庆油田的数字化转型探索为传统油气田企业提供了宝贵经验。通过引入新技术构建智能生态系统，长庆油田不仅提升了生产效率和管理水平，还为保障国家能源安全做出了重要贡献。这一案例表明，对传统行业企业而言，数字化转型不仅是技术升级的需要，更是实现可持续发展、应对市场挑战的重要途径。

# 三、数字化转型的理论与实践结合

在当今快速变化的商业环境中，数字化转型已成为企业提升竞争力、优化运营流程、创新商业模式的必由之路。数字化转型不仅涉及技术的升级，也是一场深刻的组织变革和管理创新。

## （一）数字化转型的理论基础

### 1.数字化理论基本体系

数字化理论基本体系包括数字平台理论、数字生态系统理论、数字架构理论、数字集成能力理论和数字经济情境下的动态能力理论等。这些理论为企业数字化转型提供了战略引领和指导方向。

数字平台理论：强调通过构建开放、共享的数字平台，整合内外部资源，促进价值共创和协同创新。

数字生态系统理论：关注企业与其利益相关者之间的相互作用和共同进化，强调构建共生共荣的生态系统。

数字架构理论：聚焦企业信息系统的架构设计，确保系统的灵活性、可扩展性和安全性，支撑企业业务的快速发展。

数字集成能力理论：强调企业应具备将不同信息系统、业务流程和数据资源进行有效集成的能力，提升整体运营效率。

数字经济情境下的动态能力理论：在数字经济背景下，企业需具备快速适应市场变化、持续创新的能力，以应对不确定性和挑战。

## 2.中国情境理论支撑体系

中国情境理论支撑体系包括和谐管理理论、非对称创新理论等，这些理论为企业在特定文化和社会背景下的数字化转型提供了有力支撑。

和谐管理理论：强调在管理过程中注重平衡与和谐，通过协调各利益相关者的利益，实现企业与社会、环境的可持续发展。

非对称创新理论：鼓励企业在资源有限的情况下，通过非对称策略实现创新突破，以较小的投入获得较大的回报。

## （二）数字化转型的实践路径

数字化转型的实践路径涉及多个方面，包括战略规划、组织变革、技术应用、流程优化和人才培养等。

企业在进行数字化转型时，首先需要制订清晰的战略规划。战略规划应明确数字化转型的目标、路径和阶段性任务，确保转型工作的有序推进。同时，战略规划还应与企业整体战略相衔接，确保数字化转型成为推动企业发展的重要动力。数字化转型不仅是一场技术革命，也是一场组织变革。企业需要调整组织结构、优化管理流程、提升员工素质，以适应数字化转型的需求。具体来说，企业不仅要建立跨部门协作机制，打破部门壁垒，促进信息共享和资源整合，还要加强员工培训和教育，提升员工的数字化素养和创新能力。

技术是数字化转型的核心驱动力。企业需要积极引入云计算、大数据、人工智能等先进技术，构建数字化基础设施和平台，支撑企业业务的快速发展。在技术应用过程中，企业还应注重技术的集成和创新，形成具有自主知识产权的核心技术体系。数字化转型要求企业对传统业务流程进行重塑和优化。通过引入自动化、智能化等技术手段，企业可以实现业务流程的标准化、透明化和智能化，提升整体运营效率。同时，企业还应注重流程的创新和再造，打破传统业务流程的束缚，构建更加灵活、高效的业务流程体系。

人才是企业数字化转型的关键要素。企业需要加强人才培养和引进工作，打造一支具备数字化素养和创新能力的专业人才队伍。具体来说，企业不仅要通过内部培训、外部引进等方式，提升员工的数字化技能和创新能力，而且要建立激励机制和晋升机制，激发员工的工作热情和创造力。

## （三）理论与实践的结合

数字化转型的理论与实践是相辅相成的。理论可以为实践提供指导和支撑，实践则可以验证理论的可行性和有效性。在数字化转型过程中，企业需要注重理论与实践的结合，确保转型工作的顺利推进。企业在进行数字化转型时，应以相关理论为指导，明确转型的方向和重点。通过深入研究数字化转型的理论体系，企业可以了解数字化转型的内涵、特点和要求，为制订战略规划提供有力支撑。

数字化转型的路径并非一成不变的，而是需要根据企业的实际情况和市场需求进行不断探索与调整。企业应以实践为基础，通过试点示范、经验总结等方式，逐步探索出适合自身的数字化转型路径。同时，企业还应注重经验的分享和交流，借鉴其他企业的成功经验和做法，推动数字化转型工作的深入开展。数字化转型是一个持续创新的过程。企业需要加强理论与实践的融合，通过不断试错、迭代和优化，推动数字化转型工作的持续改进和创新。具体来说，企业不仅要建立数字化转型的评估机制，定期对转型工作进行评估和反馈，而且要鼓励员工提出创新性的想法和建议，为数字化转型注入新的活力和动力。

# 四、数字化转型的未来发展方向

在全球化、信息化的时代背景下，数字化转型已成为企业持续发展和提升竞争力的核心战略。随着技术的不断进步和市场需求的不断变化，数字化转型的未来发展方向将呈现出多元化、智能化、可持续化等趋势。

## （一）智能化引领数字化转型新高度

作为数字化转型的关键技术，人工智能（AI）将在未来发挥更加重要的作用。随着算法的不断优化和计算能力的提升，AI将在企业运营、供应链管理、客户服务等多个领域实现深度应用。例如，通过AI技术进行市场趋势预测、客户需求分析，帮助企业做出更加科学的决策；利用AI优化生产流程、提高生产效率，降低运营成本；通过智能客服机器人提升客户体验，增强客户满意度和忠诚度。

未来，自动化与智能化将进一步融合，推动企业生产和管理模式的深刻变革。自动化技术的应用将不仅局限于简单重复的任务，而是更多地参与到复杂决策和流程优化中。同时，智能化技术的引入将使得自动化系统具备更强的学习能力和适应能力，能够根据实时数据自动调整优化方案，实现更高效、更精准的生产和管理。

## （二）数字化转型促进可持续发展

随着全球对环境保护和可持续发展的重视，绿色低碳将成为数字化转型的重要方向之一。企业将通过数字化转型实现能源管理、废物处理、排放监测等方面的智能化升级，降低资源消耗和环境污染。例如，利用物联网技术对生产过程中的能源使用进行实时监测和优化调整；通过大数据分析预测设备故障，提前进行维护减少停机时间和能源消耗；引入智能环保设备和技术，提高废物处理和资源回收的效率。

通过数字化转型推动企业循环经济模式的推广。企业将通过数字化手段实现产品生命周期的全程管理，从设计、生产、销售到回收再利用等各个环节都要注重资源的节约和循环利用。通过构建数字化平台促进废旧物资的回收和再利用，推动企业形成闭环的循环经济体系。

## （三）数字化转型深化行业融合与创新

随着数字化转型的深入发展，跨界融合将成为常态。不同行业之间将打破界限，通过数字化手段实现资源共享、优势互补和协同创新。例如，制造业与服务业的融合将推动智能制造和服务型制造的发展，农业与信息技术的融合将促进智慧农业和精准农业的实现，金融与科技的融合将推动金融科技和普惠金融的发展等。

通过数字化转型将催生出一系列新兴业态。随着技术的不断进步和市场需求的不断变化，新的商业模式和服务方式将不断涌现。例如，基于区块链技术的去中心化金融（DeFi）将改变传统金融行业的格局，基于5G和物联网技术的智慧城市将提升城市管理和公共服务水平，基于大数据和人工智能技术的精准营销将为企业带来更高的市场回报等。

## （四）数字化转型提升社会治理能力

通过数字化转型将推动智慧城市和数字政府的建设。通过运用大数据、云计算、物联网等先进技术，实现城市基础设施的智能化升级和公共服务的数字化转型。智慧城市将提升城市管理效率和服务水平，为居民提供更加便捷、高效的生活体验；数字政府将推动政府治理模式的创新，提高政府决策的科学性和透明度。

随着数字化转型的深入发展，数据安全与隐私保护将成为重要议题。企业不仅需要加强数据安全管理，确保数据的完整性、可用性和机密性，而且要注重用户隐私保护，遵守相关法律法规和伦理规范。同时政府也将加大数据监管和执法力度，保障公民个人信息安全和社会公共利益。

## （五）数字化转型面临的挑战与应对措施

数字化转型过程中，技术更新换代的速度非常快。企业需要不断跟踪新技术的发展动态，及时引入和应用新技术以保持竞争优势。然而，技术更新换代也带来了挑战，如技术选型、系统升级、员工培训等方面的成本投入和风险控制问题。因此，企业需要制定科学合理的技术更新策略，确保技术投入与业务发展的匹配性。

数字化转型不仅涉及技术的升级，还涉及组织的变革和对人才的培养。企业需要调整组织结构、优化管理流程、提升员工素质以适应数字化转型的需求。然而，组织变革往往面临阻力和困难，如员工抵触情绪、利益冲突等问题；具备数字化素养和创新能力的专业人才短缺也是制约企业数字化转型的重要因素之一。因此，企业需要加强组织变革管理和人才培养工作，确保转型工作的顺利推进和可持续发展。

在数字化转型过程中，数据安全与隐私保护是不可忽视的问题。随着数据的海量增长和广泛应用，数据泄露、非法获取等风险也随之增加。因此，企业需要加强数据安全管理措施和技术手段的应用，确保数据的完整性和机密性，同时注重用户隐私保护意识的培养和加大法律法规的遵守执行力度，以确保公民个人信息安全和社会公共利益不受侵害。

# 第四章　工业经济管理中的可持续发展

## 第一节　可持续发展的定义与重要性

### 一、可持续发展的定义及内涵

#### （一）可持续发展的定义

可持续发展（Sustainable Development）是20世纪80年代提出的一个重要概念，其核心在于平衡当代人的需求与后代人满足其需求的能力之间的关系。1987年，世界环境与发展委员会在《我们共同的未来》报告中首次阐述了"可持续发展"的概念，即"既能满足当代人的需求，又不对后代人满足其需求的能力构成威胁的发展"。这一概念迅速取得了国际社会的广泛共识，成为指导全球发展的重要理念。

可持续发展强调经济、社会、资源和环境保护的协调发展，它们构成了一个密不可分的系统。具体而言，可持续发展要求在达到经济发展目的的同时，保护好人类赖以生存的自然资源和环境，如大气、淡水、海洋、土地和森林等，确保子孙后代能够永续发展和安居乐业。这种发展模式超越了传统的以经济增长为中心的发展观，注重发展的全面性、协调性和可持续性。

#### （二）可持续发展的内涵

可持续发展的内涵丰富而深刻，主要包括以下几个方面。

　　经济的持续是可持续发展的基础条件。它鼓励经济的增长，但不仅关注数量的增加，更重视质量的提升。在可持续发展的框架下，经济增长必须与环境承载能力相协调，避免出现以牺牲环境为代价的短期行为。同时，经济发展应促进产业结构的优化升级，提高资源利用效率，减少污染物排放，形成绿色、低碳、循环的发展模式。生态的持续是可持续发展的核心保障。它强调以保护自然为基础，开发应与资源、环境承载力相协调。这意味着在经济发展和社会进步的过程中，必须尊重自然规律，维护生态系统的平衡和稳定。通过加强生态环境保护，恢复和重建受损的生态系统，提高生态系统的自我调节和恢复能力，为经济社会的可持续发展提供坚实的生态基础。

　　社会的持续是可持续发展的最终目的。它以改善和提高人类的生活质量为目标，与社会进步相协调。可持续发展要求满足全体人民的基本需求和愿望，消除贫困和不平等现象，提高人民的生活水平和幸福感。同时，它强调社会公正和公平，保障后代人享有与当代人同等的发展机会和资源利用权力。通过加强社会建设和管理，促进社会的和谐稳定和可持续发展。可持续发展的公平性包括本代人的公平和代际间的公平。本代人的公平要求满足全体人民的基本需求和愿望，消除贫困和不平等现象。代际间的公平则强调当代人不能为了自身的发展而损害后代人利用自然资源的权利。此外，公平分配有限资源也是可持续发展的重要方面。当前占全球人口少数的发达国家消耗了大量的资源，而发展中国家则面临资源短缺和环境污染的双重压力。因此，实现资源的公平分配对全球可持续发展至关重要。

　　可持续发展的持续性强调人类的经济和社会发展不能超越资源与环境的承载能力。这意味着在追求发展的过程中，必须严格控制人口增长、提高人口素质、保护环境和资源永续利用。通过采用先进的科技手段和管理方法，提高资源利用效率，减少污染物排放，确保生态系统的平衡和稳定。同时，加强国际合作和交流，共同应对全球性环境问题和挑战，推动全球可持续发展进程。可持续发展的共同性体现在全球发展的总目标上，它所体现的公平性和持续性原则是共同的，需要全球各国共同努力和协作实现。面对全球性环境问题和挑战，任何国家都不能独善其身。因此，各国应加强合作和交流，共同制定和执行可持续发展的政策与措施，推动全球可持续发展进程。同时，加强国际法律框架和制度建设，为全球可持续发展提供有力的法律保障和支持。

# 二、可持续发展在工业经济管理中的重要性

在当今全球化背景下，工业经济作为国家经济的支柱之一，其管理方式和发展模式对国家乃至全球的可持续发展具有深远影响。可持续发展作为一种强调经济、社会、环境三者协调统一的发展理念，已成为工业经济管理中不可或缺的重要组成部分。

## （一）促进资源高效利用与循环利用

工业经济作为资源密集型产业，其生产过程中对自然资源的消耗巨大。传统工业经济管理模式往往忽视资源的节约和循环利用，导致资源浪费和环境污染问题日益严重。可持续发展理念强调资源的高效利用和循环利用，要求工业企业在生产过程中采用先进技术和管理手段，提高资源利用效率，减少资源浪费。例如，通过引进节能降耗技术和设备，优化生产流程，降低单位产品能耗；通过实施循环经济模式，对废弃物进行回收再利用，减少废弃物排放，降低环境污染。这种资源高效利用与循环利用的模式不仅有助于降低企业生产成本，提高经济效益，还有助于缓解资源短缺压力，保护生态环境，实现工业经济的可持续发展。

## （二）推动绿色生产与环境保护

随着全球环境问题的日益严峻，绿色生产已成为工业经济发展的必然趋势。遵循可持续发展理念要求工业企业在生产过程中注重环境保护，减少污染物排放，降低对环境的负面影响。为实现这一目标，工业企业需要采取一系列绿色生产措施，如使用环保材料、推广清洁生产技术、加强污染治理和生态修复等。这些措施的实施不仅有助于降低企业环境风险，提升企业社会形象，还有助于推动整个工业行业向绿色、低碳、循环方向发展。同时，通过绿色生产还有助于激发企业创新活力，推动企业转型升级，提高市场竞争力。

### （三）促进经济、社会、环境协调发展

可持续发展强调经济、社会、环境三者之间的协调发展。在工业经济管理中融入可持续发展理念，有助于平衡经济发展与环境保护之间的关系，实现经济效益与生态效益的双赢。一方面，通过推动绿色生产和资源循环利用，工业企业可以降低生产成本，提高经济效益；另一方面，通过加强环境保护和生态修复，工业企业可以减少对环境的破坏，提升社会形象，增强社会责任感。这种协调发展的模式有助于构建和谐社会，促进经济社会的全面进步。

### （四）提升企业竞争力和可持续发展能力

在全球化和市场竞争日益激烈的背景下，企业的竞争力和可持续发展能力成为企业生存与发展的关键。遵循可持续发展理念要求工业企业在追求经济效益的同时，注重资源节约、环境保护和社会责任等方面的工作。这些工作的实施有助于提升企业的品牌形象和社会声誉，增强消费者的信任和忠诚度，从而提升企业的市场竞争力。同时，遵循可持续发展还有助于推动企业技术创新和管理创新，提高企业的生产效率和产品质量，降低生产成本和运营风险，从而增强企业的可持续发展能力。

### （五）推动全球可持续发展进程

工业经济作为全球经济的重要组成部分，其可持续发展对全球可持续发展进程具有重要影响。通过推动工业经济的可持续发展，可以减少全球资源消耗和环境污染，缓解全球气候变化等环境问题，为全球可持续发展做出贡献。同时，工业经济的可持续发展还可以促进全球经济的稳定增长和繁荣，推动全球经济的绿色转型和高质量发展。因此，各国政府和企业应共同努力，加强合作与交流，共同推动工业经济的可持续发展进程。

### （六）具体实践路径与策略

为实现工业经济的可持续发展目标，需要采取一系列具体实践路径与策略。首先，建立健全工业经济管理制度体系是关键。通过制定和完

善相关法律法规、政策标准和管理制度等措施，为工业经济的可持续发展提供制度保障和支持。其次，加强科技创新和技术研发是推动工业经济可持续发展的重要动力。通过引进和推广先进技术和设备、加强"产学研"合作等方式，提高工业企业的技术创新能力和核心竞争力。再次，需要加强人才培养和引进工作，提高员工素质与专业水平，为工业经济的可持续发展提供人才保障及支持。最后，需要加强国际合作与交流，共同应对全球性环境问题和挑战，推动全球工业经济的可持续发展进程不断向前发展。

# 三、可持续发展与工业经济管理的关系

在当今世界，随着资源短缺、环境污染等问题的日益严峻，可持续发展已成为全球共识。工业经济作为国民经济的重要组成部分，其管理方式和发展模式对实现可持续发展目标具有关键性作用。

## （一）可持续发展的核心理念与工业经济管理面临的挑战

可持续发展的核心理念在于平衡经济发展、社会进步与环境保护之间的关系，确保当代人的需求在得到满足的同时，不损害后代人满足其需求的能力。这一理念强调全局性、长远性和协调性，为工业经济管理提供了新的视角和更高的要求。

工业经济管理面临着诸多挑战，包括资源利用效率低、环境污染严重、产业结构不合理等。这些问题不仅制约了工业经济的健康发展，也对可持续发展构成了威胁。因此，将可持续发展理念融入工业经济管理之中，就成为破解这些难题的关键途径。

## （二）可持续发展对工业经济管理的指导意义

可持续发展要求工业经济在生产过程中实现资源的高效利用和循环利用。这意味着工业企业需要采用先进的生产技术和设备，优化生产流程，减少资源消耗和废弃物排放。同时，通过实施循环经济模式，对废弃物进行回收再利用，形成资源闭环，提高资源利用效率。这种资源节约和循环利用的理念为工业经济管理提供了明确的方向与目标。

可持续发展强调绿色生产与环境保护的重要性。工业企业在生产过程中应注重环保材料的使用、清洁生产技术的推广以及污染治理和生态修复等工作的加强。这些措施的实施有助于降低污染物排放、改善环境质量、保护生态系统稳定性，从而实现工业经济与环境的和谐共生。绿色生产不仅有利于提升企业的社会形象和品牌价值，还能为企业创造更多的绿色商机和发展空间。可持续发展要求工业经济不断优化产业结构，推动传统产业转型升级和新兴产业发展壮大。通过培育战略性新兴产业、改造提升传统产业、发展现代服务业等方式，形成结构优化、技术先进、清洁安全、附加值高、吸纳就业能力强的现代产业体系。这种产业结构优化升级的过程不仅有助于提高工业经济的整体质量和竞争力，还能为可持续发展注入新的动力和活力。

可持续发展强调企业的社会责任和公平经济的重要性。工业企业在追求经济效益的同时，应注重保障员工权益、关注社区发展、积极参与社会公益事业等方面的工作。通过建立健全的社会责任体系、加强企业文化建设和社会责任宣传等方式，提升企业的社会形象和公众认可度。同时，工业企业还应注重公平经济的建设，通过采取合理的收入分配制度、完善的社会保障体系等措施，促进社会公平和正义的实现。

## （三）工业经济管理对可持续发展的推动作用

通过加强工业经济管理，可以推动工业企业采用先进的生产技术和设备，优化生产流程，提高资源利用效率。这不仅有助于企业降低生产成本、提高企业经济效益，还能减少对自然资源的依赖和消耗，为可持续发展贡献力量。

企业注重环境保护与生态建设，通过实施严格的环保法规和标准、加强污染治理和生态修复等措施，降低污染物排放、改善环境质量、保护生态系统稳定性。这些措施的实施有助于维护生态平衡和生物多样性，为可持续发展提供坚实的生态基础。企业通过采取政策引导和市场机制调节等手段，推动产业结构优化升级。通过培育新兴产业、改造传统产业等方式，形成更加合理、高效、环保的产业结构体系。这有助于提升工业经济的整体质量和竞争力，为可持续发展注入新的动力和活力。

企业注重企业的社会责任和公平经济建设。通过建立健全的社会责任体系、加强企业文化建设和社会责任宣传等方式，提升企业的社会形象和公众认可度。同时，通过完善收入分配制度、加强社会保障体系建设等措施，促进社会公平和正义的实现，为可持续发展创设更加和谐稳定的社会环境。

# 四、可持续发展在全球范围内的实践

在全球化的今天，可持续发展已成为各国政府和国际组织共同关注的焦点。面对资源短缺、环境污染、气候变化等全球性问题，各国纷纷采取行动，探索和实践可持续发展的路径。

## （一）能源转型与可再生能源利用

能源是经济社会发展的基础，也是可持续发展的关键领域之一。全球范围内，各国正积极推动能源转型，从高碳能源向低碳和零碳能源转变。其中，可再生能源的利用成为重要方向。

丹麦是全球领先的可再生能源利用国，尤其在风能发电领域取得了显著成就。通过大力发展风能发电技术，建设大规模风力发电厂，丹麦实现了能源结构的优化和碳排放的大幅减少。风能发电不仅清洁环保，还有效减少了对化石能源的依赖，为应对气候变化做出了积极贡献。丹麦的成功经验为全球其他国家发展可再生能源提供了宝贵借鉴。此外，太阳能也是全球范围内广泛利用的可再生能源之一。许多国家通过政策扶持和市场机制引导，推动太阳能产业的发展。太阳能光伏板的应用范围不断扩大，从家庭住宅到大型商业建筑，再到太阳能电站，太阳能正逐步成为替代传统能源的重要选择。

## （二）生物多样性保护与生态治理

生物多样性是地球生命体系的重要组成部分，也是可持续发展的基础。全球范围内，各国和国际组织正积极采取措施，加强生物多样性保护和生态治理。

全球能源互联网发展合作组织等机构提出了通过清洁能源发展促进生

物多样性治理的理念和方案。通过推广清洁能源、减少化石燃料的使用，可以降低对自然生态系统的破坏，保护生物多样性。

同时，各国还加大了对自然保护区和生态敏感区域的保护力度。通过建立自然保护区、实施生态修复工程等措施，保护珍稀濒危物种和生态系统。这些努力不仅有助于维护生态平衡，还为可持续发展提供了坚实的生态基础。

### （三）循环经济与废物管理

循环经济是实现可持续发展的重要途径之一。通过废物回收、再利用和资源化等手段，循环经济可以减少废物对环境的污染，同时创造经济效益。新加坡作为一个资源有限、人口密集的国家，在循环经济方面取得了显著成效。通过严格的垃圾分类制度、先进的污水处理技术和工业废物回收再利用等措施，新加坡成功实现了资源的有效利用和环境的可持续管理。这一案例为全球其他面临资源短缺和环境保护压力的城市提供了宝贵经验。

此外，许多国家还在推动包装减量、产品回收等循环经济措施。通过减少一次性产品的使用、推广可回收包装等方式，降低废物产生量并提高资源利用效率。这些措施不仅有助于环境保护，还能促进企业创新和转型升级。

### （四）城市可持续发展

城市是人口和经济活动高度集中的区域，也是可持续发展面临挑战的重点领域之一。全球范围内，许多城市正在实施可持续城市发展计划，通过改善城市基础设施、提高能源效率、推广绿色交通等手段实现城市的可持续发展。

例如，一些城市通过建设绿色基础设施如公园绿地、屋顶花园等提高城市绿化覆盖率，改善城市生态环境；通过推广公共交通、鼓励骑行和步行等绿色出行方式减少交通拥堵与空气污染；通过实施建筑能效提升计划降低建筑能耗等。这些措施不仅有助于提升城市居民的生活质量，还能为城市的可持续发展奠定坚实基础。

### （五）全球合作与伙伴关系

可持续发展的实现需要全球范围内的合作与伙伴关系。各国政府、国际组织和企业之间建立了许多合作伙伴关系，共同推动可持续发展的实现。

在气候变化领域，各国通过《巴黎协定》等国际合作机制加强合作与协调，共同应对气候变化带来的挑战。在生物多样性保护方面，各国和国际组织通过《生物多样性公约》等框架加强合作与交流，推动生物多样性保护工作的开展。此外，在能源转型、循环经济等领域也涌现出许多跨国合作项目和案例，展示出了全球合作在推动可持续发展方面的重要作用。

### （六）面临的挑战与应对策略

尽管全球各国在可持续发展方面取得了显著进展，但仍面临诸多挑战。例如，数据缺失和监测能力不足、不同可持续发展目标间相互联系的高度复杂性、区域差异和负外部性影响以及全球变化对可持续发展目标实现的不确定性影响等。

为应对这些挑战，需要采取一系列有效的对策和措施。首先，加强数据收集和分析能力，提高监测和评估水平；其次，加强政策协调与一致性，确保各项政策相互支持、相互促进；再次，加大科技创新和人才培养力度，提高资源利用效率和节能减排水平；最后，加强国际合作与交流共同应对全球性环境问题。

# 第二节　可持续发展前沿理论与实证研究

## 一、可持续发展前沿理论概述

随着全球环境问题的日益严峻和人们对生活质量要求的不断提高，可持续发展已成为全球共识和各国发展的重要战略方向。可持续发展理论不仅关注当前的经济增长，还强调在不损害未来世代满足其需求能力的前提下，实现经济、社会、环境的协调统一。

## （一）可持续发展理论与基本原则

可持续发展理论是由联合国环境与发展委员会主席布伦特兰夫人于1987年提出的，即"既满足当代人的需求又不危及后代人满足其需求的发展"。这主要强调了两个核心要素：一是满足当代人的基本需求，二是保证不对后代人满足其需求的能力构成危害。在此基础上，可持续发展理论确立了三大基本原则：公平性、持续性、共同性。

公平性：包括代内公平和代际公平。代内公平要求同代人之间在资源分配和利用上应享有平等的机会和权利；代际公平则强调当代人在满足自身需求的同时，有责任为后代人保留足够的资源和环境空间。

持续性：强调经济活动和社会发展必须在自然资源和生态环境的承载能力范围内进行，以确保人类活动不会破坏自然系统的稳定性和再生能力。

共同性：可持续发展是全球性的目标，需要各国共同努力、相互合作，共同应对全球性环境问题和挑战。

## （二）可持续发展理论的主要内容

可持续发展理论涉及经济、社会、环境等多个领域，其主要内容包括以下几个方面。

第一，经济可持续发展要求在保持经济增长的同时，注重提高经济的质量和效益，减少对自然资源的过度依赖和环境的破坏。这要求转变传统的经济增长方式，推动产业结构优化升级，发展绿色经济、循环经济和低碳经济。同时，加强科技创新和人才培养，提高经济系统的整体竞争力和抗风险能力。

第二，社会可持续发展强调以人为本，关注人的全面发展和社会公平正义。这要求在教育、卫生、就业、社会保障等方面加大投入力度，提高人民的生活水平和幸福感。同时，加强社会治理和公共服务体系建设，促进社会和谐稳定。此外，还需要关注弱势群体的生存和发展问题，确保他们能够分享到经济社会发展的成果。环境可持续发展是可持续发展理论的核心内容之一。它要求采取有效措施保护生态环境，防止环境污染和生态破坏。这包括加强环境监管和执法力度，推广清洁生产和绿色消费方式；加强生态系统保护和修复工作，维护生物多样性和生态平衡；加强气候变化应对和减灾救灾工作等。

## （三）可持续发展理论的前沿动态

随着全球环境问题的不断加剧和人们对可持续发展认识的不断深入，可持续发展理论也在不断发展和完善。当前，可持续发展理论的前沿动态主要包括以下几个方面。

第一，绿色经济和循环经济作为实现可持续发展的重要途径之一，正受到越来越多的关注。绿色经济强调在经济发展过程中注重生态环境保护和资源节约利用，循环经济则强调通过资源的循环利用和废弃物的资源化利用实现经济系统的闭环运行。这两种经济模式有助于降低资源消耗和环境污染水平，提高经济发展的质量和效益。气候变化是当前全球面临的最严峻的环境问题之一。随着全球气温的不断升高和极端气候事件的频发，气候变化将对可持续发展构成严重威胁。因此，加强气候变化应对和减缓工作已成为实现可持续发展的重要任务之一。这包括推动绿色低碳发展、加强能源结构调整、提高能源利用效率等。

第二，生态文明建设是中国特色社会主义事业的重要内容之一。它强调人与自然和谐共生、建设美丽中国的重要性。生态文明建设与可持续发展紧密相连，共同构成了中国未来发展的宏伟蓝图。通过加强生态文明建设，可以推动经济社会发展全面绿色转型，实现经济、社会、环境的协调统一。数字化转型是当前全球发展的重要趋势之一。通过数字技术的应用和推广，可以推动经济社会发展的智能化、网络化、服务化转型。数字化转型为可持续发展提供了新的机遇和挑战。一方面，数字技术可以提高资源利用效率和管理水平，降低环境污染和能耗水平；另一方面，数字技术的广泛应用可能带来新的环境和社会问题。因此，在推动数字化转型的过程中需要注重可持续发展原则的落实和应用。

## 二、可持续发展理论与实践的结合点

可持续发展理论自提出以来，便在全球范围内引起了广泛的关注与讨论。这一理论不仅是对传统发展模式的一种深刻反思，也是对未来发展方向的一种前瞻性探索。然而，理论的价值在于指导实践，可持续发展理论也不例外。

### （一）可持续发展理论的核心要义

可持续发展理论的核心在于平衡当代人的需求与后代人的权益，确保在满足当前发展需求的同时，不损害未来世代满足其需求的能力。这一理论以公平性、持续性、共同性为基本原则，强调经济、社会、环境的协调统一。具体而言，可持续发展要求在经济上追求高效益、低消耗的增长模式；在社会层面关注公平正义、人民福祉；在环境方面则致力于保护自然生态、维护生态平衡。

### （二）可持续发展理论实践面临的挑战

尽管可持续发展理论具有高度的前瞻性和指导性，但在实际操作过程中仍面临诸多挑战。首先，理论与实践之间存在一定的差距。可持续发展理论往往停留在宏观层面，而具体实践则需要针对地方实际情况制定具体策略。其次，可持续发展涉及多个领域和部门，需要政府、企业、社会等各方共同努力，协调推进。然而，在实际操作中，各方利益诉求不一，难以形成合力。此外，可持续发展还受到技术、资金、人才等方面的制约，这些因素都将增加实践难度。

### （三）可持续发展理论与实践的结合点

针对上述挑战，可持续发展理论与实践的结合点主要体现在以下几个方面。

一是政府作为推动可持续发展的主导力量，应通过制定相关政策和法规，为可持续发展提供制度保障。这些政策可以包括环保法规、资源税、碳交易市场等经济手段，以及绿色信贷、环保补贴等财政支持措施。同时，政府还应加强监管和执法力度，确保各项政策措施得到有效执行。通过政策引导和制度保障，可以促使企业和个人在追求经济利益的同时，更加注重环境保护和社会责任。技术创新是推动可持续发展的重要动力。通过研发和推广环保技术、清洁能源技术、资源循环利用技术等，可以降低生产过程中的能耗和排放水平，提高资源利用效率。同时，技术创新还能带动产业升级和转型升级，推动经济从高能耗、高排放的传统模式向绿色低碳、循环经济的发展模式转变。因此，政府应加大对科技创新的投入和支持力度，鼓励企业加大研发投入和技术创新力度，推动可持续发展技术的广泛应用和推广。

二是可持续发展不仅是政府和企业的责任，也是全社会的共同事业。因此，加强社会参与和公众参与是推动可持续发展的关键。政府不仅要通过宣传教育、信息公开等方式提高公众对可持续发展的认识和意识，而且要鼓励社会组织、非政府组织等参与可持续发展项目的实施和监督。此外，政府还应建立健全公众参与机制，让公众有机会参与可持续发展政策的制定和实施过程，确保政策的民主性和科学性。通过社会参与和公众参与，可以形成全社会共同推动可持续发展的强大合力。可持续发展是全球性问题，需要各国共同应对。因此，加强国际合作和全球治理是推动可持续发展的必然选择。各国政府不仅要加强沟通和协作，共同应对气候变化、环境污染等全球性挑战，而且要加强技术和经验交流，共同推动可持续发展技术的研发和应用。此外，国际社会还应建立健全全球治理体系，加大环境监管和执法力度，确保各国在追求经济发展的同时不损害全球环境和生态安全。通过国际合作和全球治理，推动全球可持续发展目标的实现。

# 三、可持续发展未来的研究方向与面临的挑战

可持续发展，作为一种旨在平衡经济、社会与环境需求的发展模式，已成为全球共识与行动指南。随着全球环境问题的日益严峻和经济社会发展的不断深入，可持续发展面临着前所未有的机遇与挑战。

## （一）可持续发展未来的研究方向

首先，生态学方向的研究将聚焦生态系统的修复与生物多样性的保

护。随着人类活动范围的不断扩大，自然生态系统遭受了严重破坏，生物多样性急剧下降。未来的研究将探索如何通过生态工程手段恢复受损生态系统，提高生态系统的稳定性和抵抗力。同时，加强对生物多样性价值的认识，推动生物多样性保护政策的制定与实施，确保地球生物多样性的持续存在。

其次，经济学方向的研究将重点关注绿色经济与循环经济的发展模式。绿色经济强调在经济发展过程中注重生态环境保护和资源节约利用，推动经济向低碳、环保、高效的方向转型。循环经济则强调资源的循环利用和废弃物的资源化利用，通过构建闭环经济系统，减少资源消耗和环境污染。未来的研究将深入探索绿色经济与循环经济的理论框架、政策体系和市场机制，为可持续发展提供经济支撑。

再次，社会学方向的研究将关注社会公平与包容性增长问题。可持续发展不仅要求经济增长，还强调社会公平和公正。未来的研究将探索如何通过政策调整和社会制度创新，缩小贫富差距，促进社会公平。同时，关注弱势群体的生存和发展问题，推动包容性增长，确保所有人都能分享到经济社会发展的成果。

最后，系统学方向的研究将应用系统学的理论和方法，对可持续发展系统进行综合集成与系统优化。可持续发展是一个复杂的系统工程，涉及经济、社会、环境等多个领域和部门。未来的研究将加强跨学科合作与交流，构建可持续发展的综合集成模型，通过系统优化方法实现经济、社会、环境的协调发展。

## （二）可持续发展面临的挑战

气候变化是当前可持续发展面临的最大挑战之一。随着全球气温的不断上升，极端天气事件频发，对自然生态系统和人类社会造成了严重影响。未来不仅需要进一步加强气候变化科学研究，提高预测和应对能力，还要推动全球合作，共同应对气候变化挑战，减少温室气体排放，促进低碳经济转型。

资源短缺和环境污染是制约可持续发展的两大瓶颈。随着全球人口的增长和经济的快速发展，对资源的需求不断增加，而资源的供给却日益紧张。同时，环境污染问题日益严重，对人类的生存环境和健康构成了威胁。未来不仅需要加强对资源的科学管理和高效利用，推广循环经济模式，还要加大环境保护力度，减少污染物排放，改善环境质量。社会不平等和贫困问题是影响可持续发展的重要因素。贫富差距的扩大和社会排斥现象的存在，不仅损害了社会公平和正义，也阻碍了可持续发展的进程。未来不仅需要加强对贫困问题的关注和研究，探索有效的减贫策略，还要推动社会制度创新和政策调整，促进社会公平和包容性增长的实现。

技术创新是推动可持续发展的重要动力。然而，当前技术创新与成果转化之间仍存在较大差距，许多先进技术尚未得到有效应用和推广。未来不仅需要加大对技术创新的投入和支持力度，鼓励企业和社会各界参与技术创新活动，还要完善科技成果转化机制和政策环境，促进先进技术的快速应用和产业化发展。

可持续发展是全球性问题需要各国共同应对。然而当前国际合作与全球治理体系仍存在诸多不足和挑战，如合作机制不健全、治理效率低下等。未来不仅需要加强国际合作与交流机制建设，推动形成更加公正合理的全球治理体系，而且还要加强跨国界的环境保护合作和资源共享机制建设，共同应对全球性环境挑战和问题。

# 第三节　工业经济管理中的
# 可持续发展战略

## 一、制定可持续发展战略

在当今世界，可持续发展已成为全球共识，它不仅是一个环境概念，也是一种全新的发展理念和模式。制定可持续发展战略，意味着要在满足当代人需求的同时，不损害后代人满足其需求的能力。这要求我们在经济、社会、环境三个维度上实现平衡和协调。

### （一）面临的挑战

传统经济发展模式往往以牺牲环境为代价，而可持续发展要求我们在保护环境的同时实现经济增长。如何在不破坏生态环境的前提下推动经济发展，是制定可持续发展战略面临的首要挑战。

实施可持续发展战略不仅关注环境和经济，还强调社会公平。然而，在追求经济效率的同时，往往容易出现社会不公。如何在提高效率的同时保障社会公平，是实施可持续发展战略需要解决的重要问题。可持续发展是全球性的议题，需要各国共同合作。然而，不同国家之间在发展水平、文化背景、价值观念等方面存在差异，导致在可持续发展问题上存在利益冲突。如何协调各国利益，推动全球合作，是制定可持续发展战略的重要挑战。

可持续发展需要技术创新来支撑，同时也需要制度完善来保障。然而，技术创新和制度完善往往不是同步进行的，这可能导致可持续发展战略的实施受阻。

## （二）可能路径

绿色经济是可持续发展的核心。要推动绿色经济转型，需要大力发展清洁能源、循环经济、低碳技术等绿色产业，同时改造传统产业，降低其环境污染和资源消耗。

在制定和实施各项政策时，要将生态环境保护放在优先位置。这要求我们在政策制定、规划实施、项目审批等各个环节都要充分考虑生态环境因素，确保经济活动不对生态环境造成不可逆转的损害。实施可持续发展战略应注重社会公平和包容性发展。这要求我们在经济发展中关注弱势群体，提供平等的教育、医疗、就业等机会，确保所有人都能从经济发展中受益。

可持续发展是全球性的议题，需要各国共同合作。要加强全球合作与治理，就需要建立公平、有效的国际机制，推动各国在可持续发展问题上达成共识，共同应对全球性挑战。技术创新和制度完善是可持续发展的关键驱动力。要推动技术创新，就需要加大研发投入力度，鼓励企业创新，培育新兴产业。同时，也需要进行制度完善，建立有利于可持续发展的政策体系、法律体系和监管体系。

## （三）未来展望

随着全球环境问题的日益严峻，各国对可持续发展的认识将更加深入。未来，有望形成全球性的可持续发展共识，各国将共同致力于推动可持续发展。

随着绿色技术的不断发展和绿色产业的不断壮大，绿色经济将成为主流经济形态。这将推动全球经济结构的深刻变革，为可持续发展提供强大的经济支撑。在未来的可持续发展战略中，社会公平与包容性发展将得到更多关注。各国将更加注重弱势群体的权益保障，推动社会的整体进步和和谐发展。

随着全球合作的不断深入和治理机制的不断完善，各国在可持续发展问题上的合作将更加紧密和有效。这将为应对全球性挑战提供有力的制度保障。在未来的可持续发展战略中，技术创新与制度变革将更加紧密地结合在一起。技术创新将为制度完善提供新的动力和支持，而制度变革也将为技术创新创造更加有利的环境和条件。

# 二、实施绿色生产与循环经济

在当今世界，随着资源约束趋紧、环境污染严重、生态系统退化的严峻形势，绿色生产与循环经济已成为全球发展的必然趋势。实施绿色生产与循环经济不仅有助于缓解资源环境压力，还能推动经济转型升级，实现可持续发展。

## （一）实施绿色生产与循环经济的路径

绿色技术是绿色生产与循环经济的基础。要大力推广节能、环保、低碳等绿色技术，提高资源利用效率，减少环境污染。政府应加大对绿色技术研发的投入力度，鼓励企业创新，推动绿色技术的产业化应用。产业结构优化是实施绿色生产与循环经济的关键。要大力发展绿色产业，如清洁能源、环保产业、循环经济产业等，同时改造传统产业，推动其向绿色、低碳、环保方向转型。通过产业结构优化，降低经济对资源的依赖，减少环境污染。

完善政策法规是实施绿色生产与循环经济的保障。要制定和完善绿色生产与循环经济的法律法规，明确政府、企业、公众的责任和义务。通过政策法规的引导和约束，推动绿色生产与循环经济的深入发展。宣传教育是实施绿色生产与循环经济的重要手段。要通过各种渠道和形式，加强绿色生产与循环经济的宣传教育，提高公众对绿色生产与循环经济的认识和参与度。通过宣传教育，形成全社会共同推动绿色生产与循环经济的良好氛围。

绿色生产与循环经济是全球性的议题，需要各国共同合作。要加强国际合作，分享绿色生产与循环经济的经验和技术，共同应对全球性资源环境挑战。通过国际合作，推动全球绿色生产与循环经济的发展。

### （二）实施绿色生产与循环经济面临的挑战

虽然绿色技术与循环经济理念已得到广泛认同，但在实际应用中仍面临技术瓶颈和创新不足的挑战。一些关键技术的研发和应用尚需突破，以降低成本、提高效益。绿色生产与循环经济的初期投入往往较大，且回报周期较长。这导致一些企业在面对传统生产方式与绿色生产方式的选择时，可能因资金压力而倾向选择传统生产方式。

尽管绿色生产与循环经济的产品和服务具有环保优势，但市场接受度和消费者行为仍是我们要面临的一大挑战。消费者对绿色产品的认知、接受度和购买意愿需要进一步加强。政策的执行与监管力度是影响绿色生产与循环经济发展的重要因素。一些地方可能存在政策执行不力、监管缺失等问题，导致绿色生产与循环经济的发展受阻。

在全球化背景下，绿色生产与循环经济也面临国际竞争与合作的平衡问题。如何在保护本国利益的同时，加强国际合作，共同推动全球绿色生产与循环经济的发展，是一个需要深思的问题。

## 三、推动技术创新与升级

在当今这个日新月异的时代，技术创新与升级已成为推动社会进步和经济发展的核心动力。面对全球竞争的新格局和日益严峻的资源环境约束，各国纷纷将技术创新与升级作为国家战略的重要组成部分，以期在激烈的国际竞争中占据先机。

### （一）推动技术创新与升级的路径

研发是技术创新的源泉。政府和企业应共同加大研发投入力度，特别是在基础研究和应用研究方面，为技术创新提供坚实的资金保障。同时，要构建开放、协同的创新生态，鼓励"产学研"用深度融合，促进创新资源的共享与优化配置。人才是技术创新的第一资源。要加大对科技人才的培养和引进力度，建立完善的人才激励机制，充分激发科技人才的创新活力和潜力。同时，要注重培养跨学科、跨领域的复合型人才，以适应技术创新日益复杂化的趋势。

产业升级是技术创新的重要体现。要通过技术创新推动传统产业的转型升级，提高产业附加值和竞争力。同时，还要积极培育新兴产业，特别是战略性新兴产业，如新能源、新材料、生物医药等，为经济增长提供新的动力源。技术创新是全球性的活动。要加强国际合作与交流，共同应对全球性挑战，共享技术创新成果。通过国际合作，可以引进国外先进技术和管理经验，提升本国技术创新能力和水平。

政策环境是技术创新的重要影响因素。要优化政策环境，制定和完善有利于技术创新的政策法规，如知识产权保护、科技成果转化、创新型企业扶持等。同时，还要完善创新体系，形成政府、企业、市场、社会协同推进技术创新的良好局面。

## （二）推动技术创新与升级面临的挑战

技术创新需要大量的资金投入，且存在较高的风险。一些企业在面对技术创新时，往往因为资金不足或风险过高而望而却步。

虽然我国科技人才总量较大，但高端人才和创新型人才仍然短缺，且人才结构不合理，难以满足技术创新的需求。当前，我国创新体系还存在一些不完善之处，如创新资源分散、协同创新不足等，影响了技术创新的效率和效果。

在全球化背景下，国际市场竞争日益激烈，技术壁垒成为制约我国技术创新的重要因素。一些发达国家在技术标准和市场准入等方面设置障碍，限制了我国技术的国际化发展。虽然我国已出台了一系列支持技术创新的法律法规和政策措施，但仍存在一些不完善之处，如知识产权保护不力、科技成果转化机制不畅等，影响了技术创新的积极性和效果。

### （三）推动技术创新与升级的未来展望

随着全球经济的不断发展和竞争格局的变化，技术创新将成为经济增长的主要驱动力。未来，各国将更加注重技术创新与升级，以提高本国在全球经济中的地位和竞争力。

新兴技术如人工智能、大数据、云计算等将成为未来产业发展的重要支撑。这些技术的不断创新与升级将推动传统产业转型升级，并催生出一批新兴产业和业态。在全球化背景下，国际合作将成为推动技术创新与升级的重要途径。未来，各国将更加注重国际合作与交流，共同应对全球性挑战，共享技术创新成果。为了更好地推动技术创新与升级，政府将继续优化政策环境，制定和完善有利于技术创新的政策法规。同时，还将加大对科技创新的投入和支持力度，为技术创新提供更好的政策保障。

未来，人才将成为技术创新的关键因素。各国将更加注重人才的培养和引进工作，建立完善的人才激励机制和评价体系。同时，还将注重培养跨学科、跨领域的复合型人才，以适应技术创新日益复杂化的趋势。

## 四、加强可持续发展能力建设

在当今世界，可持续发展已成为全球共识。面对资源约束、环境污染和生态退化的严峻挑战，加强可持续发展能力建设显得尤为重要。这不仅关乎当前世代的福祉，也直接影响到未来世代的生存和发展。

### （一）加强可持续发展能力建设的路径

加强可持续发展能力建设，首要任务是提升公众的环保意识。通过广泛的环境教育，使公众认识到环境保护的重要性，理解可持续发展理念，并将其转化为实际行动。教育体系应融入环保内容，从小培养孩子们的环保意识和责任感。

技术创新是可持续发展的关键驱动力。政府和企业应加大对绿色技术研发的投入力度，鼓励创新，推动清洁能源、资源循环利用、污染治理等领域的技术进步。同时，要加强技术转移和推广应用，使绿色技术惠及更广泛的社会群体。产业结构调整和布局优化是加强可持续发展能力建设的重要途径。要大力发展绿色产业，如可再生能源、环保装备制造、生态旅游等，同时改造传统产业，推动其向绿色、低碳、环保方向转型。通过产业布局的合理规划，实现资源的高效利用和环境的友好保护。政策法规是引导和保障可持续发展的基础。要制定和完善有利于可持续发展的法律法规，明确政府、企业、公众的责任和义务。通过严格的执法和监管，确保政策法规的有效实施，为可持续发展提供坚实的法制保障。

可持续发展是全球性的议题，需要各国共同合作。要加强国际合作与交流，分享可持续发展的经验和技术，共同应对全球性资源环境挑战。通过国际合作，推动全球可持续发展能力的整体提升。

## （二）加强可持续发展能力建设面临的挑战

可持续发展项目的初期投入往往较大，且回报周期较长。这导致一些企业和地方政府在面对传统发展方式与可持续发展方式的选择时，可能因资金压力而倾向选择短期效益更高的传统发展方式。

虽然绿色技术创新是可持续发展的关键，但技术创新本身存在不确定性，且技术转化和应用需要时间和资源。如何有效推动绿色技术创新，并将其转化为实际应用，是加强可持续发展能力建设面临的一大挑战。可持续发展涉及多方利益的协调。在政府、企业、公众之间，往往存在不同的利益诉求和冲突。如何有效协调各方利益，激发公众的参与热情，形成推动可持续发展的合力，是一个需要深思的问题。

政策的执行与监管力度是影响可持续发展能力建设的重要因素。一些地方可能存在政策执行不力、监管缺失等问题，导致可持续发展项目的实施效果不佳。在全球化背景下，可持续发展也面临国际竞争与合作的平衡问题。如何在保护本国利益的同时，加强国际合作，共同推动全球可持续发展能力的建设，是一个需要谨慎处理的议题。

## （三）加强可持续发展能力建设的未来展望

随着环境问题的日益严峻和可持续发展理念的深入人心，未来公众的环保意识将进一步提升。环保将成为一种普遍的生活方式和社会风尚。

随着科技的不断进步和创新能力的增强，未来绿色技术领域有望实现更多突破和创新。这将为可持续发展提供更强有力的技术支撑。未来，随着对可持续发展认识的深入和重视程度的提高，相关政策法规将更加完善。这将为可持续发展提供更有力的法制保障和激励机制。在全球化的背景下，未来可持续发展领域的国际合作将更加紧密和深入。各国只有共同应对全球性资源环境挑战，才能实现共赢发展。

# 第四节  绿色生产与循环经济

## 一、绿色生产的定义与内涵

在当今社会，随着环境问题的日益严重和可持续发展理念的深入人心，绿色生产已经成为一个备受关注的话题。那么，什么是绿色生产？它又有哪些深刻的内涵呢？本节将对绿色生产的定义与内涵进行详细的解析。

### （一）绿色生产的定义

绿色生产，简而言之，就是在生产过程中，力求最大限度地节约资源、保护环境和减少污染，以实现经济效益、社会效益和环境效益的协调统一。它强调在生产活动中，不仅要追求经济效益，还要注重环境保护和生态平衡，确保生产活动与自然环境的和谐共生。

具体来说，绿色生产包括以下几个方面的要求：一是使用清洁的能源和原料，减少对传统化石能源的依赖，降低生产过程中的碳排放和环境污染；二是采用先进的生产工艺和技术，提高资源利用效率，减少废弃物的产生和排放；三是加强废弃物的回收和再利用，实现资源的循环利用；四是注重产品的环保性能，开发生产绿色、低碳、环保的产品，满足消费者对环保产品的需求。

### （二）绿色生产的内涵

绿色生产的内涵丰富而深刻，它不仅是一种生产方式，也是一种发展理念、一种社会责任和一种未来趋势。

绿色生产首先是一种全新的发展理念。它摒弃了传统生产模式中"先污染后治理"的做法，强调在生产过程中要注重环境保护和生态平衡。这种理念要求我们在生产过程中，不仅要考虑经济效益，还要考虑环境效益和社会效益，实现三者之间的协调统一。这种发展理念的转变，对推动经济的可持续发展和构建生态文明社会具有重要意义。另外，绿色生产还是一种社会责任。企业作为社会的重要组成部分，其生产活动不仅影响着自身的经济效益，还影响着社会的环境和生态平衡。因此，企业有责任和义务在生产过程中注重环境保护和生态平衡，推动绿色生产的发展。这不仅是对企业自身负责，也是对社会和未来负责。

绿色生产的实现离不开技术创新与升级。传统的生产方式往往存在着资源浪费、环境污染等问题，而绿色生产则要求我们在生产过程中采用先进的生产工艺和技术，提高资源利用效率，减少废弃物的产生和排放。因此，推动技术创新与升级是实现绿色生产的重要途径。政府和企业应该加大对绿色技术研发的投入力度，鼓励创新，推动绿色技术的研发和应用。同时政策法规的引导与约束也是绿色生产内涵的重要组成部分。政府应该制定和完善有利于绿色生产的政策法规体系，明确政府、企业、公众的责任和义务。通过政策的引导和约束作用，推动企业和公众积极参与到绿色生产中来。另外，政府还应该加大对绿色生产的扶持力度，为绿色生产的发展提供良好的政策环境。

公众参与和教育是绿色生产内涵不可忽视的一部分。公众是绿色生产的重要参与者和推动者。通过广泛的环保教育和宣传，提高公众的环保意识和责任感，使其积极参与到绿色生产中来。同时，政府和企业也应该注重与公众的沟通和互动，听取公众的意见和建议，共同推动绿色生产的发展。在全球化的背景下，国际合作与交流也成为绿色生产内涵的重要组成部分。各国应该加强在绿色生产领域的合作与交流，分享经验和技术，共同应对全球性资源环境挑战。通过国际合作与交流，推动全球绿色生产能力的整体提升。

## 二、循环经济的原理与实践

循环经济，作为一种旨在实现资源高效利用和环境友好发展的经济模式，近年来在全球范围内得到了广泛的关注和实践。

## （一）循环经济的原理

循环经济的核心原理在于将废物视为资源，通过减少、再使用和回收等手段，实现资源的最大化利用和最小化损失。这一原理体现了对传统线性经济模式的根本性变革，即从"资源—产品—废弃物"的单向流动模式转变为"资源—产品—再生资源"的闭环反馈式循环模式。

循环经济的运作机制主要包括三个方面：资源的高效利用、废物的减量和资源化以及经济的循环增长。首先，资源的高效利用要求通过改进生产工艺、提高产品设计标准和使用效率等手段，减少资源的浪费。其次，废物的减量和资源化强调通过减少生产和消费过程中的废物产生，以及对废物进行分类、回收和处理，实现废物的减量和资源化，将废物转化为有用的资源再次进入生产和消费循环。最后，经济的循环增长可以通过促进循环经济相关产业的发展，创造新的就业岗位和经济增长点，实现经济的持续增长。

## （二）循环经济的理论基础

循环经济的理论基础主要包括生态学原理、热力学定律以及系统思维。生态学原理强调人类与自然的和谐共生，主张人类活动应遵循自然界的循环规律。热力学第一定律指出能量在一个封闭系统内是守恒的，而第二定律则强调能量转换过程中的熵增现象，即能量的质量和可用性会随着时间的推移而降低。系统思维则是看待和分析复杂系统的一种方法论，认为任何系统都是由多个相互关联、相互作用的部分组成，只有从整体上理解这些相互作用，才能全面地认识和控制整个系统。

循环经济理论本质上是一种生态经济理论，它要求运用生态学规律来指导人类社会的经济活动。与传统经济相比，循环经济倡导的是一种与环境和谐的经济发展模式，其生产特征表现为低消耗、低排放、高效率。通过模拟和借鉴自然界的循环过程，循环经济可以实现经济系统内部的物质闭合循环和能量流动，以减少对外部资源的依赖，降低环境污染，促进经济的可持续发展。

## （三）循环经济的实践路径

循环经济的实践路径多种多样，涉及产业、政策、技术、消费等多个方面。

**产业层面的实践：** 通过构建生态工业园区等模式，实现不同企业之间的资源共享和废物交换，形成产业共生组合。例如，杜邦模式和卡伦堡模式就是生态工业园区建设的成功范例。

**政策层面的实践：** 政府通过制定和完善相关法律法规和政策措施，为循环经济的发展提供制度保障。例如，我国已制定了《节约能源法》《清洁生产促进法》《可再生能源法》等法律法规，以推动循环经济的发展。

**技术层面的实践：** 加强绿色技术的研发和应用，提高资源利用效率和废物回收处理水平。例如，利用高科技手段进行资源替代和废物资源化利用，以及推广清洁生产技术等。

**消费层面的实践：** 倡导绿色消费理念，鼓励公众使用环保产品、减少一次性用品的使用等。通过教育和宣传加强公众的环保意识，引导其形成绿色消费习惯。

## （四）循环经济面临的挑战与机遇

循环经济的推广和实施虽然具有显著的环境和经济效益，但在实践中也面临着诸多挑战。首先，技术创新是循环经济发展的关键驱动力，但当前在绿色技术研发和应用方面仍存在不足。其次，政策制定和执行过程中可能存在利益协调难题，需要平衡各方利益诉求。此外，公众环保意识的提升和绿色消费习惯的形成也需要时间与努力。

然而，循环经济的发展也带来了诸多机遇。一方面，随着全球对可持续发展和环境保护的重视度不断提高，循环经济将成为未来经济发展的重要方向之一。另一方面，循环经济的发展将带动相关产业的快速发展和转型升级，创造新的经济增长点和就业机会。此外，循环经济的推广还有助于提升国家的国际竞争力和形象，促进全球范围内的合作与交流。

# 三、绿色生产与循环经济在工业经济管理中的应用

在当今全球气候变化和资源环境约束日益加剧的背景下，工业经济管理正经历着深刻的变革。绿色生产与循环经济作为符合可持续发展理念的经济模式，正在工业经济管理中发挥着越来越重要的作用。

## （一）绿色生产与循环经济的定义

绿色生产是指在整个生产过程中，采取清洁、高效、低碳的技术和工艺，最大限度地减少资源消耗和环境污染，实现经济效益与环境效益的双赢。它强调从产品设计、原材料选择、生产制造到产品废弃处理的全生命周期管理，确保生产活动对环境的负面影响最小化。

循环经济则是一种致力于减少资源消耗、降低环境污染、提高资源利用效率和生态效益的经济模式。它以"减量化、再使用、再循环"为原则，通过资源的循环利用和废弃物的资源化，实现经济系统与自然生态系统的和谐共生。

## （二）绿色生产与循环经济在工业经济管理中的应用

在工业经济管理中，绿色采购是实施绿色生产的第一步。企业优先采购经过生态设计、通过环境标志认证的产品或用环保材料设计制作的产品，以及经过清洁生产审计或通过 ISO14001 认证的企业产品。这种采购策略不仅推动了绿色生产，还带动了整个供应链的绿色化。通过构建绿色供应链，企业可以与供应商共享环保理念和技术，共同降低生产过程中的环境影响。清洁生产是绿色生产的核心内容之一，它要求企业在生产过程中采用先进的生产工艺和技术，减少污染物排放，提高资源利用效率。例如，通过优化生产流程、改进设备设计、采用高效节能技术等手段，企业可以显著降低能耗和排放水平。同时，企业还应加强能源管理，推广节能技术和产品，提高能源利用效率。

在循环经济模式下，废弃物被视为潜在的资源。企业通过建立废弃物分类、回收和处理系统，实现废弃物的减量化、资源化和无害化处理。例

如，对金属、塑料、纸张等可回收物进行分类回收和再利用；对有机废弃物进行生物降解或堆肥处理；对有害废弃物进行安全处置等。这些措施不仅可以减少环境污染，还可以为企业带来额外的经济收益。实施绿色设计强调在产品设计的初期就应考虑环境因素，确保产品在全生命周期内对环境的影响最小化。企业可以通过采用环保材料、优化产品结构、提高产品耐用性等手段，降低产品在使用和废弃处理过程中的环境影响。同时，企业还应加强产品生命周期管理，对产品的设计、生产、销售、使用和废弃处理等环节进行全程监控和管理，确保产品在整个生命周期内都符合环保要求。

### （三）绿色生产与循环经济带来的积极影响

企业采取绿色生产与循环经济模式通过提高资源利用效率、降低环境污染和能耗水平，进而实现经济效益与环境效益的双赢。这种发展模式有助于缓解资源环境约束对经济发展的制约作用，推动经济向更加可持续的方向发展。随着环保意识的不断提高和环保法规的日益严格，绿色生产与循环经济已成为企业提升竞争力的重要途径。通过实施绿色生产和循环经济策略，企业可以树立良好的环保形象，吸引更多关注环保的消费者和投资者。同时，通过提高资源利用效率和降低生产成本，企业还可以增强市场竞争力。

企业采取绿色生产与循环经济模式的推广和应用有助于推动产业结构的优化升级。一方面，通过淘汰落后产能和工艺设备，推动传统产业向绿色化、低碳化方向发展；另一方面，通过培育和发展节能环保、清洁能源等新兴产业，形成新的经济增长点。这种产业结构优化升级有助于提升整体经济的质量和效益。

### （四）绿色生产与循环经济面临的挑战与对策

尽管绿色生产与循环经济在工业经济管理中具有诸多优势，但其推广和应用仍面临一些挑战。例如，部分企业在短期内难以承担绿色转型的成本压力，部分关键技术尚未取得突破，政策法规体系尚不完善等。为应对这些挑战，可以采取以下对策。

　　政府应制定和完善相关政策法规体系，为企业提供政策引导和支持。例如，通过财政补贴、税收优惠、绿色金融等手段降低企业绿色转型的成本压力；通过制定严格的环保法规和标准推动企业加强环保投入与管理。企业应加大研发投入和技术创新力度，推动关键技术的突破和应用。例如，加强与科研机构、高校等单位的合作与交流，引进和消化吸收国外先进技术成果，加强自主研发能力建设等。通过这些措施提高企业在绿色生产和循环经济领域的技术水平和竞争力。

　　社会监督和公众参与是推动绿色生产与循环经济发展的重要力量。政府应加大对企业环保行为的监管力度，媒体和公众应积极参与环保宣传和监督工作，企业应主动公开环保信息接受社会监督。通过形成全社会共同参与的良好氛围，推动绿色生产与循环经济的深入发展。

# 第五章 工业经济管理中的创新生态系统

## 第一节 创新生态系统的定义与构成

### 一、创新生态系统的定义及内涵

#### （一）创新生态系统的定义

创新生态系统，作为一个新兴的概念，自其被提出以来，便在全球范围内引起了广泛的关注与讨论。这一概念最早由美国竞争力委员会于2004年在《创新美国——在挑战和变革的世界中实现繁荣》的研究报告中正式提出："创新生态系统"描述的是在一定区域范围内，创新群落与创新环境之间以及创新群落内部相互作用和相互影响的系统。创新群落主要包括作为市场创新主体的企业、各类研究性大学、研究机构以及各种创新服务机构，而创新环境则涵盖了促进区域创新的体制、政策、市场、基础设施条件、文化等要素。

#### （二）创新生态系统的内涵

创新生态系统是一个由多元主体共同参与、协同作用的复杂网络。这些主体包括企业、大学、科研机构、政府机构、金融机构、中介机构等，它们各自在创新生态系统中扮演着不同的角色，发挥着独特的作用。作为技术创新的实施主体，企业是创新生态系统的核心；大学和研究机构是原始创新的源泉，为创新生态系统提供源源不断的知识和技术支持；政府机构通过制定政策、提供资金支持等方式，为创新活动营造良好的外部环境；金融机构和中介机构通过提供融资、咨询等服务，促进创新资源的有效配置和流动。创新生态系统内的各个主体之间并不是孤立存在的，而是通过动态互动与共生演进的方式相互依存、相互促进。这种动态互动体现在创新资源的共享、创新信息的交流、创新风险的共担以及创新成果的共享等多个方面。通过不断的互动与合作，创新生态系统内的各个主体能够形成紧密的共生关系，共同推动创新活动的深入开展。同时，随着外部环境的变化和内部条件的改善，创新生态系统会不断进行自我调整和优化，以适应新的发展需求。

创新生态系统具有显著的开放性和包容性特征。这种开放性体现在创新资源可以跨越组织边界自由流动和共享，创新主体可以突破地域限制寻求合作伙伴，创新成果可以在更广泛的范围内得到应用和推广。包容性则体现在创新生态系统能够容纳不同类型的创新主体和创新活动，无论是大型企业还是小微企业，无论是传统产业还是新兴产业，都可以在创新生态系统中找到适合自己的发展空间。这种开放性和包容性为创新生态系统注入了源源不断的活力和动力。创新生态系统的最终目标是实现价值共创与利益共享。在创新生态系统中，各个主体通过协同作用共同创造价值，这种价值不仅体现在经济效益上，还体现在社会效益和环境效益上。同时，创新生态系统内的各个主体也能够通过合理的利益分配机制共享创新成果带来的利益。这种价值共创与利益共享的机制能够激发各个主体的创新积极性，促进创新活动的深入开展和持续迭代。

创新生态系统是一个具有整体性和有机性的系统。整体性体现在创新生态系统内的各个主体和要素之间相互关联、相互依存上，共同构成一个有机整体。有机性则体现在创新生态系统能够根据外部环境的变化和内部条件的改善进行自我调整与优化上，以保持系统的稳定性和持续发展能力。这种整体性和有机性使得创新生态系统能够在复杂多变的市场环境中保持强大的竞争力与适应力。

## （三）创新生态系统的发展阶段与趋势

创新生态系统的发展经历了从线性创新到创新系统再到创新生态系统

的逐步演进过程。线性创新模式强调创新的单向性和封闭性，创新系统模式开始关注不同创新主体间的相互作用和合作，创新生态系统模式强调系统的开放性、动态性和共生性。未来，随着全球化和信息化的不断深入发展，创新生态系统将呈现出以下几个发展趋势：一是创新资源将跨越国界自由流动和共享，形成全球性的创新生态系统网络。二是数字技术的应用将极大地提升创新生态系统的运行效率和创新能力。三是随着环保意识的增强和可持续发展理念的普及，绿色创新将成为创新生态系统的重要发展方向。四是创新生态系统将更加关注人的全面发展和创新潜能的激发，为创新人才提供更好的成长环境和创新平台。

# 二、创新生态系统的构成要素

创新生态系统是一个复杂而动态的系统，它涵盖了多个构成要素，这些要素相互作用、相互依存，共同推动创新活动的深入开展和持续迭代。

## （一）创新环境

创新环境是创新生态系统的基础，它可以为创新主体提供生存和发展的支撑条件。创新环境主要包括以下几个方面。

一是完善的法律法规、政策支持和制度保障是创新活动得以顺利进行的重要保障。政府通过制定和实施一系列创新政策，如税收优惠、资金扶持、知识产权保护等，为创新主体提供良好的制度环境。二是开放、竞争有序的市场环境能够激发创新主体的创新活力，促进创新资源的有效配置。三是市场需求是创新的重要驱动力，企业等创新主体通过洞察市场需求，开展有针对性的创新活动，以满足市场需求并获取竞争优势。四是人才是创新的核心资源。创新生态系统需要拥有丰富的人才资源，包括高水平的科研人员、技术专家和管理人才等。五是要建立完善的人才培养、引进和使用机制，为创新活动提供有力的人才保障。六是鼓励创新、宽容失败的文化氛围是创新生态系统不可或缺的一部分。这种文化氛围能够激发创新主体的创新精神和探索欲望，促进创新活动的深入开展。七是创新活动需要大量的资源支持，包括资金、设备、信息等。八是创新生态系统需要建立完善的资源供给体系，为创新主体提供充足的资源保障。

## （二）创新主体

创新主体是创新生态系统的核心，它们通过协同作用共同推动创新活动的深入开展。创新主体主要包括以下几个方面。

一是企业是技术创新的主体，也是创新成果的主要应用者和推广者。企业通过自主研发、合作创新等方式，不断提升自身的创新能力和市场竞争力。二是大学及科研机构是原始创新的源泉，它们拥有丰富的人才资源和科研设施，能够开展前沿性、基础性的科学研究和技术开发。同时，大学及科研机构还可以通过产学研合作等方式，与企业等创新主体建立紧密的合作关系，共同推动创新成果的转化和应用。三是政府在创新生态系统中发挥着重要的引导和调控作用。政府通过制定创新政策、提供资金支持、营造良好环境等方式，为创新主体提供有力的支持和保障。同时，政府还可以通过参与国际合作与交流等方式，推动创新生态系统的开放性和包容性发展。四是金融机构为创新活动提供重要的资金支持。它们通过提供贷款、风险投资、股权投资等方式，为创新主体提供充足的资金保障。同时，金融机构还通过参与创新项目的评估和管理等方式，促进创新资源的有效配置和利用。五是中介机构在创新生态系统中发挥着桥梁和纽带的作用。它们通过提供信息咨询、技术转移、人才培养等服务，促进创新主体之间的交流与合作。同时，中介机构还通过参与创新成果的评估和推广等方式，推动创新成果的商业化应用和社会化传播。

## （三）创新资源流动

创新资源流动是创新生态系统运行的关键环节。它涉及创新资源在不同创新主体之间的配置和利用过程。创新资源流动主要包括以下几个方面。

一是人才是创新活动的核心资源。创新生态系统需要建立完善的人才流动机制，促进人才在不同创新主体之间的自由流动和合理配置。通过人才流动，可以实现知识、技能和经验的共享和传递，提升整个创新生态系统的创新能力和竞争力。

二是资金是创新活动的重要保障。创新生态系统需要建立完善的资金流动机制，促进资金在不同创新主体之间的有效配置和利用。通过资金流动，可以为创新活动提供充足的资金支持，降低创新风险，提高创新成功率。

三是信息是创新活动的重要基础。创新生态系统需要建立完善的信息流动机制，促进信息在不同创新主体之间的快速传递和共享。通过信息流动，可以及时掌握市场动态、技术趋势和政策变化等信息资源，为创新决策提供有力支持。

四是技术是创新活动的核心要素。创新生态系统需要建立完善的技术流动机制，促进技术在不同创新主体之间的有效转移和应用。通过技术流动，可以实现技术资源的优化配置和共享利用，提升整个创新生态系统的技术水平和创新能力。

# 三、创新生态系统在工业经济管理中扮演的角色

创新生态系统在工业经济管理中扮演的角色是多维度且至关重要的。它不仅是推动工业经济转型升级的重要引擎，也是提升工业竞争力、促进可持续发展的重要保障。

## （一）引领工业经济转型升级

通过汇聚企业、大学、科研机构、政府机构、金融机构等多方力量，形成强大的技术创新网络。这一网络为工业经济提供了源源不断的技术创新源泉，推动传统产业升级改造，促进新兴产业的快速发展。例如，在智能制造领域，创新生态系统通过整合先进制造技术、信息技术和人工智能技术，推动制造业向智能化、网络化、服务化方向转型升级。

通过促进技术成果的转化和应用，加速产业升级进程。大学、科研机构的研究成果通过"产学研"合作机制快速转化为实际生产力，推动产业向高端化、绿色化、智能化方向发展。同时，创新生态系统还通过培育新兴产业，形成新的经济增长点，为工业经济注入新的活力。

## （二）提升工业经济竞争力

通过市场机制和政策引导，优化创新资源的配置。企业、大学、科研机构等创新主体根据自身优势和市场需求，合理调配人才、资金、技术等

创新资源，提高资源使用效率。这种优化资源配置的方式有助于提升工业经济的整体竞争力，使企业在激烈的市场竞争中占据有利地位。

强调协同创新的重要性，鼓励不同创新主体之间的交流与合作。通过"产学研"合作、战略联盟等形式，创新主体可以共享创新资源、分担创新风险、加速创新进程。这种协同创新模式有助于取得关键核心技术，提升产业技术水平，提升工业经济的核心竞争力。

### （三）促进可持续发展

关注绿色技术的发展和应用，推动工业经济向绿色、低碳、循环方向转型。通过研发和推广节能减排技术、清洁生产技术、资源循环利用技术等绿色技术，创新生态系统有助于降低企业在工业生产过程中的能耗和排放，提高资源利用效率，实现工业经济与生态环境的和谐共生目标。

关注经济效益的提升，也注重社会效益的实现。通过推动技术创新和产业升级，创新生态系统有助于企业创造更多的就业机会，提高人民生活水平。同时，还关注社会责任的履行，推动企业积极参与公益事业和社会治理，为社会和谐发展贡献力量。

### （四）推动政策制定与实施

政府作为创新生态系统的重要参与者之一，通过制定和实施一系列创新政策，为工业经济管理提供有力的引导和支持。这些政策包括税收优惠、资金扶持、知识产权保护等方面，旨在降低企业创新成本、激发企业创新活力、保障创新成果权益等。企业通过反馈机制向政府提供政策建议和意见，促进政策制定的科学性和合理性。

企业还致力于营造良好的创新环境，包括完善的基础设施建设、便捷的融资渠道、高效的信息交流平台等。这些创新环境的营造有助于降低企业创新门槛、提高创新效率、促进创新成果的快速转化和应用。政府通过加大投入力度和改善服务等方式为创新环境的营造提供有力支持。

### （五）案例分析

以德国工业4.0为例，德国政府通过制定工业4.0战略计划，推动制造业向智能化方向转型升级。该战略计划强调创新生态系统的重要性，鼓励企业、大学、科研机构等创新主体之间的交流与紧密合作。通过实施智能制造、智能工厂等重点项目，德国工业4.0计划取得了显著成效，不仅提升了制造业的整体竞争力，还为全球工业经济转型升级提供了有益借鉴。

# 四、创新生态系统与工业经济管理的关系

创新生态系统与工业经济管理的关系是一种深刻且复杂的动态过程，它们之间相互依存、相互促进，共同推动着工业经济的持续健康发展。

## （一）创新生态系统对工业经济管理的推动作用

创新生态系统是技术创新的摇篮，通过汇聚多元化的创新主体和资源，不断产生新的技术成果和应用模式。这些技术成果不仅为工业经济提供了强有力的技术支撑，还为其注入了持续的创新动力。工业经济管理得以依托这些先进的技术手段，优化生产流程、提高生产效率、降低生产成本，进而推动整个工业经济的转型升级。

创新生态系统中的市场机制和政策引导共同作用，促进了创新资源的优化配置。企业、大学、科研机构等创新主体根据自身优势和市场需求，合理调配人才、资金、技术等资源，形成了高效协同的创新网络。这种资源配置的优化不仅提升了创新效率，还推动了产业结构的优化升级。工业经济管理得以在此基础上，引导资源向高附加值、高技术含量的产业领域集中，推动工业经济向高质量发展方向迈进。通过提供政策支持、资金扶持、知识产权保护等服务，可以降低企业创新的门槛和风险，激发企业的创新活力。企业在这种创新氛围的推动下，可以更加积极地投入技术研发和产品创新中，不断提升自身的市场竞争力。通过制定和实施一系列政策措施，企业的工业经济管理进一步鼓励和支持企业的创新行为，促进整个工业经济体系的创新能力和竞争力的提升。

## （二）工业经济管理对创新生态系统的反哺作用

通过分析和预测市场需求变化，工业经济管理为创新生态系统提供了明确的市场导向。企业等创新主体在市场需求的引导下，更加精准地定位

自身的创新方向和目标，避免出现盲目创新和资源浪费。同时，企业的工业经济管理还通过制定产业政策和规划，引导创新资源向重点产业和领域集中，促进创新生态系统的有序发展。通过完善基础设施建设、提升公共服务水平、加强知识产权保护等措施，可以为创新生态系统提供良好的创新环境。这种环境的优化不仅降低了创新主体的运营成本和创新风险，还提高了创新效率和成功率。同时，企业还积极推动创新生态系统的建设和发展，通过搭建创新平台、促进"产学研"合作等方式，加强创新主体之间的联系和协作，推动创新生态系统的不断完善和壮大。

通过制定和实施一系列创新政策，可以为企业创新生态系统提供了强有力的政策引导和支持。这些政策包括税收优惠、资金扶持、人才引进和培养等方面，旨在降低创新成本、激发创新活力、保障创新成果权益等。企业工业经济管理的这种政策引导和支持力度不仅可以促进创新生态系统的快速发展，还可以为其注入持续的发展动力。

## （三）两者关系的深化与发展趋势

随着全球化和信息化的深入发展，创新生态系统与工业经济管理的关系将更加紧密和深入。它们之间的界限将逐渐模糊，形成深度融合、协同共进的良好局面。一方面，企业创新生态系统将更加注重与工业经济管理的紧密结合，通过提供定制化、精准化的创新服务，满足工业经济管理的实际需求；另一方面，企业工业经济管理将更加关注创新生态系统的建设和发展，通过制定和实施更加灵活、有效的政策措施，为创新生态系统提供有力的支持和保障。在未来的发展中，创新生态系统与工业经济管理的关系将更加注重可持续发展和社会责任。随着全球环境问题的日益严峻和资源约束的加剧，企业创新生态系统将更加注重绿色技术、环保技术的研发和应用，推动工业经济向绿色低碳方向发展。同时，企业工业经济管理也将更加注重企业的社会责任和环境保护要求，通过制定和实施更加严格的环境保护政策和标准，促进企业的绿色生产和可持续发展。

数字化转型和智能化升级是未来工业经济发展的重要趋势之一。创新生态系统与工业经济管理的关系将在此过程中发挥重要作用。一方面，创新生态系统将通过推动信息技术、人工智能等先进技术的应用和发展，为工业经济的数字化转型和智能化升级提供强有力的技术支撑；另一方面，工业经济管理将通过制定和实施相关政策与规划，引导和支持企业加快数字化转型与智能化升级步伐，推动整个工业经济体系的转型升级和高质量发展。

# 第二节 创新生态系统在工业经济管理中的作用

## 一、创新生态系统促进技术创新与升级

在当今快速变化的全球经济环境中，技术创新与升级已成为推动产业发展和经济增长的关键力量。创新生态系统，作为一个由多元主体、资源、政策和环境等要素构成的复杂网络，正逐渐成为促进技术创新与升级的重要引擎。

### （一）创新生态系统的构成与功能

创新生态系统是由企业、大学、科研机构、政府、金融机构等多元主体构成的复杂网络，这些主体之间通过知识、技术、资金、人才等资源的流动与共享，形成紧密的合作与协同关系。在这个生态系统中，各主体发挥着不同的作用：企业是技术创新的主体，负责将科技成果转化为实际生产力；大学和科研机构是知识创新的源泉，为技术创新提供理论支撑和人才储备；政府通过政策引导和支持，为技术创新创造良好的外部环境；金融机构为技术创新提供资金支持，降低创新风险。

### （二）创新生态系统促进技术创新与升级的机制

企业实施创新生态系统通过促进知识共享和协同创新，加速了技术创新的进程。在这个生态系统中，企业和科研机构可以共享研究成果、技术专利和专业知识，从而避免重复研发，提高创新效率。同时，通过协同创新，不同主体可以共同攻克技术难题，推动技术突破和产业升级。

通过市场机制和政策引导，创新生态系统可以实现创新资源的优化配

置。在这个生态系统中，资金、人才、技术等创新要素可以根据市场需求和创新主体的能力进行自由流动与组合，从而提高了资源的使用效率。这种优化配置不仅降低了创新成本，还提高了创新的成功率和市场竞争力。政府在创新生态系统中扮演着重要的角色，通过制定和实施一系列创新政策，为技术创新提供有力的政策引导和支持。这些政策包括税收优惠、资金扶持、知识产权保护等，旨在降低企业创新成本、激发企业创新活力、保障创新成果权益。政府的政策引导和支持可以为技术创新创造良好的外部环境，推动了技术创新的持续发展。

## （三）创新生态系统促进技术创新与升级的关键要素

创新生态系统的核心在于多元主体的紧密合作。企业、大学、科研机构、政府和金融机构等主体之间需要建立长期稳定的合作关系，通过共同研发、技术转移、人才培养等方式，实现知识、技术和资源的共享与协同。这种紧密合作不仅促进了技术创新，还推动了产业升级和经济发展。企业实施创新生态系统需要营造开放包容的创新文化，鼓励不同思想、技术和文化的交流与碰撞。在这种文化中，创新主体可以自由地提出新的想法和观点，进行跨界合作与探索。这种开放包容的创新文化为技术创新提供了广阔的空间和无限的可能。

创新生态系统需要构建高效协同的创新网络，实现创新主体之间的快速响应和有效协同。在这个网络中，各主体之间可以通过信息平台、技术转移机构等渠道进行高效的沟通和合作。这种高效协同的创新网络加速了技术创新的进程，推动了产业升级和经济发展。

## （四）创新生态系统面临的挑战与对策

尽管创新生态系统在促进技术创新与升级方面发挥着重要作用，但仍面临着一些挑战。首先，创新生态系统的构建需要长期的投入和积累，短期内难以形成明显的成效。其次，不同主体之间的利益诉求与合作机制可能存在冲突和矛盾，需要进行有效的协调和管理。最后，创新生态系统的发展受到市场环境、政策环境等多种因素的影响，需要不断地适应和调整。

# 二、创新生态系统推动产业协同发展

在全球化与信息化交织的今天，产业协同发展已成为推动区域乃至国家经济增长的关键路径。创新生态系统，作为汇聚多元创新主体、促进资源高效配置、加速构建知识流动与共享的复杂网络，正逐步展现出其在推动产业协同发展中的核心作用。

## （一）创新生态系统的定义与特征

创新生态系统是一个由企业、大学、科研机构、政府、金融机构等多元主体构成的开放网络，这些主体通过知识共享、技术转移、资金支持等方式相互作用，共同推动创新活动的产生与扩散。该生态系统具有以下几个显著特征：创新生态系统汇聚了来自不同领域和行业的创新主体，包括企业、高校、科研机构、政府等，它们各自拥有独特的资源和优势。通过市场机制和政策引导，创新生态系统能够实现创新资源（如资金、人才、技术等）的高效配置，降低创新成本，提高创新效率。在创新生态系统中，知识不再是单一主体的专有财产，而是可以在不同主体间自由流动与共享，从而加速技术进步和产业升级。各创新主体在生态系统中相互协作，共同攻克技术难题，实现技术创新与产业升级，最终达到共赢的局面。

## （二）创新生态系统推动产业协同发展的机制

企业实施创新生态系统通过促进产业链上下游企业的紧密合作，实现了原材料供应、生产制造、产品销售等环节的协同优化。这种协同不仅降低了交易成本，提高了生产效率，还有助于形成完整的产业链闭环，增强产业的整体竞争力。例如，在新能源汽车产业中，上游的电池制造商、中游的整车生产企业以及下游的充电设施建设企业，可以通过创新生态系统实现紧密合作，共同推动新能源汽车产业的快速发展。

随着技术的不断进步和产业边界的日益模糊，跨产业融合创新已成为推动产业协同发展的重要途径。通过搭建跨界合作平台，创新生态系统可以促进不同产业之间的知识共享和技术交流，从而加速跨产业融合创新的进程。例如，在智能制造领域，信息技术、新材料技术、生物技术等多领域技术的融合创新正推动着制造业向智能化、绿色化方向发展。通过市场机制和政策引导，创新生态系统可以实现创新资源的优化配置。政府可以通过制定产业政策、提供资金支持等方式引导创新资源向重点产业和领域集中；企业可以通过产学研合作、技术转移等方式获取外部创新资源。这种优化配置不仅提高了创新资源的利用效率，还有助于形成创新集群和产业集群，推动产业协同发展。

企业实施创新生态系统可以通过营造开放包容的创新氛围、提供多样化的创新服务等方式激发创新主体的创新活力。同时，通过促进技术创新与产业升级，还可以增强产业的市场竞争力。例如，在数字经济领域，通过推动大数据、云计算、人工智能等技术的创新与应用，不仅可以提升数字经济产业的整体竞争力，还可以推动传统产业向数字化、智能化方向转型升级。

### （三）面临的挑战与应对策略

尽管创新生态系统在推动产业协同发展中发挥着重要作用，但仍面临一些挑战：

不同创新主体之间可能存在利益冲突和协作障碍，影响协同创新的效率。应对策略包括建立健全协作机制、加强沟通与交流、明确利益分配等。创新资源在不同地区、不同产业间的分布存在不均衡现象，限制了产业协同发展的广度与深度。应对策略包括加大对经济欠发达地区和弱势产业的支持力度、促进创新资源的跨区域流动等。

政策环境与市场机制之间可能存在不匹配现象，影响创新生态系统的正常运行。应对策略包括优化政策环境、完善市场机制、发挥政策指导与市场的协同作用等。技术壁垒和知识产权保护问题可能阻碍创新成果的传播与应用，影响产业协同发展的进程。应对策略包括加大知识产权保护力度、推动技术标准制定与互认、促进技术转移与扩散等。

## 三、创新生态系统提升工业经济管理的竞争力

在当今全球化和信息化的时代背景下，工业经济管理面临着前所未有

的机遇和挑战。传统的经济管理模式已难以适应快速变化的市场环境和日益激烈的竞争态势。创新生态系统的构建，为工业经济管理提供了新的思路和路径，有助于提升其在全球竞争中的地位和影响力。

### （一）创新生态系统的定义与工业经济管理的关联

创新生态系统是一个由多元主体、丰富资源和良好环境等要素构成的复杂网络，这些要素之间通过相互作用和协同，推动创新活动的产生、扩散和成果的应用。在工业经济管理中，创新生态系统扮演着至关重要的角色。它不仅能够促进技术创新和产业升级，还能够优化资源配置、提高生产效率、降低运营成本，从而提升工业经济管理的整体竞争力。

### （二）创新生态系统提升工业经济管理竞争力的机制

通过促进技术创新和产业升级，可以为工业经济管理提供新的增长点和竞争优势。在这个生态系统中，企业、大学、科研机构等主体可以共同研发新技术、新产品和新工艺，推动产业向高端化、智能化、绿色化方向发展。这种技术创新和产业升级不仅可以提高产品的附加值和市场竞争力，还可以为工业经济管理带来更多的商业机会和盈利模式。

通过市场机制和政策引导，可以实现创新资源的优化配置。在工业经济管理中，这意味着资金、人才、技术等生产要素可以根据市场需求和企业能力进行自由流动与组合，从而提高资源的使用效率。同时，通过协同创新和技术转移，企业可以引进先进的生产技术和管理经验，提高生产效率和管理水平，进一步降低成本、提高质量、增强市场竞争力。同时还促进了商业模式的创新和市场拓展。在工业经济管理中，企业可以通过创新生态系统与其他主体进行合作，共同探索新的商业模式和盈利方式。例如，通过平台经济、共享经济等新型商业模式，企业可以拓展新的市场空间和客户群体，实现跨界融合和协同发展。这种商业模式创新不仅可以为企业带来新的增长点，还可以为工业经济管理注入新的活力和动力。

### （三）创新生态系统提升工业经济管理竞争力的关键要素

创新生态系统的核心在于多元主体的紧密合作。在工业经济管理中，这需要企业、大学、科研机构、政府等主体之间建立长期稳定的合作关系，通过共同研发、技术转移、人才培养等方式实现知识、技术和资源的共享与协同。这种紧密合作不仅促进了技术创新和产业升级，还为工业经济管理提供了更多的创新资源和商业机会。

实施创新生态系统需要营造开放包容的创新文化。在工业经济管理中，这意味着要鼓励企业敢于尝试、敢于创新，容忍失败和面对不确定性。同时，企业还需要打破传统的思维定式和行业壁垒，促进跨界融合和协同创新。这种开放包容的创新文化为工业经济管理注入了新的活力和创造力，推动了其持续发展和竞争优势的提升。实施创新生态系统需要构建高效协同的创新网络。在工业经济管理中，这需要建立完善的信息共享平台、技术转移机制和产业协作体系，促进不同主体之间的快速响应和有效协同。这种高效协同的创新网络不仅加速了技术创新和产业升级的进程，还可以为工业经济管理提供更多的商业机会和市场空间。

### （四）面临的挑战与对策

尽管创新生态系统在提升工业经济管理竞争力方面发挥着重要作用，但仍面临着一些挑战。例如，创新资源的分布不均、创新主体的协作机制不完善、政策环境与市场机制不匹配等问题，都可能影响创新生态系统的正常运行和效果。为了应对这些挑战，我们可以采取以下对策：加大政府对创新生态系统的投入和支持力度，提供稳定的资金和政策保障；建立完善的协作机制和利益共享机制，促进不同主体之间的紧密合作和协同创新；加强创新生态系统的开放性和包容性建设，吸引更多的创新主体和资源参与其中；优化政策环境和市场机制，促进创新资源与市场需求的有效对接；加强人才培养和引进工作，为创新生态系统提供持续的人才支持。

## 四、创新生态系统对工业经济管理的长远影响

在21世纪的全球经济版图中，工业经济管理不再仅仅局限于生产效率和成本控制，而是更多地聚焦创新驱动、可持续发展和全球竞争力。创新生态系统，作为汇聚多元创新主体、促进知识流动与共享、加速新技术应

用的复杂网络，正逐步成为推动工业经济管理转型升级的关键力量。

## （一）创新驱动：工业经济管理的新常态

企业实施创新生态系统通过汇聚企业、高校、科研机构等多元创新主体，形成强大的技术创新合力。这种合力不仅加速了新技术的研发速度，还促进了技术成果的快速转化与应用。在工业经济管理中，技术创新是推动产业升级、提高生产效率、增强产品竞争力的核心动力。创新生态系统通过搭建"产学研"用合作平台，打破传统研发模式的壁垒，使得新技术能够更快地融入工业生产流程，提升整个行业的科技含量和附加值。

随着技术的不断进步和市场环境的变化，传统的商业模式已难以满足企业持续发展的需求。创新生态系统通过促进跨界融合与协同创新，为工业经济管理带来了新的商业模式灵感。例如，平台经济、共享经济等新型商业模式在工业领域的应用，不仅拓展了企业的市场空间和盈利渠道，还促进了产业链上下游企业的紧密合作与资源共享。这种商业模式的创新不仅提升了企业的市场竞争力，还推动了整个行业的转型升级。

## （二）可持续发展：工业经济管理的绿色转型

企业实施创新生态系统在推动技术创新的同时，也注重环保理念的融入。在工业经济管理中，环保意识的提升是推动绿色转型的重要前提。创新生态系统通过引入清洁能源、推广节能减排技术、实施循环经济等措施，降低了工业生产对环境的负面影响，提升了企业的社会责任感和公众形象。这种环保意识的提升不仅有助于企业实现可持续发展目标，还为整个社会的绿色发展贡献了力量。

企业实施创新生态系统为绿色技术的研发与应用提供了有力支持。通过汇聚全球顶尖的科研人才和机构资源，创新生态系统加速了绿色技术的研发进程并推动了其在实际生产中的应用。这些绿色技术包括但不限于清洁生产技术、资源循环利用技术、污染治理技术等。它们在提升工业生产效率的同时降低了能耗和排放水平，为实现工业经济管理的绿色转型提供了坚实的技术支撑。

### （三）全球竞争力：工业经济管理的新高度

创新生态系统具有开放性和包容性的特征，它鼓励不同国家和地区之间的创新主体开展广泛而深入的交流与合作。在工业经济管理中，这种国际交流与合作有助于企业获取全球范围内的创新资源和市场信息，提升其在国际市场上的竞争力。同时，通过参与国际标准和规则的制定过程，企业还能够提升自身在全球产业链中的地位和影响力。

企业实施创新生态系统不仅关注技术创新和产品质量的提升，还注重品牌建设和国际化战略的实施。在工业经济管理中品牌建设是企业提升市场认知度和美誉度的重要途径，而国际化战略则是企业拓展海外市场、提升全球竞争力的重要手段。通过提供品牌策划、市场推广、国际贸易等全方位服务，可以支持企业打造具有国际影响力的品牌并推动其国际化进程。

### （四）长期效益：创新生态系统对工业经济管理的深远影响

通过推动技术创新和产业升级可以促进工业经济结构的优化与升级。这种优化与升级不仅提升了传统产业的竞争力，还催生了新兴产业的形成与发展。例如，随着智能制造、绿色能源等新兴技术的不断成熟和应用，工业经济管理将逐渐从传统的高能耗、高污染模式向低碳环保、高效智能模式转变。这种转变不仅有助于提升工业经济的整体质量和效益，还为经济社会的可持续发展奠定了坚实基础。

创新生态系统是人才培养和集聚的重要平台。通过汇聚全球顶尖的科研人才和创新资源创新生态系统为工业经济管理提供了源源不断的人才支持。这些人才不仅要具备丰富的专业知识和实践经验，还能够带来前沿的创新思维和商业洞察力。他们的加入不仅可以提升企业的创新能力，还可以推动整个行业的人才队伍建设，为工业经济管理的长远发展提供了有力保障。创新生态系统的构建和发展离不开良好的政策环境支持。为了促进创新生态系统的持续健康发展，政府需要不断优化和完善相关政策法规，为创新主体提供稳定可预期的政策保障。这些政策包括但不限于财政补贴、税收优惠、知识产权保护等。它们的实施不仅可以降低企业的创新成本，还可以激发企业的创新活力，为工业经济管理的长远发展注入强劲动力。

# 第三节 创新生态系统的构建与运营

## 一、创新生态系统的构建原则与策略

在当今这个日新月异的时代，创新已成为推动社会进步和经济发展的核心动力。创新生态系统，作为一个集多元主体、丰富资源、良好环境于一体的复杂网络，其构建与优化对提升企业竞争力、促进产业升级具有重要意义。

### （一）创新生态系统的构建原则

开放性是创新生态系统的基础。一个开放的系统能够吸引更多外部资源的流入，促进不同主体之间的交流与合作。在构建创新生态系统时，应打破行业壁垒，鼓励跨领域、跨行业的创新合作，形成开放包容的创新氛围。同时，开放的平台和接口设计也是必不可少的，以便外部企业能够低成本、便捷地接入系统，共享创新资源。

协作是创新生态系统运行的关键。在系统中，企业、高校、科研机构、政府等不同主体应建立紧密的合作关系，共同推进创新活动。这种协作不仅体现在技术研发上，还涉及人才培养、资源共享、市场开拓等多个方面。通过协作，可以实现优势互补，提高创新效率，降低创新风险。创新生态系统是一个动态变化的系统。随着技术的不断进步和市场环境的变化，系统中的各要素也在不断调整和优化。

在构建创新生态系统时，应充分考虑其动态性特点，保持系统的灵活性和适应性。这意味着要建立有效的反馈机制和市场响应机制，及时调整创新策略和方向，确保系统始终保持在最佳运行状态。

可持续性是创新生态系统长期发展的保障。在构建过程中，应注重生态平衡和资源节约，避免过度开发和浪费。同时，还要关注环境保护和社会责任，确保创新活动不会对环境和社会造成负面影响。通过制定科学合理的政策和措施，推动创新生态系统的绿色、低碳、循环发展。

## （二）创新生态系统的构建策略

在构建创新生态系统之前，首先要明确系统的目标和发展规划。这包括确定系统的核心功能、服务对象、预期成果等。同时，还要根据国家和地方的发展战略需求，制订科学合理的发展规划，明确各阶段的任务和重点。通过明确目标和规划，可以为系统的构建提供清晰的指导和方向。

多元主体的协同合作是创新生态系统构建的关键。政府应发挥引导作用，通过制定政策、提供资金等方式支持创新活动；企业应成为创新主体，加大研发投入力度，提升自主创新能力；高校和科研机构应发挥知识溢出效应，为创新活动提供智力支持；中介机构则应发挥桥梁纽带作用，促进不同主体之间的交流与合作。通过加强多元主体的协同合作，可以形成强大的创新合力，推动创新生态系统的快速发展。创新资源的优化配置与整合是提升创新效率的重要手段。在构建创新生态系统时，应注重创新资源的统筹规划和合理配置，避免资源的重复浪费和过度集中。通过建设创新平台、共享实验室、数据库等资源设施，可以促进创新资源的共享和高效利用。同时，还应加强"产学研用"合作，推动创新链、产业链、资金链、人才链的深度融合，形成协同创新的良好格局。

良好的创新环境与文化氛围是激发创新活力的重要保障。在构建创新生态系统时，应注重营造开放包容、鼓励探索、宽容失败的创新环境，让创新成为全社会的共识和行动。同时，还应加强创新文化的培育和传播，弘扬科学精神、工匠精神等优秀文化品质，提升全社会的创新意识和能力。通过营造良好的创新环境与文化氛围，可以吸引更多优秀人才投身创新事业，推动创新生态系统的繁荣发展。政策引导与支持是构建创新生态系统不可或缺的力量。政府应制定一系列有利于创新的政策措施，如税收优惠、财政补贴、知识产权保护等，为创新活动提供有力的制度保障。同时，还应加强政策的宣传和解读工作，确保政策能够真正落地见效。通过强化政策引导与支持，可以激发全社会的创新热情，推动创新生态系统的快速发展。

　　加强国际化交流与合作是提升企业创新生态系统全球竞争力的重要途径。在构建过程中，应注重企业与国际先进创新生态系统的对接与合作，引进国外优秀人才和技术成果，提升企业本土创新能力和水平。同时，企业还应积极参与国际科技合作与交流活动，加强与国际组织的沟通与合作，共同应对全球性挑战。通过推动国际化交流与合作，企业可以拓宽创新视野和思路，提升其创新生态系统的国际影响力和竞争力。

## 二、创新生态系统的运营模式与机制

　　创新生态系统，作为一个复杂而动态的网络体系，其运营模式与机制对促进知识流动、加速技术创新、提升产业竞争力具有至关重要的作用。

### （一）创新生态系统的运营模式

　　开放式创新模式强调创新活动的开放性和合作性，认为创新不再局限于企业内部，而应通过广泛的外部合作来实现。在创新生态系统中，企业、高校、科研机构、中介机构等多元主体通过共享资源、交流信息、协同研发等方式，共同推进创新活动。采用开放式创新模式有助于打破组织边界，促进创新资源的有效配置和高效利用，加速技术成果的转化和应用。

　　平台化运营模式以构建创新平台为核心，通过提供基础设施、技术支持、市场对接等服务，吸引创新主体入驻并开展创新活动。创新平台可以是实体平台，如科技园区、孵化器、加速器等，也可以是虚拟平台，如在线创新社区、云计算服务平台等。平台化运营模式有助于降低创新门槛，提高创新效率，促进创新成果的快速商业化。市场化导向模式强调创新活动应紧密围绕市场需求展开，以市场需求为导向推动技术创新和产业升级。在创新生态系统中，企业通过市场调研、用户反馈等方式获取市场需求信息，并据此制定创新策略和产品规划。同时，中介机构在市场需求与创新供给之间发挥着桥梁纽带作用，促进创新成果与市场需求的有效对接。市场化导向模式有助于提升创新活动的更具针对性和实效性，推动创新成果转化为现实生产力。

### （二）创新生态系统的运行机制

知识是创新活动的核心要素之一。在创新生态系统中，企业通过制定知识流动与共享机制促进知识在不同主体之间的传递和转化，推动创新活动的深入开展。具体来说，知识流动与共享机制包括以下几个方面：一是建立知识共享平台，为创新主体提供便捷的知识获取渠道；二是加强"产学研用"合作，促进知识在产学研用各环节之间的有效流动；三是鼓励知识溢出和扩散，通过技术转移、专利许可等方式推动知识成果的广泛应用。

技术研发是创新活动的基础和核心。在创新生态系统中，企业通过制定技术研发与协同机制整合多元主体的研发资源和优势，推动技术创新和突破。具体来说，技术研发与协同机制包括以下几个方面：一是建立联合研发机构或项目团队，汇聚各方研发力量共同攻克技术难题；二是加强技术交流与合作，促进不同领域技术的交叉融合和协同创新；三是推动技术标准制定与推广，通过技术标准引导技术创新方向和应用领域。

成果转化与商业化是创新活动的最终目的和归宿。在创新生态系统中，成果转化与商业化机制通过促进创新成果的有效转化和商业化应用，实现创新价值的最大化。具体来说，成果转化与商业化机制包括以下几个方面：一是建立成果评估与筛选机制，对创新成果进行客观评价和科学筛选；二是加大成果宣传与推广力度，提高创新成果的知名度和影响力；三是推动成果与产业对接和市场应用，通过市场化运作实现创新成果的价值转化。

政策支持与激励机制是保障创新生态系统稳定运行和持续发展的重要保障。政府通过制定一系列有利于创新的政策措施和激励措施，为创新主体提供良好的政策环境和创新氛围。具体来说，政策支持与激励机制包括以下几个方面：一是加大财政投入力度，为创新活动提供必要的资金支持；二是制定税收优惠政策，减轻创新主体的负担；三是加大知识产权保护力度，维护创新主体的合法权益；四是建立创新奖励机制，激发创新主体的积极性和创造力。

## 三、创新生态系统的风险管理与应对策略

创新生态系统作为一个集多元主体、丰富资源、复杂互动于一体的动

态网络,其发展过程中不可避免地会面临各种风险。有效的风险管理与应对策略对保障创新生态系统的稳定运行和持续发展至关重要。

## (一)创新生态系统的风险识别

在创新生态系统中,风险来源广泛且多样,主要包括技术风险、市场风险、财务风险、政策风险等。

技术风险是创新生态系统中最直接也是最常见的风险之一。由于技术创新具有高度的不确定性,新技术的研发和应用过程中可能面临技术失败、技术替代、技术泄密等问题。例如,在新能源汽车领域,电池技术的突破和续航里程的提升一直是行业关注的焦点,任何技术上的不足都可能对企业的市场竞争力产生重大影响。

市场风险主要体现在市场需求变化、市场竞争激烈以及市场接受度不高等方面。随着消费者需求的多样化和个性化,市场需求的快速变化可能使企业面临产品滞销、库存积压等问题。同时,激烈的市场竞争也可能导致出现价格战、市场份额下降等不利局面。

财务风险主要包括资金链断裂、投资回报率低、成本控制不力等问题。创新活动往往需要大量的资金投入,而创新成果的商业化应用又具有不确定性,因此财务风险相对较高。特别是在初创企业和高科技企业中,由于研发投入大、回报周期长,财务风险更加突出。

政策风险主要来自政策变动、政策执行不力以及政策导向不明确等方面。政府政策的调整可能对企业的经营策略和市场布局产生重大影响。同时,政策执行的不确定性和滞后性也可能给企业带来额外的成本与风险。

## (二)创新生态系统的风险评估

风险评估是风险管理的关键环节,通过量化分析风险发生的可能性和影响程度,为企业制定有效的应对策略提供依据。

利用大数据和人工智能技术,对创新生态系统的各项数据进行收集、分析和挖掘,可以更准确地评估风险。通过对技术趋势、市场需求、财务状况等关键指标进行监测和预测,企业可以及时发现潜在的风险点并采取相应的措施进行防范。通过情景模拟和压力测试等方法，可以对企业创新生态系统在不同环境下的表现进行预测和评估。这有助于企业了解在不同风险情境下的应对能力和脆弱性，并为制定应急预案提供参考。

### （三）创新生态系统的风险应对策略

针对创新生态系统中面临的各类风险，企业需要制定综合性的应对策略，以确保系统的稳定运行和持续发展。

针对技术风险，企业应持续加大技术创新和研发投入力度，提升自主创新能力。通过组建跨学科、跨领域的研发团队，加强技术交流和合作，共同攻克技术难题。同时，建立完善的知识产权保护体系，保护企业的技术成果和商业秘密。针对市场风险，企业应密切关注市场动态和消费者需求变化，灵活调整产品策略和市场布局。通过加强市场调研和用户反馈收集工作，及时了解市场需求变化趋势并快速响应。同时，加大品牌建设和市场营销力度，提升产品知名度和美誉度。

针对财务风险，企业应建立健全的财务管理制度和风险控制机制，确保资金的安全和有效利用。通过加强成本控制和预算管理工作，降低运营成本并提高资金使用效率。同时，积极拓展融资渠道和方式，为企业的创新活动提供充足的资金支持。

针对政策风险，企业应密切关注政府政策的动态变化和导向调整，及时调整经营策略和市场布局。加强与政府部门的沟通和合作，争取政策支持和优惠待遇。同时，积极参与行业标准的制定和推广工作，增加企业在行业中的话语权和影响力。

为了及时应对突发风险事件，企业应建立风险预警和应急响应机制。通过设立专门的风险管理部门或岗位，负责风险的监测、预警和应对工作。同时，制定详细的应急预案和流程规范，确保在风险事件发生时企业能够迅速启动应急预案并采取有效措施进行应对。

## 四、创新生态系统的持续优化与升级

创新生态系统作为一个复杂而动态的网络体系，其持续优化与升级对推动科技创新、加速产业升级、提升企业竞争力具有至关重要的作用。

### （一）创新生态系统的构成要素

创新生态系统由多元主体、丰富资源、复杂互动和共同愿景等要素构成。其中，多元主体包括企业、高校、科研机构、政府、中介机构等，它们各自扮演着不同的角色，共同推动着创新活动的开展。丰富资源则包括资金、人才、技术、信息等，这些资源在创新生态系统中流动和共享，可以为创新活动提供必要的支持。复杂互动则体现在不同主体之间的合作、竞争、交流等关系上，这些互动关系推动着创新生态系统的不断演进。共同愿景则是创新生态系统的核心，它凝聚着所有主体的共同目标和期望，指引着创新生态系统的发展方向。

### （二）优化与升级的必要性

随着科技的不断进步和市场的不断变化，创新生态系统需要不断优化与升级以适应新的发展需求。一方面，优化与升级可以提高创新生态系统的运行效率，降低创新成本，加速科技成果的转化和应用；另一方面，优化与升级可以增强创新生态系统的稳定性和抗风险能力，确保企业在面临外部冲击时能够保持持续的创新动力和发展活力。

### （三）面临的挑战

然而，创新生态系统的优化与升级并非易事，它面临着诸多挑战。首先，创新资源的配置不尽合理，导致部分领域或地区的创新活动得不到足够的支持。其次，创新主体之间的合作机制不够完善，缺乏有效的合作平台和沟通渠道。此外，创新生态环境的建设也亟待加强，包括法律法规、政策环境、文化氛围等方面都需要进一步完善。

### （四）具体的优化与升级策略

为了应对上述挑战，推动创新生态系统的持续优化与升级，我们可以采取以下策略：

首先，要优化创新资源的配置，确保资源能够更加合理、高效地投入创新活动中。这可以通过建立更加科学的资源分配机制来实现，如基于项目质量、团队实力、市场需求等因素进行资源配置。同时，还可以利用大数据和人工智能技术来预测和评估不同创新项目的潜力和价值，从而更加精准地配置资源。

其次，要完善创新主体之间的合作机制，促进不同主体之间的深度合作和协同创新。这可以通过建立更加紧密的合作关系来实现，如共建研发平台、共享技术成果、共同开拓市场等。同时，还可以加强创新主体之间的沟通交流，定期举办创新论坛、研讨会等活动，促进思想碰撞和灵感激发。除了优化资源配置和完善合作机制，我们还需要加强创新生态环境的建设。这包括完善法律法规体系、优化政策环境、营造创新文化氛围等。具体来说，我们可以制定更加有利于创新的法律法规和政策措施，如加大知识产权保护力度、提供税收优惠等。同时，我们还可以通过举办创新大赛、设立创新基金等方式来激发全社会的创新热情和活力。在创新生态系统的优化与升级过程中，跨界融合与创新也是非常重要的策略之一。我们可以鼓励不同领域、不同行业之间的跨界合作与交流，促进技术、人才、资金等创新要素的跨界流动与共享。同时，我们还可以关注新兴技术的发展趋势和应用前景，如人工智能、大数据、区块链等，积极探索这些新技术在创新生态系统中的应用和商业化路径。

最后，创新生态系统的持续优化与升级需要我们关注创新型人才与文化的培养。我们可以通过改革教育体系、加强职业培训等方式来培养更多具有创新意识和实践能力的人才。同时，我们还可以营造更加开放、包容、创新的文化氛围，鼓励人们勇于尝试、敢于创新，为创新生态系统的持续发展提供源源不断的人才支持和文化滋养。

# 第四节　创新生态系统前沿理论与案例

## 一、创新生态系统前沿理论概述

创新生态系统，作为一个集多元主体、丰富资源、复杂互动于一体的动态网络体系，近年来成为学术界和实践界关注的焦点。随着全球科技的飞速发展和经济结构的深刻变革，创新生态系统的前沿理论也在不断丰富和完善。

## （一）创新生态系统的定义与特征

创新生态系统是指由各种创新主体（如企业、高校、科研机构、政府等）、创新资源（如技术、人才、资金、信息等）和创新环境（如政策、法律、文化等）相互作用、相互依赖而形成的具有自组织和自调节功能的动态网络，其核心特征是多元性、开放性、协同性和动态性。多元性体现在创新主体和资源的多样性上，开放性则表现在系统内外资源的自由流动和交换；协同性强调不同主体之间的合作与互动，动态性则是指系统随着外部环境的变化而不断调整和优化。

## （二）创新生态系统的构成要素

创新生态系统的构成要素主要包括创新主体、创新资源和创新环境三个方面。创新主体是创新活动的执行者和推动者，包括企业、高校、科研机构、政府等；创新资源是创新活动的基础和支撑，包括技术、人才、资金、信息等；创新环境是创新活动得以顺利开展和持续进行的外部条件，包括政策、法律、文化、教育等。这些构成要素之间相互依存、相互促进，共同构成了创新生态系统的有机整体。

## （三）创新生态系统的演化历程

创新生态系统的演化历程可以大致划分为几个阶段。初期阶段，创新活动主要依赖单一主体（如企业）的自主研发和内部创新；随着科技的发展和市场的开放，创新活动逐渐扩展到高校、科研机构等外部主体，形成了产学研合作的初步形态；进入21世纪后，随着全球化的深入和互联网的普及，创新生态系统呈现出更加开放、协同和动态的特征，不同主体之间的交流与合作日益频繁和深入。同时，政府在这一过程中也发挥着越来越重要的作用，通过制定政策、提供资金等方式支持和引导创新生态系统的发展。

### （四）创新生态系统前沿理论发展趋势

当前，创新生态系统前沿理论呈现出以下几个趋势。

开放式创新成为创新生态系统的重要趋势之一。企业不再局限于自身的研发能力，而是积极寻求与外部合作伙伴的协同创新。跨界融合成为常态，不同领域、不同行业之间的边界日益模糊，通过跨界合作可以激发新的创新灵感和商业模式。人工智能和大数据技术的快速发展为创新生态系统提供了强大的驱动力。通过运用人工智能技术，可以实现对海量数据的快速处理和分析，为创新决策提供科学依据。同时，人工智能技术还可以应用于产品研发、生产流程优化等多个环节，提高创新效率和产品质量。

随着全球环境问题的日益严峻，可持续发展和社会责任成为创新生态系统不可忽视的重要方面。企业在进行创新活动时，需要充分考虑其对环境的影响和社会责任的承担。通过推动绿色创新、环保技术的应用等方式，实现经济效益和社会效益的双赢。全球化趋势使得创新生态系统不再局限于某一国家或地区，而是呈现出全球化与本地化相融合的特点。企业可以通过国际交流与合作，获取全球范围内的创新资源和市场信息。同时，企业也需要根据本地化需求进行产品和服务的定制化开发，以更好地满足当地市场的需求。

## 二、创新生态系统理论与实践的结合点

创新生态系统作为一个复杂且多元的概念，已经逐渐从理论探讨走向实践应用。它不仅是一个学术研究的热点，也是推动科技创新与经济社会发展的重要工具。

### （一）创新生态系统的理论基础

创新生态系统是由多元的创新主体（如企业、高校、科研机构、政府等）、丰富的创新资源（如技术、人才、资金、信息等）以及复杂的创新环境（如政策、法律、文化等）相互作用、相互依赖而形成的动态网络，其核心特征包括多元性、开放性、协同性和动态性。这些特征为创新生态系统的理论构建提供了坚实的基础。

在理论层面，创新生态系统强调各创新主体之间的相互作用和协同效应。不同主体在创新活动中扮演着不同的角色，通过相互交流与合作，共同推动创新进程。同时，企业实施创新生态系统也关注创新资源的优化配置问题，认为合理的资源配置是提高创新效率的关键。此外，创新环境对创新活动的重要影响也是创新生态系统理论的重要组成部分。

## （二）创新生态系统理论的实践转化

将创新生态系统的理论转化为实践，需要明确各主体的角色定位和责任分工，并建立健全的合作机制。在实践中，企业作为技术创新的主体，应加强与高校、科研机构的合作，共同开展研发活动，推动技术创新和成果转化。高校和科研机构应承担起人才培养和科学研究的重任，为创新活动提供源源不断的智力支持。政府应承担起政策制定、资源配置和环境营造等职责，为创新活动提供有力的制度保障和公共服务。

为了实现创新资源的优化配置，需要建立科学的资源配置机制。这包括设立创新基金、提供税收优惠等政策措施，以吸引社会资本投入创新活动；通过人才政策吸引和留住高端创新人才；加强信息平台建设，促进信息共享与交流，降低创新活动的信息成本。通过这些措施，可以确保创新资源能够精准投向具有发展潜力和市场需求的项目，提高创新活动的效率和成功率。创新环境的营造与优化是实践转化中的重要环节。政府应出台更加灵活、开放的政策措施，鼓励企业加大研发投入力度、开展国际合作；加大知识产权保护力度，维护创新主体的合法权益；营造鼓励创新、宽容失败的文化氛围，激发全社会的创新热情。同时，政府还应加强基础设施建设，如科技园区、孵化器、加速器等平台的建设与运营，为创新主体提供全方位的服务和支持。

## （三）动态调整与持续优化的实践策略

创新生态系统是一个动态变化的系统，其构成要素和运行机制随着外部环境的变化而不断调整和优化。在实践中，需要密切关注市场动态和技术发展趋势，及时调整创新策略和方向。例如，针对新兴技术领域和市场需求的变化，及时调整研发重点和资源配置；加强前瞻性研究和布局，抢占未来科技制高点。

为了实现动态调整与持续优化，需要建立健全的评估与反馈机制。这包括对创新活动的效果进行定期评估和反馈调整，确保创新生态系统始终保持高效运行和持续优化。同时，企业还应加强与国际先进创新生态系统的交流与合作，借鉴其成功经验和技术成果，推动其创新生态系统向更高水平迈进。

### （四）理论与实践结合面临的机遇与挑战

将创新生态系统的理论转化为实践并非易事，其中面临着诸多挑战。例如，如何协调各创新主体之间的利益关系、如何确保创新资源的有效配置、如何营造和优化创新环境等。然而，这些挑战中也孕育着巨大的机遇。通过深入研究和探索创新生态系统的理论与实践结合点，我们可以更好地推动科技创新与经济社会发展。

为了应对这些挑战并抓住机遇，我们需要不断加强创新生态系统理论与实践的研究和探索。在理论层面，需要进一步完善创新生态系统的理论体系，为其在实践中的应用提供更有力的指导。在实践层面，需要积极探索和创新实践模式和方法，不断推动创新生态系统的优化和发展。

## 三、创新生态系统未来的发展方向与面临的挑战

随着全球科技竞争的日益激烈和经济社会发展的不断加速，创新生态系统作为推动科技创新与经济社会发展的核心动力，其未来的发展方向与面临的挑战成为各界关注的焦点。

### （一）创新生态系统的发展趋势

未来，创新生态系统将更加多元化和开放。一方面，随着跨领域、跨学科的合作日益增多，创新主体将不再局限于传统的企业、高校和科研机构，更多元化的创新主体如初创企业、非营利组织、个人创新者等将加入创新生态系统中来。另一方面，创新生态系统的开放性将进一步增强，通过开放创新平台、众创空间等形式，促进技术、人才、资金等创新资源的自由流动和高效配置。

数字化和智能化将成为创新生态系统发展的重要趋势。随着大数据、云计算、人工智能等技术的快速发展，创新生态系统将更加注重数据的收集、分析和应用，通过数字化手段提高创新活动的效率和精准度。同时，智能化技术如机器学习、自动化工具等也将被广泛应用于创新过程中，推动创新活动的智能化升级。全球化与本土化的平衡将是未来创新生态系统发展的另一个重要趋势。一方面，随着全球化的深入发展，创新活动将不再局限于某一国家或地区，而是更加广泛地参与到全球创新网络中。另一方面，本土化策略将成为创新生态系统不可或缺的一部分，通过深入了解本土市场需求和文化特点，提供更加贴近用户需求的创新产品和服务。

## （二）创新生态系统未来的发展方向

未来，创新生态系统将致力于构建更加完善的创新网络。这包括加强各创新主体之间的合作与交流，促进创新资源的共享与优化配置；推动产学研用深度融合，形成协同创新合力；加强与国际先进创新生态系统的交流与合作，引进国际先进技术和经验。通过这些措施，构建起一个覆盖广泛、联系紧密、高效协同的创新网络。

科技创新与产业升级的深度融合将是未来创新生态系统发展的重要方向。一方面，通过加强基础研究和应用研究，推动关键核心技术的突破和产业化应用。另一方面，通过优化产业结构、提升产业链水平等措施，推动传统产业转型升级和新兴产业的培育发展。通过科技创新与产业升级的深度融合，实现经济社会的持续健康发展。面对全球环境问题的日益严峻，未来创新生态系统将更加注重生态环保意识和可持续发展。这包括加强环保技术的研发和应用，推动绿色低碳发展；加强生态环境监测和治理，提高生态环境质量；推动循环经济和绿色消费等理念的普及和实践。通过这些措施，实现经济社会与生态环境的和谐共生和可持续发展。

## （三）创新生态系统面临的挑战

随着科技的不断进步和创新活动的日益频繁，技术更新迭代的速度也在不断加快。这给创新生态系统带来了巨大的挑战。一方面，创新主体需要不断跟进和适应新技术的发展变化。另一方面，需要加强技术研发和创新能力建设以应对技术竞争的压力。如何有效应对技术更新迭代迅速带来的挑战将是企业未来创新生态系统需要重点解决的问题之一。

创新资源的分布不均和配置效率问题是未来创新生态系统面临的挑战之一。一方面,不同地区、不同领域的创新资源分布存在差异导致创新活动的不均衡性。另一方面,创新资源的配置效率会直接影响到创新活动的成效和可持续性。因此,如何优化创新资源的配置结构、提高配置效率将是未来创新生态系统需要关注的重要问题。在全球化的背景下,国际竞争与合作成为创新生态系统不可避免的问题。一方面,国际竞争日益激烈使得创新主体需要不断提升自身的创新能力和竞争力。另一方面,国际合作成为推动创新活动发展的重要途径。然而,在国际合作中可能存在的技术封锁、知识产权纠纷等问题也给创新生态系统带来了挑战。因此,如何平衡国际竞争与合作的关系、推动国际合作向更深层次发展将是企业未来创新生态系统需要解决的问题之一。

创新生态系统是一个动态变化的系统,其构成要素和运行机制随着外部环境的变化而不断调整与优化。然而这种动态性和不确定性也给创新生态系统带来了挑战。一方面,创新主体需要不断适应外部环境的变化并做出相应的调整。另一方面,需要加强风险管理和应对能力以应对可能出现的风险与挑战。因此,如何加强创新生态系统的动态管理和风险控制能力将是企业未来需要重点解决的问题之一。

# 第六章 工业经济管理中的数据驱动决策

## 第一节 数据驱动决策的定义与重要性

### 一、数据驱动决策的定义及内涵

在当今这个数据爆炸的时代，数据已成为企业和组织决策过程中不可或缺的重要资源。数据驱动决策（Data-Driven Decision Making, DDDM）作为一种基于事实和证据的决策方式，正逐渐取代传统的经验驱动或直觉驱动的决策模式，成为现代企业管理理论发展的重要趋势。

#### （一）数据驱动决策的定义

数据驱动决策是指利用数据分析和数据科学手段，以数据为依据，对企业战略和业务决策进行指导及支持的过程。它强调在决策过程中充分收集和分析相关数据，通过挖掘数据背后的信息和规律，为决策提供科学、客观的依据。数据驱动决策不仅关注历史数据的分析，还注重对未来趋势的预测和风险评估，以确保决策的前瞻性和准确性。

#### （二）数据驱动决策的内涵

在数据驱动决策中，数据被视为企业和组织的核心资产之一。这包括客户信息、销售数据、运营数据、财务数据等各类业务数据，以及社交媒体、市场调研等外部数据源。这些数据蕴含着丰富的信息和价值，通过科学分析和挖掘，可以为决策提供有力的支持，而数据分析与挖掘是数据驱动决策的核心环节。通过对原始数据的清洗、预处理、建模和分析，可以发现数据背后的规律和趋势，挖掘出有价值的信息和知识。这一过程涉及多种技术和方法，如统计学、机器学习、人工智能等，旨在从海量数据中提取出对决策有用的关键信息。

数据可视化是数据驱动决策的重要组成部分。它可以将复杂的数据转化为易于理解的图形和图表，帮助决策者更快地获取洞察和见解。通过数据可视化不仅可以提高决策效率，还可以增强决策过程的透明度和可解释性。通过直观的数据展示，决策者可以更加清晰地了解问题本质和决策后果。数据驱动决策强调基于客观事实和证据进行决策，与传统的经验驱动或直觉驱动决策相比，它更加注重决策的科学性和准确性。通过对数据进行深入分析和挖掘，可以发现潜在的机会和风险，为决策提供有力的支持。这种基于证据的决策方式有助于企业降低决策失误的风险，提高决策的成功率。

数据驱动决策是一个持续优化和迭代的过程。随着外部环境的变化和内部业务的调整，新的数据不断涌现出来。企业需要不断地收集和分析这些数据，对原有的决策进行评估和优化。通过迭代和持续改进，企业可以不断提高决策的科学性和准确性，以应对复杂多变的市场环境。

## （三）数据驱动决策的优势

实施数据驱动决策基于客观事实和证据进行决策，有助于降低主观偏见和误判的风险。通过对历史数据的分析和建模，企业可以预测未来的趋势和变化，为决策提供科学依据。这种基于数据的决策方式有助于提高决策的质量和准确性。

实施数据驱动决策通过深入分析潜在的风险因素并采取相应的防范措施，有助于降低企业在决策过程中的风险。通过对市场、客户、竞争对手等各方面的数据进行综合分析，企业可以更加全面地了解外部环境的变化和内部业务的情况，从而制订出更加稳健和可行的决策方案。实施数据驱动决策有助于优化企业业务流程和提高工作效率。通过对企业业务流程进行深入分析和挖掘，可以发现其中存在的问题，并采取相应的改进措施。这种基于数据的优化方式有助于减少不必要的环节和浪费，提高工作效率和生产力。实施数据驱动决策不仅关注短期业务决策的支持，还注重对企业长期战略规划的指导和支持。通过对市场趋势、客户需求、竞争对手动态等方面的数据分析，企业可以更加准确地把握市场变化和行业发展趋势，从而制订出更加符合实际情况的战略规划。同时，在战略实施过程中，企业也可以根据实时数据反馈进行调整和优化，确保战略目标的实现。

### （四）数据驱动决策的实施步骤

在实施数据驱动决策之前，首先需要明确决策的目标和需求。这包括确定决策的具体内容、范围和要求以及期望达到的效果等。只有明确了决策目标和需求，企业才能有针对性地收集和分析相关数据并制订出有效的决策方案。根据决策目标和需求收集相关的数据资源并进行整理，包括内部业务数据、外部市场数据、竞争对手数据等各类数据源。在收集数据的过程中需要注意数据的完整性和准确性，确保后续分析的有效性。

对收集到的原始数据进行清洗和预处理，以去除噪声和异常值，并统一数据格式和标准。这一过程包括数据的去重、过滤、转换、归一化等操作，确保后续分析的准确性和可靠性。运用统计学、机器学习、人工智能等技术手段对清洗后的数据进行深入分析和挖掘，可以发现数据背后的规律和趋势，并提取出有价值的信息和知识。这一过程包括数据的聚类、分类、关联规则挖掘、序列分析等操作。

将分析结果以图形和图表的形式进行可视化展示，以便决策者更直观地理解数据背后的信息和规律，并做出明智的决策。可视化展示可以采用直方图、条形图、折线图、散点图等多种形式，以适应不同的分析需求和场景。根据数据分析结果和其他相关因素制定出具体的决策方案并付诸实施。企业在制定决策方案时需要考虑多种因素包括成本、风险、收益等，确保方案的可行性和有效性。在实施过程中企业需要密切关注实施效果，并根据实时数据反馈进行调整和优化，确保决策目标的实现。

## 二、数据驱动决策在工业经济管理中的重要性

在当今信息化、数字化快速发展的时代，数据已成为各行各业不可或

缺的关键资源。特别是在工业经济管理领域，数据驱动决策的重要性日益凸显。工业经济作为国民经济的重要组成部分，其发展状况对国家整体经济的稳定与增长具有重要影响。随着市场竞争的加剧和消费者需求的日益多样化，工业企业面临着前所未有的挑战。传统的管理模式和决策方式已难以满足当前的需求，而数据驱动决策的实施则为工业企业提供了新的解决方案。通过充分利用数据资源，企业能够更准确地把握市场动态，优化资源配置，提高生产效率，从而在激烈的市场竞争中保持优势。

## （一）数据驱动决策的基本概念与特点

数据驱动决策是指企业在决策过程中，以数据为核心依据，通过收集、分析、挖掘和应用各类数据资源，为决策提供科学、客观的支持。这种决策方式强调数据的全面性、准确性和实时性，旨在通过数据分析揭示隐藏在数据背后的规律和趋势，为企业战略和业务决策提供有力支持。

数据驱动决策的特点主要体现在以下几个方面。

以数据为核心：所有决策都基于数据进行分析和推断，确保决策的客观性和科学性。

强调实时性：数据驱动决策注重数据的实时更新和分析，以便企业能够及时调整策略。

全面性：考虑所有相关数据，包括内部和外部数据，确保决策的完整性和准确性。

预测性：通过数据分析，企业可以预测未来趋势，并提前做出应对措施。

## （二）数据驱动决策在工业经济管理中的重要性

在工业经济管理中，运营效率是提高企业竞争力的关键。通过实时监测和分析生产过程中的各项数据，如设备运行状态、生产效率、能耗情况等，可以帮助企业快速识别并解决生产过程中的瓶颈问题。通过优化生产流程、调整资源配置、提高设备利用率等措施，企业能够显著提升运营效率，降低生产成本，提高盈利能力。

产品质量是企业生存和发展的基础。通过对产品相关数据进行深入分析，如原材料质量、生产工艺参数、成品检测数据等，帮助企业及时发现产品质量问题并找出问题的根源。通过调整生产工艺、改进产品设计、加强质量控制等措施，企业能够不断提高产品质量，满足消费者对高品质产品的需求，从而增强市场竞争力。市场定位是企业制定营销策略的基础。通过收集和分析市场数据，如消费者需求、竞争对手动态、市场趋势等，可以帮助企业更准确地把握市场需求和竞争态势。通过精准市场定位，企业能够制定出更加符合市场需求的营销策略和产品策略，提高市场占有率和品牌影响力。

市场环境复杂多变，企业必须具备快速响应市场变化的能力，才能在竞争中占据先机。通过实时监测市场数据和分析消费者行为数据，可以帮助企业及时发现市场变化并做出相应调整。通过优化供应链管理、加强产品研发和创新等措施，企业能够迅速适应市场变化并抓住市场机遇。创新是企业持续发展的动力源泉。通过深入挖掘数据资源中的有价值信息，可以为企业提供更多的创新灵感和机会。通过对数据分析结果的深入研究和应用，企业能够不断推出新产品、新技术和新服务，以满足消费者不断变化的需求，并保持竞争优势。

## （三）数据驱动决策面临的挑战与应对措施

尽管数据驱动决策在工业经济管理中具有诸多优势，但也面临着一些挑战，如数据质量不高、数据分析能力不足、数据安全隐患等。为了应对这些挑战，企业需要采取以下措施：数据质量是数据驱动决策的基础。企业需要建立完善的数据采集、清洗和验证机制，确保数据的准确性和完整性。同时，企业还需要加强数据治理和标准化工作，提高数据的一致性和可比性。数据分析能力是数据驱动决策的关键。企业需要加强数据分析人才的培养和引进，提高数据分析团队的专业水平和综合素质。同时，企业还需要积极引入先进的数据分析技术和工具，提高数据分析的效率和准确性。数据安全是数据驱动决策不可忽视的问题。企业需要建立完善的数据安全管理制度和技术防护体系，确保数据的安全存储和传输。同时，企业还需要加强对员工的数据安全意识教育和培训，提高员工的数据安全意识和防范能力。

# 三、数据驱动决策与工业经济管理的关系

在当今信息化、数字化快速发展的时代，数据已成为企业运营、管理、决策的核心资源。尤其在工业经济管理领域，实施数据驱动决策正逐渐成为一种新的趋势和模式。

## （一）数据驱动决策的概念与特点

数据驱动决策，顾名思义，是指在企业或组织的决策过程中，充分利用数据资源，通过数据分析、数据挖掘等技术手段，提取有价值的信息，为决策者提供科学依据和决策支持。这种决策模式具有以下几个显著特点：数据驱动决策基于大量的数据分析和统计，能够更客观地反映问题的本质和规律，减少主观臆断和盲目性。通过数据处理和分析，能够更准确地把握市场趋势、客户需求、生产状况等，提高决策的精准度。实施数据驱动决策能够快速响应市场变化和客户需求，提高决策效率，缩短决策周期。

## （二）数据在工业经济管理中的应用

在工业经济管理领域，数据的应用广泛而深入。

通过对市场数据、客户数据等进行分析，企业可以更准确地预测市场趋势和客户需求，实现定制化生产，提高市场竞争力。通过采集和分析生产过程中的数据，企业可以实时了解生产状况，优化生产流程，提高生产效率和产品质量。实施数据驱动决策可以帮助企业更精确地控制成本，优化资源配置，提高财务管理水平。通过对供应链数据的分析，企业可以更好地协调供应商、生产商、分销商等各方资源，提高供应链的整体效率。

## （三）实施数据驱动决策在工业经济管理中面临的挑战

尽管数据驱动决策在工业经济管理中具有诸多优势，但在实际应用过程中也面临着一些挑战：数据的准确性、完整性、时效性等都会影响决策的质量。如果数据存在偏差或错误，可能就会导致决策失误。在工业经济管理中，涉及的数据往往包含企业的商业机密和客户的个人信息，如何保

障数据的安全和隐私是一个重要问题。实施数据驱动决策需要先进的数据处理和分析技术，以及具备相关技能的人才。这对一些传统工业企业来说可能是一个难题。

### （四）实施数据驱动决策在工业经济管理中的未来发展方向

面对挑战，实施数据驱动决策在工业经济管理中的未来发展方向应着重于以下几个方面：建立完善的数据治理体系，确保数据的准确性、完整性、时效性和安全性。引入先进的数据处理和分析技术，如人工智能、机器学习等，提高数据驱动决策的科学性和准确性。加大对数据分析和决策支持领域人才的培养和引进力度，为企业提供强有力的人才保障。进一步拓展数据在工业经济管理中的应用场景，如智能制造、绿色生产等，推动工业经济的创新发展。

## 四、数据驱动决策在全球范围内的实践

在当今这个数据爆炸的时代，数据的应用已成为推动社会进步和企业发展的关键要素。数据驱动决策，作为一种基于大数据分析和洞察来指导战略规划和运营管理的方法，正在全球范围内得到广泛应用和实践。

### （一）数据驱动决策在全球化背景下的兴起

随着全球化的深入发展，市场竞争日益激烈，企业面临的决策环境也日益复杂多变。传统的经验决策和直觉决策已难以满足现代企业的需求，数据驱动决策的实施因此得到发展。它强调通过收集、整理、分析大量数据，挖掘出隐藏在数据背后的规律和趋势，为企业的战略制定、市场营销、产品研发、运营管理等各个环节提供科学依据。

### （二）数据驱动决策在全球各行业的应用实践

金融行业是数据驱动决策应用最为广泛的领域之一。银行、保险公司、证券公司等机构通过大数据分析客户行为、信用风险、市场波动等信息，制定出更加精准的风险管理策略和营销策略。例如，利用机器学习算法预测客户违约风险，实现信贷审批程序的自动化和智能化；通过分析社

交媒体上的用户评论和情绪表达，评估企业投资项目的潜在风险和市场前景。

在制造业领域，数据驱动决策的应用极大地提升了生产效率和产品质量。企业通过物联网技术收集生产过程中的实时数据，如设备状态、能耗情况、产品质量参数等，结合大数据分析和人工智能算法，实现生产流程的优化和智能化控制。例如，利用预测性维护技术提前发现设备故障隐患，避免非计划停机造成的生产损失；通过智能制造系统实现个性化定制生产，满足市场多元化需求。

零售业是数据驱动决策的重要应用领域之一。电商平台和实体零售商通过收集用户浏览记录、购买行为、社交媒体互动等数据，分析用户需求和偏好，制定个性化的营销策略和推荐产品。例如，利用协同过滤算法为用户推荐可能感兴趣的商品；通过分析用户评价和反馈，不断优化产品设计和服务质量。

在医疗健康领域，数据驱动决策的应用可以为患者提供更加精准的诊断和治疗方案。医疗机构通过收集患者的病历资料、检查结果、基因信息等数据，结合大数据分析和人工智能算法，实现疾病的早期预警和精准治疗。例如，利用深度学习技术识别医学影像中的异常病变；通过分析患者的基因信息制订个性化的用药方案。

## （三）不同国家和地区的数据驱动决策实践

作为数据科学和人工智能技术的领先国家之一，美国企业在数据驱动决策方面取得了显著成效。一些美国企业建立了完善的数据治理体系和数据驱动文化，将数据作为核心资产进行管理。同时，美国政府也积极推动数据开放和共享政策，为企业获取和利用数据提供了便利条件。

欧洲国家在数据保护和个人隐私方面有着严格的法律法规要求。尽管如此，欧洲企业仍然积极探索数据驱动决策的应用路径。一些欧洲企业通过建立内部数据仓库和数据分析团队等方式，提升数据处理和分析能力，同时加强与高校和研究机构的合作，共同研发新的数据分析技术和工具。

近年来，中国在数据驱动决策应用方面取得了长足进步。中国政府高度重视数字经济的发展和数据资源的开发利用，出台了一系列政策措施支持大数据产业的发展。中国企业积极拥抱数字化转型浪潮，通过建设数据中心、引入先进的数据分析工具和算法等手段，提升决策的科学性和准确性。例如，阿里巴巴、腾讯等互联网企业利用大数据和人工智能技术，优化电商平台的用户体验和营销策略；华为等制造企业通过智能制造系统提升生产效率和产品质量。

### （四）实施数据驱动决策面临的挑战与应对策略

尽管数据驱动决策在全球范围内得到了广泛应用并取得了显著成效，但仍然存在一些挑战需要应对。

数据质量的好坏是影响决策效果的关键因素之一。由于数据来源广泛且复杂多样，数据缺失、错误、不一致等问题时有发生。因此企业需要建立完善的数据治理体系，加强数据清洗和校验工作，确保数据的准确性和可靠性。随着数据量的不断增加和数据应用场景的不断拓展，数据安全和隐私保护问题日益凸显。企业需要加强数据加密和访问控制工作，建立完善的数据泄露应急响应机制，确保数据的安全性和隐私性。

实施数据驱动决策需要先进的数据处理和分析技术以及具备相关技能的人才支持。然而目前全球范围内数据科学和人工智能领域的人才短缺问题较为突出。因此企业需要加大人才的培养和引进力度，提升团队的技术水平和创新能力。

# 第二节 数据在工业经济管理中的应用

## 一、数据在生产流程中的应用

数据在生产流程中的应用是一个广泛而深入的话题，它涉及数据收集、处理、分析，以及如何利用这些数据来优化生产流程、提高生产效率、降低成本、提升产品质量等多个方面。

随着信息技术的飞速发展和市场竞争的日益激烈，对企业生产流程的优化和管理提出了更高的要求。作为信息的载体，数据在生产流程中扮演着至关重要的角色。通过对生产数据的收集、处理和分析，企业可以更好地了解生产状况，发现问题，优化流程，提高生产效率和质量。

## （一）数据在生产监控中的应用

生产监控是确保生产流程顺利进行的关键环节。通过在生产流程中布置传感器和采集设备，企业可以实时收集生产数据，如温度、压力、流量等。这些数据被传输到中央控制系统，经过处理后形成可视化的生产监控画面。管理人员可以通过这些画面实时监控生产状况，及时发现并解决潜在问题。例如，在制造业中，通过对生产线的实时数据监控，企业可以及时发现设备故障、材料短缺等问题，从而迅速采取措施进行解决，确保生产流程的顺利进行。

## （二）数据在质量控制中的应用

质量控制是生产流程中不可或缺的一环。通过对生产数据的收集和分析，企业可以更好地了解产品质量状况，发现质量问题并采取相应的解决方案。例如，在食品加工业中，企业可以通过对生产过程中的温度、湿度、时间等数据的实时监控和分析，确保食品的加工和储存条件符合标准，从而保证食品的质量和安全。此外，通过对历史生产数据的挖掘和分析，企业还可以发现产生产品质量问题的根本原因，从而采取更有效的措施进行解决。

## （三）数据在设备维护中的应用

设备维护是确保生产流程顺利进行的重要保障。通过对设备运行数据的收集和分析，企业可以及时了解设备的运行状态和潜在故障风险。例如，在制造业中，企业可以通过对设备振动、噪音等数据的实时监控和分析，预测设备的维护需求和故障风险，从而提前进行维护和检修，避免设备突然故障导致的生产中断。此外，通过对设备运行数据的长期跟踪和分析，企业还可以优化设备的维护计划和策略，降低维护成本并提高设备的运行效率。

### （四）数据在决策支持中的应用

数据在生产流程中的另一个重要应用是决策支持。通过对生产数据的深入挖掘和分析，企业可以获得有关生产流程、市场需求、产品质量等方面的有价值信息。这些信息可以为企业的战略规划和决策提供有力支持。例如，通过对历史销售数据和市场需求数据的分析，企业可以更准确地预测未来市场需求的变化趋势，从而制定更合理的生产计划和市场策略。同时，通过对生产成本和效率数据的分析，企业还可以发现生产流程中出现的浪费问题和瓶颈环节，采取相应的改进措施，提高生产效率和降低成本。

### （五）数据在生产流程中面临的挑战与机遇

尽管数据在生产流程中的应用带来了巨大的价值和机遇，但同时也面临着一些挑战，其中最大的挑战之一是数据的收集和处理。由于生产流程中涉及的数据种类繁多、数量巨大，如何有效地收集和处理这些数据成为一个亟待解决的问题。此外，数据的准确性和可靠性也是一大挑战。不准确或不可靠的数据可能导致出现错误的决策和判断，从而给企业带来损失。

然而，随着技术的不断进步和应用场景的不断拓展，数据在生产流程中的应用也面临着巨大的机遇。例如，随着物联网、云计算和大数据等技术的不断发展，企业可以更方便地收集和处理生产数据，并实现数据的实时共享和协同工作。这将极大地提高生产流程的透明度和可追溯性，使企业能够更好地了解和控制生产过程。

## 二、数据在供应链管理中的应用

供应链管理，作为现代企业运营的核心环节，其复杂性和重要性不言而喻。在全球化和信息化的双重推动下，供应链管理正经历着前所未有的变革。在这场变革中，数据作为新的生产要素，发挥着至关重要的作用。

### （一）数据在供应链管理中的核心价值

数据在供应链管理中的核心价值体现在其能够提高供应链的可视性、

优化资源配置、降低运营风险，并为企业提供更精准的决策支持。

通过实时收集和分析供应链各环节的数据，企业可以清晰地了解库存水平、订单状态、运输情况等关键信息。这种可视性不仅有助于企业及时发现潜在问题，还能使其更加准确地把握市场动态，从而做出更明智的决策。数据驱动的供应链管理能够更加精准地预测市场需求，从而优化生产计划和库存策略。通过减少过度库存和缺货风险，企业可以在降低运营成本的同时，提高客户满意度。

供应链中的不确定性因素众多，如供应商延迟交货、运输中断等。通过数据分析，企业可以更好地预测和识别这些潜在风险，并制定相应的应对措施，从而降低运营风险。数据为供应链管理提供了丰富的信息基础，使得企业能够更加准确地评估不同策略的效果，并据此做出更明智的决策。实施这种数据驱动的决策方式不仅可以提高决策效率，还可以增强决策的科学性和准确性。

## （二）数据在供应链管理中的具体应用

借助大数据分析和机器学习算法，企业可以更准确地预测市场需求。这些数据驱动的需求预测模型要考虑多种因素，如历史销售数据、季节性变化、市场趋势等。准确的需求预测有助于企业制订更有效的生产计划和营销策略，减少库存积压和缺货风险。数据的应用使得库存管理变得更加科学和高效。通过实时分析库存水平和销售数据，企业可以调整库存策略，确保足够的库存满足客户需求，同时避免过度库存带来的成本负担。这种动态库存管理策略不仅可以提高运营效率，还可以降低库存成本。

数据的应用可以促进企业与供应商之间的更好合作。通过共享关键数据，如生产进度、质量控制指标和交付性能，企业和供应商可以共同优化供应链流程，提高整体效率。此外，同时的应用数据还可以帮助企业评估供应商的绩效，从而做出更明智的采购决策。同时的应用数据在物流与运输优化方面也发挥着重要作用。通过分析运输数据、交通状况和天气信息，企业可以实时调整物流策略，以确保产品能够准时、安全地送达客户手中。这种数据驱动的物流优化不仅可以提高客户满意度，还可以降低运输成本。

供应链中的风险多种多样,包括供应商风险、运输风险、市场需求风险等。通过数据分析,企业可以更好地识别和评估这些潜在风险,并制定相应的应对措施。例如,企业可以建立多元化的供应商体系以降低供应商风险,或者制定灵活的物流策略以应对运输中断等突发事件。

### (三)面临的挑战与解决方案

尽管数据在供应链管理中展现出巨大的潜力,但企业在实施数据驱动策略时也面临着一些挑战。

不准确或不完整的数据可能导致出现错误的决策。因此,企业需要投入资源来确保数据的准确性和完整性,包括采用数据清洗技术、建立数据验证机制以及培训员工以提高数据质量意识。随着数据量的增加,数据安全和隐私成为一个重要问题。企业需要采取适当的安全措施来保护敏感数据,并遵守相关的数据保护法规。例如,企业可以加密敏感数据、限制数据访问权限,并定期进行数据安全审计。

实施数据驱动的供应链管理策略需要先进的技术和专业的人才。企业可能需要投资新的数据分析工具和技术,并招聘或培训具备相关技能的员工。此外,企业还可以与专业的数据分析服务提供商合作,以获取更专业的技术支持和服务。

## 三、数据在市场营销与客户关系管理中的应用

数据在市场营销与客户关系管理中的应用是一个广泛而深入的话题,它涵盖了从数据收集、分析到应用的全过程,旨在帮助企业更好地了解市场趋势、客户需求,从而制定出更有效的营销策略和提升客户关系管理水平。

### (一)数据在市场营销中的应用

数据是市场细分的基础。通过收集和分析消费者的购买行为、偏好、生活方式等数据,企业可以将市场划分为具有相似需求和行为的细分市场。这种细分有助于企业更精准地定位目标市场,制定更具针对性的营销策略,提升市场响应率和营销效果。数据使得构建客户画像成为可能。企业可以整合来自不同渠道的数据,如社交媒体、交易记录、客户服务等,

来全面了解每个客户的特征、需求和行为模式。基于这些画像，企业能够实施个性化营销，如定制化的产品推荐、个性化的广告内容等，从而提升客户满意度和忠诚度。

利用历史销售数据、市场研究数据等，企业可以进行预测分析，识别市场趋势和潜在机会。这种分析有助于企业提前调整营销策略，抓住市场机遇，或规避潜在风险。例如，通过分析季节性销售数据，可以预测企业在未来一段时间内的销量，并据此调整库存和生产计划。同时数据还用于评估营销活动的效果。通过追踪和分析营销活动期间的客户响应、转化率、ROI等指标，企业可以了解哪些策略有效，哪些需要改进。这种持续的评估和优化过程有助于企业提升营销效率，降低营销成本。

## （二）数据在客户关系管理中的应用

通过数据分析，企业可以更好地了解客户的需求和期望，从而提供更加个性化的产品和服务。这种个性化的体验有助于增强客户的忠诚度，促进长期关系的建立。例如，通过分析客户的购买历史和偏好，企业可以在客户生日时提供定制化的优惠或礼品。同时数据在客户服务中也发挥着重要作用。通过分析客户反馈、投诉和服务请求等数据，企业可以识别服务中的问题，并采取措施进行解决。此外，数据还可以用于预测客户可能遇到的问题，从而提前采取措施，提升客户满意度。

数据有助于企业更好地管理客户的生命周期。通过分析客户的行为和交易数据，企业可以识别处于不同生命周期阶段的客户，并采取相应的策略来延长客户的生命周期价值。例如，对新客户，企业可能提供入门优惠；对长期未购买的客户，企业可能发送个性化的再营销邮件。同时数据还用于评估客户的价值，帮助企业识别高价值客户，并为他们提供差异化的服务，包括更高级别的客户支持、专属的优惠和活动等。通过满足高价值客户的特殊需求，企业可以进一步提升他们的忠诚度和贡献度。

## （三）数据应用面临的挑战与机遇

尽管数据在巾场营销和客户关系管理中具有巨大的潜力，但其应用也面临一些挑战。其中最主要的挑战包括数据隐私和安全、数据质量和准确性以及数据整合和分析的复杂性。为了应对这些挑战，企业需要建立完善的数据治理机制，确保数据的合规使用；投资数据技术和人才，提升数据处理和分析的能力。

然而，随着技术的发展和市场的成熟，数据应用面临的机遇也在不断涌现。例如，人工智能和机器学习技术的进步使得数据分析更加高效与准确；大数据和云计算技术的发展降低数据存储和处理的成本，使得更多企业能够利用数据来驱动业务决策。

# 四、数据在决策支持系统中的应用

决策支持系统（Decision Support System，DSS）是一种集成了数据、模型和知识的信息技术工具，旨在辅助管理者和决策者解决复杂的决策问题。在DSS应用中，数据扮演着至关重要的角色，它是决策分析的基础，也是模型运行的驱动力。

## （一）数据在决策支持系统中的作用

数据是决策支持系统进行分析和模拟的基础。无论是历史数据、实时数据还是外部数据，都是DSS进行决策分析的重要依据。数据的质量和完整性直接影响到DSS的准确性和有效性，因此，数据收集、清洗、整合和处理是DSS应用的首要步骤。

决策支持系统内置了多种决策模型和分析工具，如财务分析模型、预测模型、优化算法等。这些模型依赖数据进行运算和推理，以模拟不同的决策方案并预测其结果。数据为模型提供了必要的输入和验证依据，使得模型能够输出有价值的决策支持信息。DSS通过交互式的用户界面展示信息，使决策者能够探索不同的决策方案和预测潜在结果。数据在这一过程中起到了桥梁作用，连接了决策者和复杂的决策环境。决策者可以利用DSS提供的数据分析工具和模型，对数据进行深入挖掘和分析，以发现隐藏的规律和关联，从而做出更加科学、合理的决策。

## （二）数据在决策支持系统中的应用过程

DSS首先从多个数据源收集数据，包括企业内部数据库、外部数据库、互联网等。这些数据可能来自不同的系统、格式和结构，因此需要进行清洗、转换和整合，以确保数据的一致性和可用性。数据整合是DSS应用的关键步骤之一，它要求将数据从各种来源中提取出来，并进行必要的转换和处理，以便在DSS中使用。

整合后的数据被输入到DSS中，通过内置的分析引擎进行数据挖掘、统计分析和趋势预测等。这一过程旨在发现数据中的隐藏规律和关联，为决策模型提供必要的输入和验证流程。数据分析是DSS的核心功能之一，它可以帮助决策者更好地了解数据，发现数据中的模式和趋势，从而做出更加明智的决策。

基于数据分析的结果，DSS可以构建或选择适合的决策模型进行模拟。这些模型可以模拟不同的决策方案，并预测其潜在结果。决策者可以通过调整模型参数和观察模拟结果来评估不同方案的优劣。模型构建是DSS的重要功能之一，它可以帮助决策者将复杂的决策问题转化为可操作的模型，并通过模拟来预测不同决策方案的结果。DSS以图表、图形、仪表盘等形式展示分析结果和模拟结果，使决策者能够直观地了解不同决策方案的影响。同时，DSS还提供交互式界面，允许决策者根据自己的需求输入数据、调整参数和探索不同的决策方案。结果展示是DSS的最终输出，它可以将分析结果和模拟结果以易于理解的方式呈现给决策者，以便他们能够更好地理解和评估不同的决策方案。

# 第三节　数据驱动决策的前沿理论与模型

## 一、数据驱动决策的前沿理论概述

在当今这个数据爆炸的时代，数据驱动决策（Data-Driven Decision Making, DDDM）已成为企业和组织提升效率、增强竞争力的关键手段。这一理论不仅融合了大数据、人工智能、机器学习等前沿技术，还深刻改变了传统决策模式，推动决策过程向更加科学、精准、高效的方向发展。

## （一）数据驱动决策的定义

数据驱动决策是一种基于数据分析、大数据技术和人工智能等手段，通过对数据进行深入挖掘和分析，为组织制定决策提供科学、系统、有效依据和支持的方法。其核心思想是将数据作为决策过程的核心驱动力，通过数据分析和智能化技术提高决策的科学性、系统性和效果。

## （二）核心理论

在数据驱动决策理论中，数据被视为决策过程的基础。无论是结构化数据（如数据库、Excel表格等）还是非结构化数据（如文本、图像、音频、视频等），都是决策分析的重要资源。数据的质量和完整性会直接影响到决策的准确性和有效性，因此，数据收集、清洗、整合和处理成为数据驱动决策的首要步骤。

数据分析与挖掘是数据驱动决策的核心环节。通过对数据进行统计描述、预测分析、关联分析等操作，可以揭示数据背后的隐藏规律和关联，为决策模型提供必要的输入和验证流程。现代数据分析技术，如统计学、机器学习、人工智能等，为这一过程提供了强大的支持。智能化决策支持是数据驱动决策理论的重要组成部分。通过将人工智能技术应用于数据分析和决策过程中，可以极大地提高决策效率和准确性。例如，利用机器学习算法对数据进行预测和分类，利用自然语言处理技术对文本数据进行情感分析和主题提取，从而为决策者提供更加精准、全面的决策支持。

## （三）应用优势

实施数据驱动决策通过深入分析数据，可以获取更多关于业务、市场、客户等方面的洞察，从而提高决策的科学性和准确性。相比传统基于经验和直觉的决策方式，数据驱动决策更加客观和可靠。

实施数据驱动决策可以自动化决策过程，减少人工干预，提高决策效率。通过构建决策模型和算法，可以快速对大量数据进行分析和处理，为决策者提供及时、有效的决策支持。通过对数据进行分析和预测，可以帮助企业提前识别潜在风险，并采取相应的预防措施。这种前瞻性的决策方式有助于降低企业在决策过程中的不确定性和风险。

数据驱动决策不仅关注现有问题的解决，还注重通过数据分析发现新的商业机会和市场需求，推动企业的创新和发展。通过挖掘数据中的价值信息，企业可以开发出新的产品或服务，拓展新的市场领域。

## 二、数据驱动决策的模型与方法

在当今这个数据爆炸的时代，DDDM已成为企业和组织制定策略、优化流程、提升竞争力的核心手段。数据驱动决策强调以数据为基础，通过科学的方法和模型，对复杂多变的商业环境进行精准分析和预测，从而指导企业决策过程。

### （一）数据的收集与预处理

数据驱动决策的第一步是收集相关数据。数据来源广泛，包括但不限于企业内部数据库、外部市场调研数据、社交媒体数据、物联网传感器数据等。为了确保数据的全面性和准确性，企业需要建立多渠道的数据采集体系，并持续监控数据质量。

收集到的原始数据往往存在噪声、缺失值、异常值等问题，因此需要进行预处理。数据预处理包括数据清洗、数据转换和数据整合等步骤。数据清洗旨在去除数据中的噪声和错误，填补缺失值，识别并处理异常值；数据转换是将数据转换为适合分析的格式，如将文本数据转换为数值型数据；数据整合是将来自不同源的数据整合到一个统一的数据仓库或数据湖中，以便进行后续分析。

### （二）数据的分析与挖掘

数据分析是数据驱动决策的核心环节。通过对数据进行统计描述、相关性分析、趋势预测等操作，可以揭示数据背后的隐藏规律和关联。常用的数据分析方法包括描述性统计分析、推断性统计分析、时间序列分析等。描述性统计分析用于总结数据的基本特征，如平均值、中位数、方差等；推断性统计分析用于根据样本数据推断总体特征；时间序列分析用于预测未来趋势。

数据挖掘是在大量数据中发现隐藏模式、规律和关联的过程。数据挖掘技术包括聚类分析、关联规则挖掘、决策树分析、神经网络等。聚类分析将数据分为多个群组，每个群组内的数据相似度较高，不同群组间的数据相似度较低；关联规则挖掘用于发现数据项之间的关联关系，如购物篮分析中的"啤酒与尿布"现象；决策树分析通过构建决策树模型来预测目标变量的值；神经网络是一种模拟人脑神经元网络的数据分析技术，能够处理复杂的非线性关系。

### （三）决策模型的构建

基于数据分析与挖掘的结果，企业可以构建相应的决策模型来指导决策过程。决策模型可以是简单的统计模型，也可以是复杂的机器学习模型或深度学习模型。

统计模型如线性回归、逻辑回归等，是数据驱动决策中常用的模型之一。线性回归模型用于预测一个连续变量的值，基于输入变量与输出变量之间的线性关系；逻辑回归模型则用于预测一个分类变量的值，如二分类问题中的"是"或"否"。机器学习模型如决策树、随机森林、支持向量机（SVM）、K近邻（KNN）等，在数据驱动决策中发挥着越来越重要的作用。这些模型能够自动从数据中学习并提取特征，无需人工指定规则，因此能够处理更加复杂的数据关系和模式。例如，通过构建决策树来模拟人类的决策过程，随机森林通过构建多个决策树并进行投票来提高预测准确性，SVM通过寻找最大化分类间距的超平面来实现分类，KNN通过计算待分类点与已知类别点之间的距离来进行分类。

深度学习模型如卷积神经网络（CNN）、循环神经网络（RNN）等，在图像识别、语音识别、自然语言处理等领域取得了显著成果。随着技术的不断发展，深度学习模型也开始应用于数据驱动决策中，特别是在处理大规模、高维度的数据时表现出色。

### （四）实施与评估

构建好决策模型后，企业需要将模型结果应用于实际决策过程中。这要求企业具备相应的执行能力，包括资源配置、流程优化、人员培训等。同时，企业还需要建立有效的沟通机制，确保决策结果能够顺利传达给相关部门和人员，并得到有效执行。

决策实施后，企业需要对决策效果进行评估。评估内容包括决策目标的达成情况、资源利用效率的提升情况、市场竞争力的增强情况等。通过对比决策前后的数据变化，企业可以评估决策的有效性，并根据评估结果对决策模型进行持续优化。

# 三、数据驱动决策的理论与实践结合

随着信息技术的飞速发展，数据已成为企业和组织决策过程中不可或缺的重要资源。DDDM作为一种基于数据分析和洞察的决策方法，正逐渐成为现代管理实践的核心。

## （一）数据驱动决策的理论基础

### 1. 定义与概念

数据驱动决策是一种基于数据的分析和洞察来做出决策的方法。它不仅可以利用数据来支持决策，还可以通过数据挖掘、处理和分析，发现数据中隐藏的模式、趋势或关联，为决策者提供准确、客观的依据。这种方法能够消除主观偏见，提高决策的准确性和可靠性。

### 2. 理论框架与模型

数据驱动决策的理论框架包括数据收集、数据处理、数据分析、决策制定和决策实施五个阶段。这些阶段相互关联、相互影响，共同构成一个完整的数据驱动决策过程。常见的决策模型包括描述性模型、预测性模型和规范性模型：

描述性模型：主要用于揭示数据中的模式和趋势。

预测性模型：基于历史数据预测未来趋势。

规范性模型：进一步考虑各种决策选项的潜在影响，为决策者提供最优决策建议。

## （二）数据驱动决策的实践应用

### 1. 数据收集与处理

数据收集是数据驱动决策的第一步，涉及从各种数据源（如数据库、网站、社交媒体等）中获取数据。数据的清洗和预处理是确保数据质量的关键环节，包括处理缺失值、错误值、噪声等问题，以及数据标准化和归一化处理，以便后续进行综合分析。

2. 数据分析与可视化

数据分析是将数据转化为有价值信息的过程，包括描述性分析、推论性分析、预测性分析和数据挖掘等。描述性分析通过基本统计量概括数据的特征和分布，推论性分析利用样本数据推断总体参数，预测性分析基于历史数据预测未来趋势，数据挖掘通过关联规则挖掘、聚类分析等方法发现数据中的隐藏规律和模式。

数据可视化是将复杂数据以图形、图表等形式直观展示，帮助决策者快速理解数据内涵。常用的数据可视化工具包括Tableau、PowerBI等。

3. 实际案例

在电商领域，基于用户的历史购买记录、浏览行为等数据，构建推荐算法，为用户提供个性化的产品推荐，提高转化率和用户满意度。通过分析销售数据、季节性趋势等，预测产品需求，优化库存结构，降低库存成本并避免缺货现象。在金融领域，运用大数据分析对借款人的征信、消费、社交等数据进行综合评估，实现更准确的信贷风险评级。同时，利用机器学习等技术手段分析交易数据，发现异常交易行为，预防金融欺诈。基于企业的历史数据和实时信息，预测原材料需求和供应情况，优化供应链布局，降低库存和运输成本。

# 第四节　数据驱动决策面临的挑战与实施策略

## 一、数据驱动决策面临的挑战

随着信息技术的飞速发展，数据已成为企业和组织决策过程中不可或缺的重要资源。DDDM作为一种基于数据分析和洞察的决策方法，正逐渐成为现代管理实践的核心。然而，尽管数据驱动决策具有诸多优势，但在实际应用过程中也面临着诸多挑战。

### （一）数据隐私与安全面临的挑战

在数据驱动决策应用的过程中，数据的收集、存储和处理是不可或缺的环节。然而，这些环节也带来了数据隐私和安全方面的挑战。随着数据量的不断增加，数据的泄露风险也随之增加。一旦敏感数据被泄露，不仅可能侵犯个人隐私，还可能给企业带来严重的法律和声誉风险。

为了应对这一挑战，企业和组织需要采取一系列措施来保护数据安全。首先，需要建立严格的数据访问控制机制，确保只有授权人员才能访问敏感数据。其次，应采用先进的加密技术来存储和传输数据，以防止数据在传输过程中被窃取或篡改。此外，还需要定期对数据进行备份和恢复测试，以确保在数据丢失或损坏时能够及时恢复。

### （二）数据质量面临的挑战

数据质量的好坏是数据驱动决策应用的基础。然而，在实际应用中，数据质量往往存在诸多问题，如数据不准确、不完整、不一致等。这些问题可能导致决策失误，给企业带来严重的经济损失。

为了应对数据质量挑战，企业和组织需要建立完善的数据质量管理体系。首先，应对数据进行清洗和预处理，以消除数据中的错误和异常值。其次，需要建立数据验证机制，确保数据的准确性和可靠性。此外，还应定期对数据进行质量评估，以便及时发现并解决数据质量问题。

### （三）技术与人才短缺面临的挑战

实施数据驱动决策需要掌握一系列专业知识和技能的人才来支持。然而，目前许多企业和组织面临技术落后与人才短缺的问题。这可能导致企业无法有效地实施数据驱动决策，或者无法充分利用数据的价值。

为了应对技术落后与人才短缺带来的挑战，企业和组织需要积极培养和引进相关人才。首先，可以与高校和研究机构合作，共同培养数据分析和机器学习等领域的人才。其次，可以通过招聘和内部培训等方式，引进和培养具有相关技能和经验的人才。此外，还可以考虑与专业的数据分析公司或咨询机构合作，以获取必要的技术支持和人才资源。

## （四）数据整合与互操作性面临的挑战

在数据驱动决策的应用过程中，往往需要整合来自不同来源的数据。然而，不同数据源之间的数据格式、结构和语义可能存在差异，导致出现数据整合和互操作性方面带来的挑战。这可能导致数据无法有效地共享和交换，从而影响企业决策的准确性和效率。

为了应对数据整合与互操作性带来的挑战，企业和组织需要建立统一的数据标准和规范。首先，应定义统一的数据格式和结构，以便不同数据源之间的数据能够进行有效的整合和交换。其次，需要建立数据语义的映射机制，以确保不同数据源之间的数据能够准确地对应和解释。此外，还可以考虑采用数据集成平台或中间件来简化数据整合和互操作的过程。

## （五）决策文化与组织面临的挑战

尽管数据驱动决策具有诸多优势，但在实际应用过程中还可能面临决策文化与组织方面的挑战。一些企业和组织可能习惯传统的决策方式，对数据驱动决策持怀疑或抵触态度。这可能导致数据驱动决策无法在企业或组织中得到有效的推广和实施。

为了应对决策文化与组织带来的挑战，企业和组织需要积极推动决策文化的转变和组织结构的调整。首先，应加强对数据驱动决策的宣传和培训，提高员工对数据驱动决策的认识和接受度。其次，需要建立跨部门的协作机制，促进不同部门之间的数据共享和协作。此外，还可以考虑设立专门的数据分析部门或团队，负责数据驱动决策的实施和推广。

## （六）法律与合规性面临的挑战

在数据驱动决策的应用过程中，还需要考虑法律和合规性方面带来的挑战。随着数据保护法规的不断加强和完善，企业和组织需要确保数据处理与分析过程符合相关法律及法规的要求。否则，企业可能面临法律诉讼和合规性风险。

为了应对法律与合规性挑战，企业和组织需要加强法律意识和合规性管理。首先，应了解并遵守相关的数据保护法规和隐私政策。其次，需要建立合规性审查机制，确保数据处理和分析过程符合法律与法规的要求。此外，还应定期对合规性进行自查和评估，以便及时发现并解决这些问题。

# 二、数据驱动决策的实施策略

在当今信息爆炸的时代，数据已成为企业和组织决策过程中不可或缺的重要资源。DDDM作为一种基于数据分析和洞察的决策方法，正逐渐成为现代管理实践的核心。然而，要成功实施数据驱动决策并非易事，需要采取一系列策略来确保其实效。

## （一）明确目标与定位

实施数据驱动决策的首要任务是明确目标与定位。企业需要明确其希望通过数据驱动决策实现什么目标，以及数据在决策过程中的角色和定位。这有助于企业在后续的实施过程中保持方向，确保所有数据活动都紧密围绕目标展开。

## （二）构建数据基础设施

数据基础设施是数据驱动决策的基础，包括数据采集、存储、处理和分析等各个环节。企业需要投入足够的资源来构建和完善数据基础设施，确保数据的准确性、完整性和时效性。同时，企业还需要建立数据治理机制，确保数据的质量和合规性。

在构建数据基础设施时，企业应注重数据的多样性和全面性。除了传统的结构化数据外，企业还应关注非结构化数据（如文本、图像、视频等）和半结构化数据（如XML、JSON等）。这些数据往往蕴含着丰富的信息和价值，有助于企业更全面地了解市场和客户。

## （三）培养数据文化与人才

数据驱动决策的实施离不开数据文化和人才的支撑。企业需要培养一种崇尚数据、依赖数据的文化氛围，让员工意识到数据在决策过程中的重要性。同时，企业还需要积极引进和培养具备数据分析、机器学习等技能的人才，为数据驱动决策提供有力的人才保障。

为了培养数据文化，企业可以定期开展数据分析和机器学习等技能方面的培训活动，提高员工的数据素养和分析能力。此外，企业还可以通过举办数据竞赛、设立数据创新奖等方式，激发员工对数据分析和创新的热情。

### （四）建立跨部门协作机制

数据驱动决策的实施需要多个部门的共同参与和协作。因此，企业需要建立跨部门协作机制，确保数据在各部门之间的顺畅流通和共享。这有助于打破"信息孤岛"，让数据在决策过程中发挥更大的价值。

为了实现跨部门协作，企业可以设立专门的数据管理部门或团队，负责数据的收集、整合和分析工作。同时，企业还可以建立跨部门的数据共享平台或系统，让各部门能够方便地获取和使用所需的数据。

### （五）注重实时性与预测性

数据驱动决策的一大优势在于其实时性和预测性。企业需要注重数据的实时更新和分析，以便及时把握市场变化和客户需求。同时，企业还需要利用机器学习等技术对数据进行预测性分析，为其未来发展提供有力的数据支持。

为了实现实时性和预测性，企业可以建立实时数据监控和分析系统，对数据进行实时跟踪和分析。此外，企业还可以利用机器学习等技术建立预测模型，对数据进行趋势预测和模式识别。

### （六）强化安全与合规性

在数据驱动决策的实施过程中，数据安全和合规性是不容忽视的重要问题。企业需要采取一系列措施来确保数据的安全性和合规性，防止数据泄露和滥用。

为了强化数据安全和合规性，企业可以建立严格的数据访问控制机制和数据加密机制，确保只有授权人员才能访问和使用敏感数据。同时，企业还需要定期对数据进行备份和恢复测试，以确保在数据丢失或损坏时能够及时恢复。此外，企业还需要遵守相关的数据保护法规和隐私政策，确保数据处理和分析过程的合规性。

### （七）迭代与持续优化

数据驱动决策的实施是一个迭代和持续优化的过程。企业需要不断对数据基础设施、数据分析模型、决策流程等进行优化和改进，以提高决策的准确性和效率。

为了实现迭代和持续优化，企业可以建立数据反馈机制和数据质量评估机制，对数据进行定期评估和反馈。同时，企业还可以利用机器学习等技术对数据进行自动化的优化和改进。此外，企业还可以积极借鉴行业内的最佳实践和创新案例，不断引入新的技术和方法来提升数据驱动决策的效果。

## 三、数据驱动决策的实施风险与应对策略

在当今信息化社会，数据已成为企业和组织决策的核心资源。DDDM强调基于数据分析和洞察来制定决策，这种方法在提升决策效率和准确性方面展现出巨大潜力。然而，与任何强大的工具一样，数据驱动决策的实施也伴随着一系列风险。

### （一）实施风险

数据的质量是数据驱动决策的基础。不准确、不完整或存在偏差的数据可能导致错误的决策。数据质量问题可能源自数据采集、存储、处理和分析中的任何一个环节。

随着数据量的增加，数据的安全性和隐私保护成为重要问题。敏感数据的泄露或被恶意使用可能对企业和个人造成严重后果，包括法律诉讼和声誉损失。实施数据驱动决策需要先进的技术和专业的数据分析人才。技术和人才的短缺可能导致企业无法有效地利用数据，或者无法跟上数据分析和机器学习领域的快速发展。

虽然数据是决策的重要参考，但过度依赖数据可能导致忽视其他重要的定性因素，如市场趋势、客户反馈和员工经验。这种"数据盲目症"可

能导致决策失衡。数据驱动决策要求数据的实时更新和分析，以及对未来趋势的预测。然而，实时数据的获取和处理，以及准确预测未来趋势都是具有挑战性的任务。

## （二）应对策略

1.提升数据质量

建立数据治理体系：制定明确的数据质量标准，包括准确性、完整性、一致性和时效性。

数据清洗与验证：定期对数据进行清洗和验证，确保数据的准确性和可靠性。

采用先进的数据管理工具：利用数据质量管理软件来自动化数据清洗和验证过程。

2.加强数据安全与隐私保护

实施严格的数据访问控制：确保只有授权人员才能访问敏感数据。

数据加密与备份：采用先进的加密技术来保护数据，并定期备份数据以防止丢失。

遵守数据保护法规：确保数据处理和分析过程符合相关的数据保护法规和隐私政策。

3.培养和引进技术与人才

内部培训：定期对员工进行数据分析和机器学习等技能的培训。

外部合作：与高校和研究机构合作，共同培养数据分析和机器学习等领域的人才。

招聘优秀人才：积极招聘具有相关经验和技能的数据分析师和机器学习工程师。

4.平衡数据与定性因素

综合决策框架：建立一个综合的决策框架，将数据分析结果与定性因素（如市场趋势、客户反馈和员工经验等）相结合。

跨部门协作：鼓励不同部门之间的协作，确保决策过程中考虑到各种因素。

定期评估与调整：定期对决策过程进行评估和调整，确保数据和定性因素在决策中得到适当的平衡。

5. 应对实时性与预测性挑战

实时数据监控与分析系统：建立实时数据监控和分析系统，以便及时把握市场变化和客户需求。

机器学习预测模型：利用机器学习技术建立预测模型，对数据进行趋势预测和模式识别。

灵活应对变化：建立灵活的决策机制，以便在数据或市场发生变化时能够迅速调整决策。

6. 建立风险管理与应对机制

风险评估与监控：定期对数据驱动决策过程中可能出现的风险进行评估和监控。

应急预案制定：针对可能出现的数据泄露、数据质量问题等风险，制订详细的应急预案。

持续改进与学习：从每次风险事件中吸取教训，及时改进风险管理策略和制定应对机制。

# 第七章 工业经济管理中的智能制造

## 第一节 智能制造的定义与发展趋势

### 一、智能制造的定义及内涵

智能制造，作为新一代信息技术与先进制造技术深度融合的产物，正逐渐成为制造业转型升级的重要方向。它不仅是一种生产方式的革新，也是对传统制造业的全面升级和智能化改造。

#### （一）智能制造的定义

智能制造是指将物联网、大数据、云计算、人工智能等新一代信息技术深度融入设计、生产、管理、服务等制造活动的各个环节，使制造系统具备自感知、自决策、自执行、自适应、自学习等先进功能，旨在提高制造业质量、效益和核心竞争力的先进生产方式。简而言之，智能制造是智能技术与制造技术相结合的产物，它代表了制造业未来的发展方向。

#### （二）智能制造的特征

智能制造具有多个显著特征，这些特征共同构成智能制造的核心竞争力：实施智能制造系统能够实时感知生产环境、设备状态、产品质量等关键信息，企业基于这些信息做出智能决策，优化生产过程，提高生产效率和产品质量。在决策的指导下，实施智能制造系统能够自动执行生产任务，调整生产参数，适应生产过程中的各种变化，确保生产活动的顺利进行。

智能制造系统的实施具备强大的自学习能力，能够在实践中不断积累知识，优化算法模型，提升决策精度和执行效率。同时，它还能自我诊断故障，自动排除隐患，实现系统的持续优化。智能制造系统的实施通过信息集成和资源共享，实现设计、生产、管理、服务等环节的紧密连接和高效协同。同时，它还具备高度的柔性化能力，能够快速响应市场需求变化，帮助企业实现个性化定制和灵活生产。

实施智能制造强调人与智能机器的紧密合作与相互理解。高素质、高智能的人才与智能机器共同组成人机一体化系统，各自发挥优势，相互协作，共同推动制造业的智能化发展。

### （三）智能制造的内涵

智能制造的内涵丰富而深远，它涵盖了技术、模式、系统等多个层面。

智能制造依赖物联网、大数据、云计算、人工智能等新一代信息技术的支撑。这些技术为智能制造提供了强大的数据处理、分析、决策和执行能力，使得制造系统能够实现智能化升级和改造。

智能制造推动了制造模式的创新和发展。它打破了传统制造业的界限和壁垒，实现了设计、生产、管理、服务等环节的深度融合和高效协同。同时，它还促进了制造业与服务业、信息产业的融合发展，形成了新的产业生态和价值链体系。智能制造系统是一个复杂而高度集成的系统体系。它包括智能产品、智能生产、智能工厂、智能物流等多个子系统，这些子系统相互关联、相互支撑，共同构成智能制造的整体框架和运行机制。在这个系统中，智能机器和人类专家共同协作，发挥各自的优势，共同推动制造业的智能化发展。

### （四）智能制造对经济社会的深远影响

智能制造的发展对经济社会产生了深远的影响。

通过技术革新和模式创新，推动了制造业的转型升级和高质量发展。

它提高了制造业的生产效率和产品质量，降低了生产成本和能耗排放，增强了制造业的核心竞争力和可持续发展能力。智能制造的发展促进了产业结构的优化和调整。它推动了制造业与服务业、信息产业的融合发展，形成了新的产业生态和价值链体系。同时，它还促进了传统产业的技术改造和升级换代，提高了整个产业体系的智能化水平和竞争力。

智能制造是国家竞争力的重要标志之一。拥有先进的智能制造技术和产业体系，将有助于提高国家的经济实力和综合国力。同时，智能制造的发展还将带动相关产业的发展和创新，形成新的经济增长点和动力源泉。智能制造的发展为人们提供了更加个性化、高品质的产品和服务。它满足了人们对美好生活的向往和追求，提高了人民的生活品质和幸福感。同时，智能制造的发展还将促进就业和创业机会的增加，为人们提供更多的职业选择和发展空间。

## 二、智能制造的发展历程与现状

智能制造作为现代制造业的重要发展方向，其发展历程经历了从概念提出到技术实现，再到广泛应用的多个阶段。

### （一）智能制造的发展历程

"智能制造"的概念最早可以追溯到20世纪80年代。当时，随着信息技术的发展，人们开始探索将计算机、机器人等先进技术应用于制造业中，以提高生产效率和产品质量。这一时期的智能制造主要处于概念提出和初步探索阶段。

1.早期概念与探索

1973年，美国约瑟夫·哈林顿（Joseph Harrington）博士在 *Computer Integrated Manufacturing* 一书中首次提出了计算机集成制造（CIM）理念。这一理念强调通过计算机将企业中各种与制造有关的技术系统集成起来，以提高企业适应市场竞争的能力。CIM的提出标志着智能制造理念的初步形成。

随后，随着信息技术的发展，智能制造的理念逐渐得到扩展和深化。1970年，美国未来学家阿尔文·托夫（Alvin Toffler）在 *Future Shock* 一书中提出了一种全新的生产方式设想：以类似于标准化和大规模生产的成本和时间，提供给客户特定需求的产品和服务。这一设想为后来的大规模定制（Mass Customization, MC）理念奠定了基础。

2. 关键技术与理念的涌现

1987年，斯坦·戴维斯（Start Davis）在 *Future Perfect* 一书中首次将这种生产方式称为大规模定制。此后，B·约瑟夫·派恩（B·Joseph Pine II）在《大规模定制：企业竞争的新前沿》一书中详细阐述了大规模定制的核心思想，即在不增加成本的前提下，通过产品品种的多样化和定制化急剧增加，提供战略优势和经济价值。

与此同时，并行工程（Concurrent Engineering, CE）理念也在这一时期被提出。并行工程强调在产品开发初期就考虑产品整个生命周期的所有因素，以提高质量、降低成本、缩短产品开发周期和产品上市时间。这些理念和技术的出现，为智能制造的发展奠定了坚实基础。

3. 智能制造的深入发展

进入20世纪90年代，信息技术突飞猛进，为智能制造的发展提供了有力支撑。1994年，美国通用汽车公司（GM）和里海（Leigh）大学的雅柯卡（Iacocca）研究所在国防部的资助下，提出了《21世纪制造企业战略》，其中包含敏捷制造（Agile Manufacturing）的理念。敏捷制造强调将柔性生产技术、有技术的劳动力与灵活管理集成在一起，以快速响应市场需求。

此外，随着工业软件、工业机器人等技术的不断发展，智能制造逐渐从理论走向实践。例如，仿真软件Nastran、达索系统的CATIA软件等，都源自航空航天与汽车行业的创新实践，为智能制造提供了强大的技术支持。

4. 数字化与网络化制造

进入21世纪后，数字通信技术与网络技术的发展为智能制造带来了更大的进步。智能制造进入数字制造和数字网络制造阶段。数字制造系统通过集成专家知识库、机器人控制系统等，实现了制造过程的智能化和自主化。网络系统的引入，使得各要素包括人员和物理设备等都可以连接在一起，实现了制造过程的协同与优化。

## （二）智能制造的现状

当前，智能制造已成为全球制造业的重要发展方向。各国纷纷出台相关政策，推动智能制造的发展。

我国高度重视智能制造的发展，先后出台了一系列政策规划。这些政策规划为智能制造的发展提供了明确的方向和支持。我国在智能制造技术方面取得了显著成果。在机器人技术、感知技术、复杂制造系统、智能信息处理技术等领域，我国已经掌握了一批关键技术，形成了较为完整的智能制造装备产业体系。以新型传感器、智能控制系统、工业机器人、自动化成套生产线为代表的智能制造装备产业体系初步形成。

智能制造在我国已广泛渗透至汽车、电子制造、石化、机床、食品饮料、制药等多个行业。其中，汽车和电子制造成为重要应用行业。据统计，2019年我国汽车和电子制造的智能制造系统集成市场规模分别为336亿元和247亿元，占整体市场的比重分别为21.8%和16.0%。此外，我国智能制造系统集成市场以柔性装配系统、加工环节数字化系统、智能输送系统、智能仓储系统、企业资源计划五大类解决方案为主。这些解决方案的广泛应用，推动了制造业的智能化升级。

智能制造系统解决方案是指以自动化、网络化为基础，以数字化为手段，以智能制造为目标，借助新一代信息通信技术，通过工业软件、生产和业务管理系统、智能技术和装备的集成，帮助企业实现纵向集成、横向集成的各类智能化解决方案的总称。当前，我国多数中小型制造企业仍处于自动化阶段，传统自动化系统解决方案在中国市场中仍占主流。行业领先企业和智能制造试点示范企业正在加快向数字化迈进，个别标杆企业已开展智能化布局。智能制造系统解决方案的市场规模正加速增长，经过市场验证的解决方案成熟度将进一步提升。

尽管我国在智能制造方面取得了显著进展，但仍面临一些挑战。例如，在智能制造的一些基础技术和关键核心技术方面仍然存在短板，许多核心技术装备与软件系统仍然依赖进口。此外，智能制造发展的国际竞争也日益激烈，美国、德国等发达国家正在加快实施以信息技术为核心驱动力的先进制造计划。然而，这些挑战也为我国智能制造的发展提供了机遇。随着我国制造业的转型升级和智能制造的深入推进，工业互联网、人工智能等新型信息技术的广泛应用，将为智能制造的发展注入新的动力。同时，我国具有全球独有的发展高端制造业的全产业链条，为智能制造的发展提供了广阔的市场空间。

# 三、智能制造的发展趋势与前景

智能制造作为当前制造业的重要发展方向，其发展趋势与前景备受关注。随着信息技术、自动化技术和人工智能技术的不断进步，智能制造正逐步从概念走向实践，并在全球范围内掀起一场制造业的变革。

## （一）智能制造的发展趋势

随着大数据、云计算、物联网等技术的快速发展，信息技术与制造业的深度融合已成为智能制造的重要趋势。通过采集和分析生产过程中的海量数据，企业可以实时掌握生产状况，优化生产流程，提高生产效率。同时，云计算技术为智能制造提供了强大的数据存储和计算能力，使得智能制造系统能够处理更加复杂和庞大的数据。人工智能技术是智能制造的核心驱动力之一。随着机器学习、深度学习等技术的不断成熟，人工智能在智能制造中的应用将更加广泛。例如，通过智能算法对生产数据进行分析和预测，企业可以实现对生产过程的精准控制；通过智能机器人和自动化设备，企业可以实现生产过程的自动化和智能化，从而提高生产效率和产品质量。

数字化工厂是智能制造的重要组成部分。通过数字化技术实现生产过程的可视化和可控制化，企业可以更加高效地管理生产资源和生产流程。未来，数字化工厂将得到更广泛的应用，更多的企业将会引入数字化工厂解决方案，实现生产过程的智能化和高效化。工业物联网（IIoT）通过互联网将各种工业设备、传感器等连接起来，实现设备之间的信息交互和协同工作。随着工业物联网技术的不断发展，越来越多的企业将利用工业物联网技术实现生产过程的智能化和高效化。通过工业物联网平台，企业可以实时监控设备的运行状态和性能参数，及时发现和解决潜在问题，提高生产效率和设备利用率。

随着消费市场的变化和个性化需求的增加，定制化生产已经成为制造业的一种趋势。通过快速响应市场需求和灵活调整生产流程，企业可以实现快速、灵活的定制化生产。未来，定制化生产将得到更广泛普及，满足消费者日益增长的个性化需求。由于环境问题日益严重，绿色制造已成为制造业的重要发展方向。企业通过采取技术手段降低能耗、减少排放，实现绿色生产。例如，通过优化生产流程和采用高效节能设备，企业可以降低能源消耗和减少废物排放；通过智能监控和预警系统，企业可以及时发现和解决潜在的环境问题。

## （二）智能制造的前景展望

随着信息技术、智能控制技术和人工智能技术的不断发展，智能制造将实现更加高效、智能和灵活的生产模式和流程。未来，智能制造技术将不断突破和创新，推动制造业向更高水平发展。

实施智能制造将带动传统制造产业向数智化、智能化转型。通过引入智能制造技术和系统，企业可以优化生产流程、提高生产效率、降低生产成本，并推动产品和服务的创新。这将有助于提升制造业的整体竞争力和可持续发展能力。企业通过采取优化整个生产过程、拓展精细化管理等方式，将生产领域节能减排、资源节流等过程得到进一步的优化和改善。通过智能化生产系统和智能监控技术，企业可以实现对生产资源的精准管理和高效利用，提高资源利用效率并降低生产成本。

在全球新一轮工业革命的趋势下，智能制造将推动工业4.0的实现。通过信息技术和智能制造技术实现生产过程的数字化、网络化、智能化和自动化。智能制造作为工业4.0的核心组成部分，将推动制造业向更高层次发展并服务于全球各行各业的工业生产。智能制造的发展将带动新的就业领域的拓展。随着智能制造技术的不断成熟和应用范围的扩大，将涌现出大量与智能制造相关的新职业和岗位。例如，智能制造工程师、技术研发人员、工业自动化工程师、机器人工程师等将成为未来制造业的重要人才。这些新职业和岗位将为从业者提供更多的就业机会和发展空间。

智能制造的发展将促进国际交流与合作。随着全球制造业的转型升级和智能制造技术的不断推广，各国将加强在智能制造领域的交流与合作。

通过共同研发新技术、分享成功经验和推广最佳实践等方式，各国将携手推动智能制造技术的发展和应用，并共同应对全球性挑战。

# 四、智能制造对工业经济管理的影响

作为制造业未来的关键驱动力和核心发展脉络，智能制造正深刻改变着工业经济的管理模式和运行方式。

## （一）提高生产效率和质量控制

智能制造通过集成和应用先进的信息技术、传感器、数据通信等相关技术，实现了生产过程的自动化、数字化、网络化、智能化。这一转变极大地提高了生产效率，减少了人为因素导致的错误和浪费。

首先，智能制造采用自动化设备，如机器人、智能机床等，能够24小时不间断地进行生产，显著提高了生产线的运行效率。这些设备通过预设的程序和算法，能够精确执行生产任务，减少人为干预和错误。同时，智能物流系统实现了物料的自动化管理和优化，进一步提升了生产流程的顺畅性和效率。其次，智能制造通过大数据分析技术，能够实时监控生产过程中的各项参数，快速识别并解决潜在问题。大数据分析能够发现生产过程中的瓶颈和浪费环节，为管理者提供决策支持，优化生产流程，提高生产效率和产品质量。此外，智能传感器和检测设备的广泛应用，使得企业在生产过程中的质量控制更加高效和精准，确保产品质量的一致性和稳定性。

## （二）促进产品个性化和定制化生产

传统制造模式往往采用批量生产的方式，面向大众市场需求，产品个性化程度较低。通过柔性制造系统、智能工厂等技术应用，可以实现对产品的定制化生产，满足不同客户的个性化需求。

通过数字化技术和灵活生产线的应用，企业能够根据客户需求进行快速响应和定制化生产。企业可以根据市场反馈和客户需求，灵活调整生产计划和生产流程，实现产品的快速迭代和升级。这种个性化生产模式不仅提高了客户满意度，还增强了企业的市场竞争力。此外，实施智能制造还推动了产品设计的智能化。通过集成CAD、CAE、CAM等设计软件，企业能够实现产品的三维建模、仿真分析和优化设计，提高产品的创新性和竞争力。通过内置传感器和智能芯片，企业能够实时监测自身状态和运行数据，为用户提供更加便捷和智能的使用体验。

## （三）优化资源利用和环境保护

通过智能化设备的应用和大数据分析，企业能够更加精确地控制生产过程中的各项参数，减少资源的浪费，提高资源的利用效率。同时，还可以实现可持续发展，通过节能减排和循环利用等技术手段，减少对环境的破坏。

通过智能能源管理系统，企业能够实时监测和调节生产过程中的能源消耗情况，优化能源使用效率。智能节能设备的应用，如LED照明、变频电机等，能够显著降低能源消耗和碳排放。此外，推动了废弃物的循环利用和无害化处理，通过智能分类和回收系统，实现了废弃物的资源化利用。在环境保护方面，通过大数据分析和智能决策系统，能够为企业提供科学的环保决策支持。企业可以利用全域生态系统中的大数据资源，进行环保决策和风险评估，制定科学的环保措施和方案。同时，还可以实现产品的全生命周期管理，从设计、生产、流通到回收等各个环节都进行环保考虑和管控。

## （四）提升市场响应能力和推动商业模式创新

通过提高生产效率和定制化生产能力，显著提升了企业的市场响应能力。企业能够更快地适应市场变化和客户需求，推出符合市场需求的新产品和服务。这种快速响应能力使得企业在市场竞争中占据有利地位。

同时，实施智能制造还推动了商业模式的创新。通过构建信息物理系统（CPS），企业可以实现产品全生命周期的整合和管理，发展出全新的商业模式。例如，企业可以通过构建智能平台，将产业链各个环节的信息打通，形成横向化和纵向化的商业模式。这种商业模式不仅提高了企业的运营效率和市场竞争力，还促进了产业链上下游企业的协同发展。此外，实施智能制造还推动了数字经济的发展。通过数据采集、处理和分析，企业可以获取更多的生产和消费数据，并利用大数据技术进行商业模式创新和市场运作。这些数据资源为企业提供了宝贵的决策支持，推动了企业的数字化转型和智能化升级。

### （五）推动工业经济管理的智能化和精细化

智能制造的引入和应用，推动了工业经济管理的智能化和精细化。随着企业引入更先进的设备、工艺和管理模式，企业管理模式也必将随之变革。

首先，实施智能制造使得企业管理模式趋向扁平化和透明化。信息化管理软件的广泛应用，使得企业内部信息传递更加快捷和透明。管理层可以实时掌握生产状况和市场动态，及时做出决策和调整。这种扁平化的管理模式提高了企业的决策效率和执行力。其次，实施智能制造推动了企业管理的精准化。通过大数据分析和智能决策系统，企业可以实现对生产过程的精准控制和优化。企业可以根据实时数据和历史经验，动态调整生产计划和生产流程，提高生产效率和产品质量。同时，企业还可以通过对员工绩效的精准考核和激励，提高员工的工作积极性和创造力。最后，实施智能制造还推动了企业管理的创新。随着智能制造技术的不断发展和应用，企业管理模式也将不断创新和完善。企业可以通过引入新的管理理念和方法，如精益管理、六西格玛等，进一步提高企业的管理水平和综合竞争力。

# 第二节　智能制造在工业经济管理中的应用

## 一、智能制造在生产流程中的应用

智能制造在生产流程中的应用是一个广泛而深入的话题，它涵盖了从产品设计、生产规划、制造执行到售后服务的全生命周期。智能制造的核心在于通过集成先进的信息技术、自动化技术和人工智能技术，实现生产流程的智能化、高效化和灵活化。

### （一）智能制造的概念与背景

智能制造（Intelligent Manufacturing，IM）是一种基于新一代信息技术，贯穿设计、生产、管理、服务等制造活动各个环节，具有信息深度自感知、智慧优化自决策、精准控制自执行等功能的先进制造过程、系统与模式的总称。其核心在于通过信息技术与制造技术的深度融合，提升制造业的智能化水平，实现制造业的转型升级。

在全球制造业竞争日益激烈的背景下，智能制造的应用已成为提升国家竞争力的重要手段。各国的政府和企业都在积极探索实施智能制造的发展路径，以期在新一轮的科技革命和产业变革中占据先机。

### （二）智能制造在生产流程中的应用

在产品设计阶段，智能制造技术可以实现产品设计的数字化和模拟化。通过三维建模、仿真分析等技术手段，设计师可以在虚拟环境中对产品进行设计和优化，大大缩短了产品设计周期，降低了设计成本。同时，基于大数据和人工智能的设计优化算法还可以帮助设计师快速找到最优设计方案，提升产品设计质量。

在生产规划阶段，应用智能制造系统可以根据订单需求、库存状况、生产能力等多维度信息，自动生成最优的生产计划。通过先进的算法和模型，系统可以对生产资源进行精准配置，确保生产过程的顺利进行。此外，智能制造系统还可以实现生产过程的实时调度，根据生产现场的实际情况及时调整生产计划，确保生产目标的达成。

在制造执行阶段，应用智能制造技术可以实现生产过程的自动化和智能化。通过集成机器人、自动化设备、传感器等硬件设备，以及制造执行系统（MES）、数据采集与监控系统（SCADA）等软件系统，生产现场可以实现高度自动化和智能化的生产。同时，通过对生产数据的实时采集和分析，智能制造系统可以实现对生产过程的全面监控，及时发现并解决潜在问题，确保生产效率和质量。

在质量管理方面，智能制造技术可以实现质量控制的精准化和智能化。通过集成质量检测设备、数据分析软件等工具，智能制造系统可以对生产过程中的质量数据进行实时采集和分析，及时发现质量问题并采取措施进行改进。同时，基于大数据和人工智能的质量预测模型还可以帮助企业对产品质量进行提前预判与控制，降低质量风险。

在售后服务阶段，应用智能制造技术可以实现产品服务的个性化和智能化。通过集成物联网、大数据等技术手段，智能制造系统可以实现对售出产品的远程监控和维护。当产品出现故障或需要维护时，系统可以自动发送相关通知给相关人员，并提供故障诊断和解决方案。这不仅可以提升售后服务效率和质量，还可以降低企业的运维成本。

### （三）智能制造的挑战与未来展望

尽管智能制造在生产流程中的应用已经取得了显著成效，但仍然面临着一些挑战。例如，如何实现不同系统之间的无缝集成和数据共享，如何确保智能制造系统的安全性和可靠性，如何培养具备跨学科知识和技能的智能制造人才等。面对这些挑战，我们需要持续推动技术创新和人才培养才行。在技术创新方面，可以加强基础研究和应用研究，探索新的智能制造技术和方法；在人才培养方面，可以加强与高校和研究机构的合作，培养具备跨学科知识和技能的智能制造人才。

展望未来，随着新一代信息技术的不断发展和应用，智能制造的应用将在生产流程中发挥更加重要的作用。它将进一步提升制造业的智能化水平，实现制造业的高质量发展和可持续发展。同时，智能制造的应用还将推动制造业与其他产业的深度融合和创新发展，为经济社会的全面发展做出更大贡献。

## 二、智能制造在供应链管理中的应用

智能制造，作为新一代信息技术与制造业深度融合的产物，正逐渐改变着传统制造业的面貌。它不仅在生产流程中发挥着重要作用，还在供应链管理中展现出了巨大的潜力。

### （一）智能制造与供应链管理的融合

智能制造的核心在于通过集成先进的信息技术、自动化技术和人工智能技术，实现制造过程的智能化、高效化和灵活化。供应链管理则关注从原材料采购到最终产品交付给消费者的全过程，包括供应商管理、生产计划、物流运输、库存控制等多个环节。将智能制造技术应用于供应链管理，可以实现供应链各环节的紧密连接和高效协同，从而提升整个供应链的竞争力和响应速度。

## （二）优化供应链流程

智能制造技术可以应用于采购和供应商管理环节，通过集成物联网、大数据和人工智能等技术，实现采购过程的自动化和智能化。企业可以实时获取供应商的生产能力、库存状况、交货时间等信息，从而做出更准确的采购决策。同时，基于大数据的分析和预测，企业还可以优化供应商选择策略，降低采购成本，提高供应链的稳定性和可靠性。应用智能制造技术可以实现生产计划的精益化和动态化。通过集成制造执行系统（MES）、企业资源计划系统（ERP）等系统，企业可以实时获取生产现场的数据，包括设备状态、生产进度、物料消耗等，从而进行更精准的生产计划和调度。这不仅可以提高生产效率，还可以减少库存积压和浪费，降低运营成本。

智能制造技术在物流和仓储管理中的应用也是显而易见的。通过集成物联网、无线射频识别（RFID）、全球定位系统（GPS）等技术，企业可以实现物流过程的实时跟踪和监控。同时，基于大数据的分析和预测，企业还可以优化物流路径和运输方式，提高物流效率和响应速度。在仓储管理方面，智能仓储系统可以实现库存的自动化管理和精准控制，减少库存误差和损失。

## （三）提升供应链效率与响应速度

应用智能制造技术可以实现供应链各环节之间的实时数据交换和信息共享。通过集成云计算、大数据等技术，企业可以构建一个统一的供应链信息平台，实现供应链各环节的透明化和可视化。这不仅可以提高信息传递的准确性和及时性，还可以促进供应链各参与方之间的协作和信任。

基于智能制造技术的协同生产模式可以实现供应链各环节的紧密连接和高效协同。当市场需求发生变化时，企业可以迅速调整生产计划、采购计划和物流计划，以满足市场的快速响应需求。同时，通过集成客户关系管理（CRM）系统、供应商关系管理（SRM）系统等工具，企业还可以实时获取客户需求和反馈，从而进行更精准的市场预测和产品定制。

### （四）降低供应链风险

应用智能制造技术可以应用于供应链风险管理和应急响应方面。通过集成大数据分析、人工智能等技术，企业可以实时监测供应链各环节的运行状况和风险水平。当发现潜在风险时，系统可以自动发出预警信号，并提供相应的应急响应方案。这可以帮助企业及时应对供应链中断、质量问题等风险事件，降低损失和影响。

另外，智能制造技术的应用还可以提高供应链的韧性和可持续性。通过优化供应链流程、提高供应链效率和响应速度等措施，企业可以降低对单一供应商或市场的依赖程度，增强供应链的多样性和灵活性。同时，基于智能制造技术的绿色制造和循环经济模式也可以促进供应链的可持续发展与社会责任的履行。

## 三、智能制造在市场营销与客户关系管理中的应用

随着科技的飞速发展，智能制造已经成为现代工业的重要组成部分。它不仅在生产流程中发挥着重要作用，也在市场营销与客户关系管理中展现出巨大的潜力。

### （一）智能制造与市场营销的融合

智能制造的核心在于通过集成先进的信息技术、自动化技术和人工智能技术，实现制造过程的智能化、高效化和灵活化。市场营销则关注如何满足客户需求、提升品牌知名度、促进产品销售等方面。将智能制造技术应用于市场营销，可以实现市场信息的实时获取、客户需求的精准把握，以及营销策略的智能化制定和执行。

应用智能制造技术可以帮助企业实时获取市场信息，包括竞争对手的动态、市场趋势、消费者行为等。通过集成大数据分析、人工智能等技

术，企业可以对这些信息进行深度挖掘和分析，从而发现市场机会和潜在风险。这有助于企业及时调整市场策略，抓住市场机遇，避免市场风险。同时应用智能制造技术还可以帮助企业更精准地把握客户需求。通过集成CRM系统、社交媒体分析等工具，企业可以实时获取客户的反馈和需求，并进行深度分析和挖掘。这有助于企业了解客户的真实需求，从而开发出更符合市场需求的产品和服务。

基于智能制造技术的市场营销策略可以实现智能化的制定和执行。通过集成营销自动化工具、人工智能等技术，企业可以根据市场信息和客户需求，自动制定和执行营销策略。这不仅可以提高营销效率，还可以降低营销成本，提升企业的市场竞争力。

### （二）智能制造与客户关系管理的优化

客户关系管理是企业市场营销的重要环节，也是企业实现业务增长的关键。智能制造技术在客户关系管理中的应用，可以帮助企业优化客户关系，提升客户满意度和忠诚度。

应用智能制造技术可以帮助企业深度挖掘和分析客户数据，包括客户的购买历史、偏好、行为等。通过集成大数据分析、人工智能等技术，企业可以对这些数据进行深度挖掘和分析，从而发现客户的潜在需求和价值。这有助于企业更好地了解客户，制订更精准的营销策略和服务方案。基于智能制造技术的客户服务可以实现智能化提升。通过集成智能客服机器人、自动化工具等技术，企业可以提供更高效、更便捷的客户服务。这不仅可以提高客户满意度和忠诚度，还可以降低客户服务成本，提升企业的服务质量和效率。

同时应用智能制造技术还可以帮助企业实现客户关系的个性化维护与发展。通过集成CRM系统、社交媒体等工具，企业可以实时获取客户的反馈和需求，并进行个性化回应和满足。这有助于企业建立更紧密、更持久的客户关系，实现业务的持续增长。

### （三）智能制造在市场营销与客户关系管理中的挑战与机遇

尽管智能制造在市场营销与客户关系管理中展现出巨大的潜力，但其在应用过程中也面临一些挑战。例如，如何实现不同系统之间的无缝集成和数据共享，如何确保智能制造系统的安全性和可靠性，如何培养具备跨学科知识和技能的智能制造与市场营销人才等。

面对这些挑战，企业需要持续推动技术创新和人才培养才行。在技术创新方面，企业可以加强基础研究和应用研究，探索新的智能制造技术和方法；在人才培养方面，企业可以加强与高校和研究机构的合作，培养具备跨学科知识和技能的智能制造与市场营销人才。同时，应用智能制造在市场营销与客户关系管理中也带来了巨大的机遇。通过应用智能制造技术，企业可以实现市场信息的实时获取、客户需求的精准把握、营销策略的智能化制定与执行、客户数据的深度挖掘与分析、客户服务的智能化提升以及客户关系的个性化维护与发展。这些都将有助于企业提升市场竞争力、优化客户关系，并实现业务的持续增长。

# 四、智能制造在决策支持系统中的应用

智能制造，作为新一代信息技术与制造业深度融合的产物，正逐步改变着传统制造业的面貌。它不仅在生产流程中发挥着重要作用，还在决策支持系统中展现出巨大的潜力。决策支持系统（Decision Support System，DSS）是一个基于计算机的系统，它利用数据和模型来辅助决策者解决半结构化或非结构化的问题。将智能制造技术应用于决策支持系统，可以进一步提升决策的准确性、时效性和智能化水平。

## （一）智能制造与决策支持系统的融合

智能制造的核心在于通过集成先进的信息技术、自动化技术和人工智能技术，实现制造过程的智能化、高效化和灵活化。决策支持系统则关注如何辅助决策者做出更加科学、合理的决策。将智能制造技术应用于决策支持系统，可以实现决策过程的智能化、数据化和实时化，从而提升决策的效率和质量。

## （二）数据收集与处理

应用智能制造技术在数据收集与处理方面发挥着重要作用。通过集成物联网、大数据和云计算等技术，智能制造系统可以实时收集生产现场的数据，包括设备状态、生产进度、产品质量等。这些数据经过处理后，可以为决策支持系统提供丰富的数据基础。同时，智能制造技术还可以实现数据的预处理和清洗，确保数据的准确性和一致性，从而提高决策支持系统的数据质量。

### （三）模型构建与优化

应用智能制造技术在模型构建与优化方面展现出巨大的潜力。决策支持系统需要依靠各种模型来辅助决策者进行问题分析和方案选择。智能制造技术可以利用机器学习、深度学习等人工智能算法，构建更加精准、高效的模型。例如，可以利用机器学习算法对生产数据进行挖掘和分析，发现生产过程中的规律和趋势，从而为决策者提供更加准确的预测和判断。同时，应用智能制造技术还可以实现模型的自动优化和更新，确保模型的时效性和准确性。

### （四）决策模拟与预测

应用智能制造技术在决策模拟与预测方面发挥着重要作用。决策支持系统需要对不同的决策方案进行模拟和预测，以帮助决策者评估各种方案的可能结果和风险。智能制造技术可以利用仿真技术、虚拟现实等技术，构建真实的生产环境和决策场景，从而实现更加精准的决策模拟和预测。这可以帮助决策者更加直观地了解不同方案的影响和效果，从而做出更加科学、合理的决策。

### （五）决策执行与监控

应用智能制造技术在决策执行与监控方面展现出巨大的优势。决策支持系统不仅需要辅助决策者制订决策方案，还需要确保决策方案的有效执行和监控。智能制造技术可以实现决策方案的自动化执行和实时监控，确保决策方案的准确性和时效性。例如，可以利用智能制造系统对生产过程中的关键指标进行实时监控和预警，及时发现并解决潜在问题，从而确保生产过程的稳定性和可靠性。

## （六）智能制造在决策支持系统中面临的机遇与挑战

尽管智能制造在决策支持系统中展现出巨大的潜力，但其在应用过程中也面临一些挑战。例如，如何实现不同系统之间的无缝集成和数据共享，如何确保智能制造系统的安全性和可靠性，如何培养具备跨学科知识和技能的智能制造与决策支持人才等。

面对这些挑战，企业需要持续推动技术创新和人才培养才行。在技术创新方面，企业可以加强基础研究和应用研究，探索新的智能制造技术和方法；在人才培养方面，企业可以加强与高校和研究机构的合作，培养具备跨学科知识和技能的智能制造与决策支持人才。

同时，应用智能制造在决策支持系统中也带来了巨大的机遇。通过应用智能制造技术，企业可以实现决策过程的智能化、数据化和实时化，从而提升决策的效率和质量。这将有助于企业在激烈的市场竞争中脱颖而出，实现可持续发展。

# 第三节　智能制造的前沿技术与理论

## 一、智能制造的前沿技术概述

智能制造，作为当前工业界最为热门的领域之一，正通过一系列前沿技术的融合与创新，引领着制造业向更高效、更智能、更可持续的方向发展。这些前沿技术不仅极大地提升了生产效率和产品质量，还推动了制造业的转型升级，为全球经济的高质量发展注入了新的动力。

## （一）物联网技术

物联网技术是智能制造的重要支撑，它通过将各种设备、机器与互联网连接，实现信息的互联互通。在智能制造中，物联网技术使得生产现场的各种设备能够实时传输数据，这些数据包括设备状态、生产进度、产品质量等关键信息。通过这些数据，企业可以实时监控生产状态，预测设备维护需求，优化生产流程，从而提高生产效率和质量。

物联网技术的应用体现在远程监控和维护方面。工厂中的传感器可以实时监测设备状态，一旦发现异常情况，就可以通过物联网技术及时发送信息给维修人员，避免生产线出现停工。这种实时的监控和维护能力，不仅减少了故障停机时间，还降低了维护成本，提高了生产线的整体可靠性。

## （二）人工智能技术

人工智能技术是智能制造中的核心组成部分，它能够模拟人类的智能，通过学习和理解数据，做出决策和推断。在智能制造中，人工智能技术广泛应用于产品设计、生产计划和质量控制等环节。

在产品设计阶段，人工智能算法可以快速分析设计数据，优化产品结构，并提供更加合理的生产方案。这不仅缩短了产品设计周期，还提高了产品的市场竞争力。在生产计划方面，人工智能技术可以根据历史数据和实时数据，预测生产需求，调整生产计划，确保生产资源的合理配置。在质量控制方面，人工智能可以通过模拟和预测对产品质量进行控制，减少缺陷率，提高产品质量稳定性。此外，应用人工智能技术还推动了智能机器人和自动化设备的发展。这些机器人和设备具备自主学习、自我优化和智能决策的能力，能够根据实时数据和历史经验动态调整操作计划，从而显著提高生产效率。

## （三）大数据技术

大数据技术是智能制造中不可或缺的技术之一。它能够处理和分析大量的数据，并提取有价值的信息。在智能制造中，大数据技术可以帮助企业进行市场调研、客户需求分析以及生产过程数据的监控与分析。

通过大数据技术，企业可以实时了解市场趋势和客户需求变化，从而调整产品生产计划，满足市场需求。同时，通过大数据技术还可以对生产过程数据进行深入分析，发现生产过程中的潜在问题和优化空间，为生产流程的优化提供数据支持。

### （四）云计算技术

云计算技术是智能制造中的关键技术之一。它通过网络将计算资源进行集中和共享，为企业提供高效的数据存储和处理能力。在智能制造中，应用云计算技术使得企业能够随时随地获取所需数据和计算资源，支持生产过程的实时监控和优化。

企业可以将生产过程中产生的大量数据存储在云端，通过云计算技术进行分析和处理。这种集中式的数据处理模式不仅提高了数据处理效率，还降低了企业的IT成本。此外，应用云计算技术还支持多用户并发访问和协同工作，为企业的远程办公和协作提供了便利。

### （五）虚拟现实与增强现实技术

虚拟现实（VR）和增强现实（AR）技术是智能制造中的新兴技术。它们通过模拟和重建现实环境，为人们创造出虚拟世界或增强现实场景，为产品设计、生产过程仿真和员工培训等方面提供了全新的解决方案。

在产品设计阶段，使用虚拟现实技术可以进行虚拟试装和模拟测试，减少企业在设计和制造过程中出现的错误，提高产品的研发效率。在生产过程仿真方面，虚拟现实技术可以模拟真实的生产环境，对生产流程进行可视化仿真和优化。在员工培训方面，增强现实技术可以将操作指南和操作步骤直接叠加在真实设备上，提高员工的操作技能和培训效果。

### （六）数字孪生技术

数字孪生技术是智能制造中的前沿技术之一。它通过构建物理系统的虚拟模型，实现物理世界与数字世界的实时映射和交互。在智能制造中，应用数字孪生技术可以将实际生产过程在虚拟空间中进行仿真和优化，提高生产效率和产品质量。

数字孪生技术通过实时采集生产现场的数据，构建生产过程的虚拟模型。这个模型可以模拟生产过程中的各种变化和影响因素，对生产流程进行预测和优化。通过数字孪生技术，企业可以在虚拟环境中进行生产实验和调试，减少实际生产中的试错成本和时间成本。

### （七）低空科技与无人驾驶技术

低空科技与无人驾驶技术作为智能制造的延伸领域，正逐渐在物流、矿山、园区等场景中得到应用。通过无人机等载体，实现空中运输和监控等任务，提高了物流效率和监控能力。无人驾驶技术则通过自动驾驶系统、传感器和控制系统等组件，实现车辆的自主行驶和作业，降低了人力成本和提高了作业安全性。

在矿山场景中，无人驾驶技术已经得到了广泛应用。通过智慧矿山大模型等人工智能技术的支持，无人驾驶矿车可以自主完成运输、装卸等任务，减少了人力干预和提高了作业效率。同时，应用无人驾驶技术还可以通过实时监测和预警系统，提高矿山作业的安全性和可靠性。

## 二、智能制造的关键技术与创新点

智能制造作为当今制造业发展的重要方向，通过深度融合先进数字化与智能化技术，实现了制造过程的高效、智能和灵活。其关键技术和创新点不仅推动了制造业的转型升级，还给企业带来了生产效率的提升和产品质量的改善。

### （一）智能制造的关键技术

物联网技术是智能制造的基础，它通过将制造环节中的各种设备、传感器和工具等连接起来，实现设备之间的互联互通。物联网技术可以实时采集和传输生产数据，使得生产过程中的各种信息得以实时获取，为后续决策和优化提供数据支持。此外，应用物联网技术还实现了设备的远程监测和控制，提高了生产的灵活性和响应速度。

大数据技术是智能制造的重要支撑技术，它负责对海量生产数据进行处理和分析。通过大数据技术，企业可以挖掘出有价值的信息，为生产决策和优化提供科学依据。应用大数据技术不仅提高了企业对生产过程的理解和把握能力，还帮助企业实现了产品的个性化定制和质量控制。人工智能技术是智能制造的核心技术之一，它通过模拟人类的智能行为和思维过程，实现对制造过程的智能化控制和决策。应用人工智能技术可以应用于生产调度、产品设计和质量检测等多个领域。例如，利用机器学习和深度学习技术，可以对生产数据进行建模和预测，实现生产过程的优化和控制。此外，应用人工智能技术还能实现产品和设备的故障检测和维护，提高生产效率和可靠性。

机器人技术是智能制造中的关键技术之一，它通过自动化和柔性化生产线，实现了生产过程的自动化和智能化。机器人可以完成繁重、危险和重复性的工作，提高生产效率和质量。同时，应用机器人技术还可以实现生产线的灵活组织和调度，适应不同的生产需求和变化。应用云计算技术为智能制造提供了强大的计算能力和数据存储能力，支持大规模数据的集中管理和资源共享。通过云计算，企业可以实现数据的按需服务，降低IT基础设施的投资和运维成本。应用边缘计算技术则将数据处理和分析任务从云端迁移到设备端，实现数据的实时处理和响应，提高智能制造系统的响应速度和可靠性。

应用数字孪生技术通过创建物理设备的虚拟模型，实现对设备的实时监控、仿真和优化。应用数字孪生技术可以帮助企业在设计、生产、运维等环节实现数字化管理，提高生产效率和降低成本。例如，在产品设计阶段，应用数字孪生技术可以进行虚拟试装和模拟测试，减少设计和制造过程中的错误和调整。VR和AR技术为智能制造提供了沉浸式的交互体验。通过应用VR和AR技术，企业可以实现产品设计、仿真、培训等功能，提高设计效率、降低培训成本、提升员工技能。例如，在装配过程中，通过AR技术可以在工人的视野中显示装配步骤和操作要点，提高装配的准确性和效率。

## （二）智能制造的创新点

通过引入物联网、大数据和人工智能等技术，可以实现从传统的劳动密集型生产向基于设备互联的智能化生产的转变。这种新的生产模式使得生产过程更加灵活、高效，能够满足个性化定制的需求。企业可以根据市场需求快速调整生产计划，实现小批量、多品种的生产模式，提高市场响应速度。通过应用先进的制造技术和智能化算法，企业可以对制造流程进行优化，实现生产过程的自动化和智能化。这不仅提高了生产效率，降低了生产成本，还提高了产品质量和可靠性。例如，通过引入自动化生产线和机器人技术，企业可以实现生产过程的无人化操作，减少人为因素对产品质量的影响。

智能制造的应用不再仅仅关注产品的制造过程，而是将服务纳入整个制造体系中。通过提供智能化服务，如远程监控、故障诊断和预测性维护等，可以实现从以产品为中心的生产型制造向以服务为中心的服务型制造的转型。这种服务模式不仅提高了产品的附加值，还增强了客户对产品的满意度和忠诚度。通过实时采集和分析生产数据，为企业的决策和管理提供了科学依据。企业可以利用大数据和人工智能技术，对生产数据进行深度挖掘和分析，发现生产过程中的潜在问题和优化空间。同时，通过智能决策系统，企业可以实现生产计划的自动化优化和调度，提高生产效率和资源利用率。

智能制造的应用强调绿色环保和可持续发展理念，通过引入节能降耗技术和绿色材料，实现生产过程的绿色化。例如，通过优化生产流程和采用高效节能设备，企业可以降低能源消耗和排放；通过引入绿色材料和技术，企业可以生产出更加环保的产品。这些措施不仅有助于企业降低生产成本和提高市场竞争力，还有助于推动制造业的可持续发展。

# 三、智能制造的理论基础与研究进展

智能制造，作为制造业与信息技术深度融合的产物，正逐步成为推动全球经济高质量发展的重要力量。其理论基础深厚，涉及多个学科领域，不断推动着制造业的转型升级。

## （一）智能制造的理论基础

人工智能是智能制造的理论基础之一。人工智能的研究旨在使机器具备类似于人类的智能行为，包括感知、理解、推理、决策等能力。在智能制造中，人工智能被广泛应用于产品设计、生产调度、质量控制等多个环节，通过模拟和优化人类专家的决策过程，实现制造过程的智能化和高效化。系统工程理论为智能制造提供了系统分析和优化的方法。智能制造系统是一个复杂的系统，涉及多个子系统和组件的协同工作。系统工程理论通过整体论的思想和方法，对智能制造系统进行全面的分析和设计，确保各子系统之间的协调一致和整体性能的最优。

控制理论在智能制造理论研究中发挥着至关重要的作用。它研究如何通过控制系统来调节和优化被控对象的行为，使其达到预定的目标。在智能制造中，控制理论被应用于机器人控制、生产线调度、工艺参数优化等多个方面，确保制造过程的稳定性和可靠性。信息与通信技术（ICT）是智能制造的技术支撑。它包括物联网、大数据、云计算、网络通信等多种技术，为智能制造提供了强大的数据处理和传输能力。通过ICT技术，智能制造系统能够实现设备之间的互联互通、数据的实时采集和分析以及远程监控和管理等功能。

## （二）智能制造的研究进展

随着技术的不断进步，智能制造系统的构建与优化成为研究的热点之一。研究人员通过引入物联网、大数据、人工智能等技术，构建出具有自感知、自学习、自决策、自执行等功能的智能制造系统。这些系统能够实时采集和分析生产数据，自动调整和优化生产参数，提高生产效率和产品质量。智能化生产线是智能制造的重要实践之一。它通过引入机器人、自动化设备和智能控制系统等技术，实现生产过程的自动化和智能化。实施智能化生产线不仅能够提高生产效率和降低人力成本，还能够实现产品的个性化定制和快速响应市场需求。目前，智能化生产线已经在汽车、电子、航空航天等多个领域得到广泛应用。

应用数字化设计与仿真技术可以为智能制造提供强大的设计支持。通过数字化设计软件，设计人员可以在计算机上完成产品的三维建模、装配仿真和性能分析等工作，减少物理样机的制作和测试成本。同时，应用仿真技术还可以对生产过程进行模拟和优化，提高生产效率和产品质量。这些技术的应用使得产品设计和生产过程更加高效、精确和可靠。人工智能在制造过程中的应用日益广泛。研究人员通过引入机器学习、深度学习等人工智能技术，对生产数据进行深度挖掘和分析，发现生产过程中的潜在问题和优化空间。同时，人工智能技术还可以应用于故障诊断、预测性维护等领域，提高设备的可靠性和稳定性。此外，应用人工智能还可以实现生产计划的自动化优化和调度，降低生产成本和提高市场竞争力。

随着智能制造的不断发展，智能制造标准与规范的研究也日益受到重视。这些标准与规范旨在确保智能制造系统的互操作性和一致性，促进智能制造技术的普及和应用。目前，各国政府和国际组织正在积极制定并完善智能制造相关标准与规范，推动智能制造技术的标准化和规范化发展。同时智能制造与可持续发展的关系也是当前研究的热点之一。通过引入节能降耗技术、绿色材料等技术手段，企业可以实现生产过程的绿色化。同时，企业可以通过优化生产流程和资源配置，降低能耗和排放，推动制造业的可持续发展。这些技术的应用不仅有助于企业降低生产成本和提高市场竞争力，还有助于推动全球经济的可持续发展。

# 四、智能制造技术与理论的未来发展方向

随着科技的飞速发展和全球化的深入，智能制造作为制造业与信息技术深度融合的产物，正逐步成为推动全球经济高质量发展的重要力量。其技术与理论的未来发展方向不仅关乎制造业的转型升级，还可以对全球经济格局产生深远影响。

## （一）智能制造技术的未来发展方向

未来，智能制造技术的应用将更加注重系统的高度集成化与模块化。高度集成化意味着制造系统中的各个子系统将更紧密地协同工作，实现数据的实时共享和无缝对接，从而提高整体系统的效率和可靠性。模块化则使得系统可以根据不同需求进行灵活配置和扩展，满足不同场景下的应用需求。智能制造技术的核心在于智能化和自适应能力。未来，随着人工智能、机器学习等技术的不断进步，智能制造系统将具备更强的智能决策和优化能力。系统能够实时分析生产数据，预测潜在问题，并自动调整生产参数以应对变化。同时，自适应能力将使系统能够根据外部环境的变化自动调整生产计划和资源配置，确保生产过程的稳定性和高效性。

数字化和虚拟化技术的应用将在智能制造中发挥越来越重要的作用。

数字化技术将实现生产过程的全面数字化，包括产品设计、工艺规划、生产调度等各个环节。虚拟化技术则通过构建数字孪生模型，实现生产过程的虚拟仿真和优化验证。这些技术的应用将大大提高生产效率和产品质量，降低试错成本和时间成本。工业互联网、云计算等技术的发展将推动智能制造系统向网络化与协同化方向发展。网络化使得制造系统中的各个设备、传感器和人员能够实时互联互通，形成一个高度集成的生产网络。协同化则强调不同企业、不同系统之间的协同合作，实现资源共享、优势互补和共同发展。这将有助于打破"信息孤岛"，促进产业链的上下游协同和区域间的协同发展。

随着全球对环境保护和资源节约的重视，绿色化和可持续化将成为智能制造技术的重要发展方向。未来，智能制造系统的应用将更加注重节能减排和资源循环利用，通过引入先进的节能降耗技术和绿色材料，实现生产过程的绿色化。同时，智能制造的应用还将推动制造业向低碳、环保方向发展，为全球经济的可持续发展贡献力量。

## （二）智能制造理论的未来发展方向

智能制造理论研究中将更加注重系统科学与复杂性理论的应用。系统科学强调从整体和全局的视角研究复杂系统，揭示系统内部各要素之间的相互作用和演化规律。复杂性理论则关注系统的非线性、动态性和不确定性等特征，为理解和优化智能制造系统提供了新的视角和方法。人工智能与机器学习理论是智能制造理论的重要组成部分。未来，随着人工智能技术的不断进步和应用领域的不断拓展，智能制造理论研究将更加注重人工智能与机器学习的研究。这包括深度学习、强化学习等先进算法的研究和应用，以及人工智能在智能制造系统中的应用模式和策略的研究。这些研究将有助于提升智能制造系统的智能化水平和自适应能力。

工业互联网与大数据理论将为智能制造理论的发展提供新的动力。工业互联网通过实现设备、传感器和人员之间的互联互通，为智能制造系统提供了丰富的数据源。大数据理论则强调对海量数据的挖掘和分析能力，为智能制造系统的决策和优化提供支持。未来，随着工业互联网和大数据技术的不断发展，智能制造理论将更加注重这些领域的研究和应用，推动智能制造系统的智能化和高效化。可持续发展理论将成为智能制造理论的重要指导原则。未来，智能制造理论研究将更加注重环境保护和资源节约的理念，推动制造业向绿色、低碳方向发展。这包括研究智能制造系统在生产过程中的节能减排技术和资源循环利用策略，以及评估智能制造系统对环境和社会的影响等方面。

# 第四节 智能制造带来的机遇与挑战

## 一、智能制造带来的机遇与发展空间

智能制造，作为制造业与信息技术深度融合的产物，正逐步引领全球制造业向更高层次、更高质量发展。它不仅代表了制造业的转型升级，也预示着一个全新的工业时代的到来。智能制造的兴起，为企业、行业乃至整个社会带来了巨大的机遇与发展空间。

### （一）智能制造为企业带来的机遇

通过引入先进的自动化技术、机器人技术、物联网技术等，企业实现了生产过程的自动化、数字化和智能化。这极大地提高了生产效率，减少了人力成本，同时降低了企业在生产过程中的浪费和损耗，从而帮助企业实现降本增效。

应用智能制造系统能够实时监控生产过程，对生产数据进行精确采集和分析，从而及时发现并纠正生产中的偏差，确保产品质量的稳定性和一致性。此外，应用智能制造还为企业提供了强大的数据支持，帮助企业进行市场预测、定制化生产等，提升了企业的创新能力和市场竞争力。应用智能制造使得企业能够实现供应链的可视化和智能化管理。通过物联网技术，企业可以实时掌握原材料、零部件的库存情况，以及生产进度和物流信息，从而优化库存管理，减少库存积压和浪费，提高供应链的响应速度和灵活性。

## （二）智能制造为行业带来的发展机遇

智能制造的兴起，为传统制造业提供了转型升级的契机。通过引入智能制造技术，传统制造业可以实现生产模式的创新和生产效率的提升，从而摆脱低端竞争，向高端制造、智能制造转型。

智能制造的快速发展，也催生了一系列新兴产业，如工业软件、工业互联网、智能制造装备等。这些新兴产业的发展，不仅为制造业提供了更多的技术支持和解决方案，也为社会创造了更多的就业机会和经济增长点。智能制造技术的推广和应用，需要加强行业间的协同创新。不同行业之间可以通过共享数据、技术、资源等，实现跨界的合作和创新，从而推动整个产业链的优化和升级。

## （三）智能制造为社会带来的发展空间

智能制造的发展，将极大地提升社会生产效率和生活质量。通过智能制造技术，我们可以实现更加高效、精准的生产和服务，从而满足人们日益增长的物质文化需求。同时，智能制造的发展也将带动相关产业的发展，为社会创造更多的就业机会和财富。

应用智能制造技术注重资源的节约和环境的保护。通过引入先进的节能技术和环保材料，可以实现生产过程的绿色化和低碳化，从而推动可持续发展和绿色制造。这不仅有助于保护我们的地球家园，也为人类社会的长期发展奠定了坚实的基础。智能制造的发展，也将促进全球化合作与竞争。随着智能制造技术的不断推广和应用，不同国家和地区之间的制造业将实现更加紧密的联系和合作。这将有助于推动全球经济的融合发展，也为各国企业提供了更多的市场机遇和发展空间。

# 二、智能制造带来的挑战

作为制造业与信息技术深度融合的产物，智能制造正逐步成为全球制造业转型升级的重要方向。然而，在智能制造的快速发展过程中，也面临着诸多挑战与问题。这些问题不仅涉及技术层面，还涵盖人才、管理、市场等多个方面。

## （一）技术挑战

智能制造涉及众多先进技术，如物联网、大数据、云计算、人工智能等。这些技术的集成与协同是智能制造成功的关键。然而，目前不同技术之间的接口标准不统一，数据格式不兼容，导致系统集成难度大，协同效率低。此外，智能制造系统的复杂性也增加了技术集成的难度，需要解决不同子系统之间的数据共享、信息交互等问题。在智能制造领域，部分核心技术仍被国外企业所垄断。例如，高端数控机床、工业机器人、核心工业软件等关键装备和软件主要依赖进口。这不仅增加了企业的生产成本，还可能面临技术封锁和供应链中断的风险。因此，突破核心技术瓶颈，实现自主可控是智能制造面临的重要挑战。

智能制造涉及大量数据的采集、处理和分析，数据安全与隐私保护成为不可忽视的问题。智能制造系统一旦遭受黑客攻击或数据泄露，将对企业造成重大损失。因此，加强数据安全和隐私保护技术的研发和应用，确保智能制造系统的安全可靠运行是亟待解决的问题。

## （二）人才挑战

智能制造需要跨学科、复合型人才的支持，这些人才需要具备机械、电子、计算机、自动化等多个领域的知识和技能。然而，目前高端专业人才短缺是制约智能制造发展的重要因素之一。由于智能制造行业起步较晚，人才培养体系尚不完善，导致专业人才供给不足，难以满足企业快速发展的需求。

智能制造的推广和应用需要工人具备新的技能与知识。然而，目前大多数工人仍然停留在传统制造技能上，难以适应智能制造的需求。工人技能提升困难不仅影响智能制造的推广效果，还可能导致企业面临人才流失的风险。因此，加强对工人的技能培训和教育，提高工人的技能水平和适应能力是智能制造面临的重要挑战。

## （三）管理挑战

智能制造的实施需要企业进行组织结构与流程再造，以适应新的生产模式和管理要求。然而,传统制造企业的组织结构和流程往往难以适应智能制造的需求,需要进行大幅度的调整和优化。这涉及企业内部的权力结构、决策机制、沟通方式等多个方面的变革,需要企业具备强大的组织能力和变革决心。

智能制造的实施需要企业内部多个部门的协同合作,包括研发、生产、销售、供应链等多个环节。然而,目前大多数企业内部存在部门壁垒和"信息孤岛"现象,导致跨部门协同困难。这不仅影响智能制造的实施效果,还可能增加企业的管理成本和风险。因此,加强企业内部的跨部门协同和信息共享是智能制造面临的重要挑战。

### (四)市场挑战

智能制造装备和系统通常具有较长的生产周期和较高的投入成本,市场需求的变化会直接影响企业的销售和盈利。由于市场需求波动大且难以预测,企业需要具备灵活的生产能力和敏锐的市场洞察力以应对市场变化。然而,目前大多数企业在市场需求预测和生产计划的制订方面仍存在不足,难以有效应对市场波动带来的风险。

随着智能制造技术的不断发展和普及,国内外众多企业纷纷加大在智能制造领域的研发投入力度和拓展市场布局。这使得智能制造行业的竞争日益激烈,企业需要不断提升自身的技术实力和市场竞争力才能在市场中立足。

### (五)资金与政策挑战

智能制造需要大量的资金投入用于研发、生产和市场推广等方面。然而,目前大多数企业面临资金紧张的问题,难以承担高昂的研发和市场推广费用。这导致企业在智能制造领域的投入不足,影响智能制造的推广和应用效果。因此,降低智能制造的门槛和成本,吸引更多企业参与智能制造的发展是亟待解决的问题。

智能制造的发展受到国家政策和法规的深刻影响。政策环境的不确定性可能导致企业面临政策风险和市场风险。例如,政策调整可能改变企业的盈利模式和市场竞争格局,从而影响企业的投资和发展决策。因此,加强政策研究和预测，制定科学合理的风险管理策略是企业应对政策环境不确定性的重要手段。

# 三、智能制造面临的风险与应对策略

智能制造作为制造业与信息技术深度融合的产物，正引领着全球制造业的转型升级。然而，在智能制造的快速发展过程中，也伴随着一系列的风险与挑战。这些风险涵盖了技术、数据、设备、供应链等多个方面，需要企业采取有效的应对策略来加以防范和应对。

## （一）智能制造面临的主要风险

智能制造依赖先进的技术支持，包括物联网、大数据、云计算、人工智能等。然而，技术的快速迭代和复杂性使得企业在技术选型、集成和应用过程中面临诸多不确定性。技术风险主要包括技术成熟度不足、系统集成难度大、技术更新换代快等问题。一旦技术选型不当或系统集成失败，将给企业带来巨大的经济损失和市场竞争压力。

智能制造过程中产生的大量数据是企业的核心资产，但同时也是潜在的安全隐患。数据风险主要包括数据泄露、数据篡改和数据丢失等问题。一旦敏感数据被非法获取或利用，将给企业带来商业机密泄露、客户信任度下降等严重后果。此外，数据的不完整性和准确性也会影响智能制造系统的正常运行和决策效果。智能制造系统由大量自动化设备和机器人组成，这些设备的运行状态直接关系到生产效率和产品质量。设备风险主要包括设备故障、操作失误和设备老化等问题。一旦发生设备故障或操作失误，将导致生产线中断、产品质量下降甚至安全事故等严重后果。同时，设备的老化和过时也将影响智能制造系统的整体性能和竞争力。

智能制造的供应链涉及原材料采购、零部件供应、物流运输等多个环节。供应链风险主要包括供应商不稳定、物料价格波动和物流运输问题等。一旦供应链出现问题，将导致生产中断、成本上升和交货期延误等后果。此外，全球化和贸易保护主义的趋势也使得供应链风险更加复杂和多变。智能制造的发展涉及知识产权、数据保护、网络安全等多个法律领域。法律与合规风险主要包括知识产权侵权、数据泄露违法、网络安全不达标等问题。一旦企业违反相关法律法规或标准规范，将面临法律诉讼、罚款甚至市场禁入等严重后果。

## （二）智能制造技术风险的应对策略

针对技术风险，企业应加大在智能制造技术研发和创新方面的投入力度。通过引进高端人才、建立研发机构、加强"产学研"合作等方式，不断提升企业的技术实力和创新能力。同时，企业应密切关注行业技术发展动态和市场趋势变化，及时调整技术路线和产品策略以应对技术更新换代带来的挑战。针对数据风险，企业应建立完善的数据安全管理体系和制度规范。通过加强数据加密、访问控制、备份恢复等措施来保障数据的安全性和完整性，通过建立数据泄露应急响应机制来及时应对数据泄露等安全事件，通过加强员工数据安全意识培训和教育来降低人为因素导致的数据安全风险。

针对设备风险，企业应建立完善的设备维护和保养制度并严格执行。通过定期对设备进行检查、维修和保养来确保设备的正常运行和延长使用寿命，通过加强员工设备操作培训和教育来提高员工对设备操作风险的意识与防范能力，通过引入先进的故障诊断和预测技术来及时发现并处理设备故障隐患。针对供应链风险，企业应优化供应链管理策略并加强供应商管理。通过建立多元化供应商体系来降低对单一供应商的依赖度，通过加强供应商评估和审核来确保供应商的质量和可靠性，通过加强物流运输管理和库存控制来降低物流成本和提高供应链响应速度。同时，企业还应密切关注全球贸易形势变化和政策动态调整供应链策略以应对潜在风险。

针对法律与合规风险，企业应建立健全的法律与合规管理体系并加强监管执行力度。通过加强知识产权管理和保护来防范知识产权侵权风险，通过加强数据保护和网络安全管理来防范数据泄露违法风险，通过加强合规性审查和风险评估来确保企业遵守相关法律法规和标准规范。同时，企业还应加强与政府监管机构的沟通和合作以获取更多的政策支持与指导。

# 第五节　智能制造的实施路径与策略

## 一、智能制造的实施路径规划

作为制造业与信息技术深度融合的产物，智能制造正逐步引领全球制造业向更高层次、更高质量发展。为了成功实施智能制造，企业需要制订明确的实施路径规划，以确保转型过程的顺利进行并实现预期的目标。

### （一）需求分析：明确智能制造的目标与需求

在智能制造的实施路径规划中，首要步骤是进行全面的需求分析。企业需要明确智能制造的目标，如提高生产效率、降低运营成本、提升产品质量、增强市场竞争力等。同时，企业还需要对现有的生产流程、设备状况、数据管理能力以及员工技能水平进行全面的评估，以确定智能制造的实施重点和难点。

基于需求分析的结果，企业可以制订出具体的智能制造实施计划，明确各阶段的任务、时间节点和预期成果。这将有助于企业在实施过程中保持清晰的方向和目标，确保各项工作的有序进行。

### （二）技术选型：选择适合的智能制造技术

技术选型是智能制造实施路径规划中的关键环节。企业需要根据自身的需求和目标，选择适合的智能制造技术，如物联网、大数据、云计算、人工智能等。在选择技术时，企业需要考虑技术的成熟度、稳定性、安全性以及与企业现有系统的集成能力。

同时，企业还需要关注技术的发展趋势和市场前景，以确保所选技术能够支持企业的长期发展。在技术选型过程中，企业可以寻求专业咨询机构的帮助，以获得更全面的技术评估和建议。

### （三）组织架构调整：构建适应智能制造的组织结构

智能制造的实施需要企业对现有的组织架构进行调整和优化。企业需要构建一个适应智能制造的组织结构，明确各部门的职责和协作关系，确保信息的畅通和资源的共享。

在组织架构调整中，企业需要特别关注跨部门协作和沟通机制的建立。智能制造涉及多个领域的专业知识和技术，需要不同部门之间的紧密合作才能实现整体效益的最大化。因此，企业需要建立有效的协作机制和沟通渠道，以促进各部门之间的信息共享和协同工作。

### （四）流程优化：重塑生产流程以适应智能制造

智能制造的实施需要对现有的生产流程进行重塑和优化。企业需要借助先进的信息技术手段，对生产流程进行数字化、网络化和智能化改造，以提高生产效率和产品质量。

在流程优化中，企业需要关注生产数据的采集、分析和应用。通过实时采集生产数据，企业可以实现对生产过程的全面监控和实时调度，及时发现并解决潜在问题。同时，企业还可以利用数据分析技术，对生产数据进行深入挖掘和分析，以发现生产过程中的瓶颈和改进点，进一步优化生产流程。

### （五）人才培养：打造适应智能制造的人才队伍

智能制造的实施需要一支具备专业技能和知识的人才队伍作为支撑。企业需要加强人才培养和引进工作，打造一支适应智能制造的人才队伍。

在人才培养方面，企业可以通过内部培训、外部培训以及校企合作等方式，提升员工的专业技能和知识水平。同时，企业还可以鼓励员工参与智能制造项目的实施和管理，以提高员工的实践能力和创新能力。在人才引进方面，企业可以通过招聘、猎头等方式，吸引具有智能制造经验和专业技能的人才加入企业。

### （六）持续改进：不断优化智能制造的实施效果

智能制造的实施是一个持续改进的过程。企业需要定期对智能制造的实施效果进行评估和反馈，及时发现并解决潜在问题，不断优化实施效果。

在持续改进中，企业需要关注技术更新和升级、生产流程的优化以及员工技能的提升等方面。通过不断引入新技术、优化生产流程以及提升员工技能水平，企业可以不断提升智能制造的实施效果，达到更高的生产效率和更好的市场竞争力。

## 二、智能制造的策略选择与制定

智能制造，作为制造业与信息技术深度融合的产物，正引领着全球制造业向更高效、更智能的方向发展。然而，智能制造的实施并非一蹴而就，而是需要企业根据自身的实际情况来进行策略的选择与制定。

### （一）明确市场定位，确定智能制造方向

在智能制造的策略选择与制定过程中，企业首先需要明确自身的市场定位。这包括了解目标市场的需求、竞争对手的状况以及自身在市场中的优势与劣势。通过深入的市场分析，企业可以确定智能制造的方向，如提高生产效率、优化产品质量、降低运营成本或增强客户体验等。明确的市场定位将为智能制造策略的制定提供有力的指导。

### （二）选择适合的技术路径，实现智能制造目标

技术是实现智能制造的关键。企业需要选择适合的技术路径，以实现智能制造的目标。这包括物联网、大数据、云计算、人工智能等先进技术的引入和应用。在选择技术路径时，企业需要考虑技术的成熟度、稳定性、安全性以及与企业现有系统的集成能力。同时，企业还需要关注技术的发展趋势，以确保所选技术能够支持企业的长期发展。

### （三）调整组织架构，适应智能制造需求

智能制造的实施需要企业对现有的组织架构进行调整和优化。企业需要构建一个适应智能制造的组织结构，明确各部门的职责和协作关系，确保信息的畅通和资源的共享。在组织架构调整中，企业需要特别关注跨部

门协作和沟通机制的建立。智能制造涉及多个领域的专业知识和技术，需要不同部门之间的紧密合作才能实现整体效益的最大化。

## （四）加强人才培养，打造智能制造团队

智能制造的实施需要一支具备专业技能和知识的人才队伍作为支撑。企业需要加强人才培养和引进工作，打造一支适应智能制造的人才队伍。在人才培养方面，企业可以通过内部培训、外部培训以及校企合作等方式，提升员工的专业技能和知识水平。同时，企业还可以鼓励员工参与智能制造项目的实施和管理，以提高员工的实践能力和创新能力。在人才引进方面，企业可以通过招聘、猎头等方式，吸引具有智能制造经验和专业技能的人才加入企业。

## （五）制定风险管理策略，确保智能制造顺利实施

智能制造的实施过程中存在诸多风险，如技术风险、数据风险、设备风险等。企业需要制定风险管理策略，以确保智能制造的顺利实施。这包括建立风险识别机制、制定风险应对措施以及建立风险监控体系等。通过有效的风险管理，企业可以及时发现并解决潜在问题，降低智能制造实施过程中的风险。

## （六）注重持续改进与创新，保持智能制造竞争力

智能制造是一个持续改进和创新的过程。企业需要注重持续改进与创新，以保持智能制造的竞争力。这包括关注新技术的引入和应用、优化生产流程、提高产品质量以及增强客户体验等。通过持续改进与创新，企业可以不断提升智能制造的实施效果，实现更高的生产效率和更好的市场竞争力。

## （七）策略制定的实施步骤与时间表

在明确了智能制造的策略后，企业需要制定具体的实施步骤与时间表。这包括确定各阶段的任务、责任部门、时间节点以及预期成果等。通过制订详细的实施计划，企业可以确保智能制造策略的有序执行，并及时

调整策略以适应市场和技术的变化。

# 三、智能制造的实施过程中的关键要素

智能制造，作为制造业与信息技术深度融合的典范，正引领着全球制造业向更高效、更智能、更可持续的方向发展。然而，智能制造的实施并非易事，它涉及多个层面的变革和整合，需要企业在多个关键要素上做出明智的策略选择和有效的执行。

## （一）战略规划：智能制造的蓝图

战略规划是智能制造实施的起点，它为企业提供了明确的方向和目标。在制定智能制造战略时，企业需要全面考虑市场环境、竞争态势、自身资源与能力，以及智能制造所能带来的潜在价值。战略规划应涵盖智能制造的长期愿景、中期目标和短期行动计划，确保实施过程中的每一步都与整体战略保持一致。此外，战略规划还应包括对智能制造投资回报率的合理预期，以及对实施过程中可能遇到的风险和挑战的预判与应对策略。

## （二）技术选型与集成：智能制造的基石

技术是智能制造的核心驱动力。在选择智能制造技术时，企业需要考虑技术的成熟度、稳定性、安全性以及与现有系统的集成能力。物联网、大数据、云计算、人工智能等先进技术是智能制造的重要组成部分，但它们并非孤立存在，而是需要相互集成、协同工作。因此，企业在技术选型时，应注重技术的开放性和可扩展性，以便在未来能够轻松地添加或替换组件。同时，企业还应关注技术的供应商支持和服务，以确保在实施过程中能够获得及时的技术支持和维护。

## （三）组织架构与人才：智能制造的支撑

智能制造的实施需要企业对现有的组织架构进行调整和优化，以适应新的生产方式和业务模式。企业需要构建一个跨部门、跨职能的协作机制，确保信息的畅通和资源的共享。同时，企业还应注重人才的培养和引进，打造一支具备专业技能和知识的人才队伍。这包括对员工进行智能制造相关技能的培训，以及吸引具有智能制造经验和专业技能的人才加入企业。一个高效、协同的组织架构和一支专业、有活力的人才队伍是智能制造成功实施的重要保障。

### （四）数据安全与隐私：智能制造的底线

在智能制造实施过程中，数据的安全性和隐私保护是至关重要的。智能制造系统涉及大量的生产数据、运营数据和客户数据，这些数据的泄露或滥用可能会对企业造成严重的经济损失和声誉损害。因此，企业需要建立完善的数据安全管理体系，包括数据加密、访问控制、数据备份和恢复等机制，确保数据的安全性和隐私性。同时，企业还应遵守相关的法律法规和行业标准，确保在数据处理和使用过程中不侵犯他人的合法权益。

### （五）持续改进与创新：智能制造的生命力

企业需要注重持续改进与创新，以保持智能制造的竞争力。这包括关注新技术的引入和应用、优化生产流程、提高产品质量以及增强客户体验等。通过持续改进与创新，企业可以不断提升智能制造的实施效果，实现更高的生产效率和更好的市场竞争力。同时，企业还应鼓励员工提出创新性的想法和建议，激发企业的创新活力。

### （六）实施过程中面临的挑战与应对措施

在智能制造的实施过程中，企业可能会遇到多种挑战，如技术难题、资金压力、人才短缺等。为了应对这些挑战，企业需要采取一系列措施。例如，针对技术难题，企业可以与供应商或科研机构合作，共同研发解决方案；针对资金压力，企业可以寻求政府资助或银行贷款等融资方式；针对人才短缺，企业可以加强与高校和职业培训机构的合作，培养更多的智能制造专业人才。

## 四、智能制造的持续优化与升级策略

智能制造作为现代制造业的核心驱动力，正不断推动全球工业体系向更高效、更灵活、更可持续的方向发展。随着技术的不断进步和市场需求的快速变化，智能制造的持续优化与升级成为企业保持竞争力和实现可持续发展的关键。

## （一）战略规划：引领智能制造未来方向

战略规划是智能制造持续优化与升级的首要任务。企业需要规划长远的发展蓝图，明确智能制造的目标、路径和关键节点。战略规划应紧密结合市场需求、技术趋势和企业自身实际情况，确保智能制造的发展方向与企业整体战略相协调。同时，战略规划应具有前瞻性和灵活性，能够及时调整以适应外部环境的变化。

在战略规划中，企业应重点关注以下几个方面：一是明确智能制造的核心竞争力，即确定在哪些领域和环节实现智能化升级，以形成独特的市场优势；二是制定详细的实施路线图，包括阶段性目标、关键任务和时间节点，确保实施过程的有序推进；三是建立有效的评估机制，定期对智能制造的实施效果进行评估，及时调整策略以应对可能出现的问题和挑战。

## （二）技术创新：推动智能制造技术升级

技术创新是智能制造持续优化与升级的核心动力。企业需要不断关注新技术的发展动态，积极引入和消化吸收先进技术，推动智能制造技术的不断升级。在技术创新方面，企业可以采取以下策略。

加强自主研发能力：加大研发投入力度，建立专门的研发团队，针对智能制造的关键技术和核心装备进行自主研发，形成具有自主知识产权的技术体系。

开展产学研合作：与高校、科研机构等建立紧密的合作关系，共同开展技术研发和成果转化，加速技术从实验室到生产线的转化过程。

关注前沿技术动态：密切关注物联网、大数据、云计算、人工智能等前沿技术的发展动态，及时引入并应用于智能制造领域，提升智能制造的智能化水平和生产效率。

## （三）流程优化：提升智能制造运营效率

流程优化是智能制造持续优化与升级的重要手段。通过对生产流程、管理流程和服务流程的持续优化，企业可以提升智能制造的运营效率和服务质量。在流程优化方面，企业可以采取以下策略。

精益生产：引入精益生产理念和方法，对生产流程进行全面梳理和优化，消除浪费、提高效率。通过精益生产的应用，企业可以实现生产过程的标准化、规范化和精细化。

数字化管理：利用数字化手段对管理流程进行改造升级，实现管理过程的透明化、可视化和智能化。通过数字化管理系统的建设，企业可以实时掌握生产进度、库存情况、设备状态等关键信息，为决策提供有力支持。

服务流程创新：针对客户需求和市场变化，不断创新服务流程和服务模式，提升客户体验和满意度。通过服务流程的创新，企业可以建立更加紧密的客户关系，增加客户黏性。

## （四）人才培养：构建智能制造人才梯队

人才是智能制造持续优化与升级的重要保障。企业需要构建一支高素质、专业化的智能制造人才梯队，为智能制造的发展提供有力的人才支撑。在人才培养方面，企业可以采取以下策略。

加强内部培训：针对现有员工开展智能制造相关知识和技能的培训，提升员工的智能化素养和应用能力。通过内部培训的方式，企业可以快速提升员工的整体素质和能力水平。

引进外部人才：积极引进具有智能制造经验和专业技能的高端人才，为企业注入新的活力和创新动力。通过引进外部人才的方式，企业可以快速弥补自身在人才方面的短板和不足。

建立人才激励机制：建立科学、合理的人才激励机制，激发员工的工作积极性和创造力。通过人才激励机制的建设，企业可以吸引和留住更多优秀人才为智能制造的发展贡献力量。

## （五）数据驱动决策：提升智能制造决策能力

数据是智能制造的重要资源。企业需要充分利用数据资源，通过数据分析和挖掘为智能制造的决策提供有力支持。在数据驱动决策方面，企业可以采取以下策略。

建立数据采集和分析系统：建立完善的数据采集和分析系统，实时收集生产过程中的各类数据并进行深度挖掘和分析。通过数据分析的结果，企业可以及时发现在生产过程中的问题和瓶颈并提出改进措施。

应用智能决策支持系统：引入智能决策支持系统，利用人工智能技术对海量数据进行快速处理和分析，为企业的决策提供智能化支持。通过智能决策支持系统的应用，企业可以实现决策的精准化和高效化。

加强数据安全管理：建立完善的数据安全管理体系，确保数据的安全性和隐私性。通过加强数据安全管理的方式，企业可以保障数据的合法合规使用并避免数据泄露等风险事件的发生。

## （六）跨界融合：拓展智能制造应用领域

跨界融合是智能制造持续优化与升级的新趋势。企业需要积极寻求与其他行业的跨界合作机会，拓展智能制造的应用领域和市场空间。在跨界融合方面，企业可以采取以下策略。

加强产业协同：与上下游企业建立紧密的合作关系，形成产业协同发展的良好态势。通过产业协同的方式，企业可以实现资源共享、优势互补和互利共赢。

拓展应用领域：积极探索智能制造在医疗、教育、交通、农业等其他领域的应用机会，拓展智能制造的应用领域和市场空间。通过拓展应用领域的方式，企业可以发现新的市场增长点并提升企业的整体竞争力。

推动跨界创新：与其他行业开展跨界合作和创新活动，共同推动智能制造技术的创新和应用。通过跨界创新的方式，企业可以引入新的技术和理念为智能制造的发展注入新的活力。

# 第八章　工业经济管理中的服务化转型

## 第一节　服务化转型的定义与背景

### 一、服务化转型的定义及内涵

服务化转型，作为企业战略调整的重要方向之一，是指企业从传统的产品制造和销售向提供综合服务的模式转变。这一过程不仅涉及业务范围的拓展，还深刻影响到企业的组织结构、运营方式、盈利模式乃至企业文化等多个层面。

#### （一）服务化转型的定义

服务化转型，简而言之，就是企业将业务重心从单纯的产品制造和销售，逐步转移到围绕产品提供增值服务、解决方案乃至全生命周期管理的过程中。这一过程通过整合内外部资源，提升服务在价值链中的比重，从而增强企业的市场竞争力和盈利能力。服务化转型的核心在于通过服务创新，满足客户日益多样化、个性化的需求，进而实现企业的可持续发展。

#### （二）服务化转型的内涵

服务化转型首先体现在业务模式的创新上。传统制造企业往往以产品为中心，通过规模化和标准化生产降低成本，提高市场占有率。服务化转型则要求企业从产品导向转变为服务导向，将服务作为产品的重要组成部分甚至主要价值来源。这意味着企业需要不断拓展服务领域，从基本的售后服务延伸到产品设计、研发、生产、销售乃至报废回收等全生命周期的各个阶段。通过提供定制化、差异化的服务，企业能够更好地满足客户需求，提升客户满意度和忠诚度。

服务化转型必然伴随着组织结构的变革。传统制造企业的组织结构往往以生产部门为核心，销售、研发等部门围绕生产部门展开工作。服务化转型则要求企业建立以客户需求为中心的组织架构，强化服务部门在企业中的地位和作用。同时，企业还需要打破部门壁垒，促进跨部门协作和信息共享，以快速响应市场变化和客户需求。此外，企业还需要培养一支具备服务意识和专业技能的人才队伍，为服务化转型提供有力的人才保障。技术创新是服务化转型的重要支撑。随着信息技术的快速发展，物联网、大数据、云计算、人工智能等先进技术为企业提供了强大的技术支持。通过运用这些技术，企业不仅可以实现对生产过程的实时监控和优化，提高生产效率和产品质量，还可以实现对客户需求的精准分析和预测，为客户提供更加个性化和智能化的服务。此外，技术创新还有助于企业开发新的服务产品和服务模式，拓展服务领域和市场空间。

服务化转型还伴随着盈利模式的转变。传统制造企业的盈利模式主要依赖产品销售的利润差价，服务化转型则要求企业从单一的产品销售盈利模式向多元化的服务盈利模式转变。这不仅包括企业通过提供增值服务、解决方案、长期合同等方式获取稳定的收入来源，还可以通过数据分析、信息咨询等方式为客户提供增值服务，进一步拓展盈利空间。此外，企业还可以通过与合作伙伴共享资源、共担风险的方式实现共赢发展。服务化转型需要企业文化的重塑。传统制造企业的企业文化往往强调效率、成本和质量等生产要素，而服务化转型则要求企业树立以客户为中心的服务理念和文化氛围。这意味着企业不仅需要倡导服务精神、强化服务意识、培养服务技能，还需要建立以客户满意度为核心的评价体系和激励机制，确保服务化转型的顺利推进和持续深化。

## （三）服务化转型的路径与策略

企业在实施服务化转型前，需要明确转型的目标和愿景，包括确定服务化转型的方向和重点领域，分析市场需求和竞争态势，评估企业自身的资源和能力状况等。通过明确转型目标，企业可以制定切实可行的转型计划和策略，确保转型工作的有序推进。为了确保服务化转型的顺利实施，企业需要加强组织保障。这包括建立专门的服务化转型领导机构和工作团队，制定详细的转型计划和时间表，明确各部门的职责和任务分工等。同时，企业还需要建立有效的沟通协调机制和信息共享平台，确保各部门之间的协同作战和信息畅通。

技术创新是服务化转型的重要驱动力。企业需要加大技术研发投入力度，推动物联网、大数据、云计算、人工智能等先进技术在企业内部的广泛应用。通过技术创新和应用，企业可以实现对生产过程的实时监控和优化，提高产品设计和研发的效率和质量，提升客户服务的智能化和个性化水平等。服务化转型需要一支具备服务意识和专业技能的人才队伍作为支撑。企业需要加大人才培养和引进工作力度，建立完善的培训体系和激励机制，鼓励员工积极参与服务化转型的实践和探索等。通过培养一支高素质的服务化转型人才队伍，企业可以为服务化转型提供有力的人才保障和智力支持。市场营销与客户关系管理是服务化转型的重要组成部分。企业需要加强市场营销工作力度，拓展服务领域和市场空间，提高品牌知名度和美誉度等。同时，企业还需要加强客户关系管理工作力度，建立完善的客户档案和数据分析体系，实现对客户需求的精准分析和预测等。通过加强市场营销与客户关系管理工作力度，企业可以更好地满足客户需求和提升客户满意度与忠诚度。

## 二、服务化转型的背景与驱动力

服务化转型作为现代企业发展的重要趋势，其背后蕴含着深刻的背景与强大的驱动力。

### （一）服务化转型的背景

随着全球经济一体化的深入发展，市场竞争日益激烈，传统制造业依靠低成本和规模化生产的竞争优势逐渐减弱。同时，新兴经济体和国家的崛起，使得全球制造业竞争格局发生了深刻变化。在这种背景下，企业需要通过服务化转型来寻找新的增长点，提升产品附加值和市场竞争力。

随着人们生活水平的提高和消费观念的转变，消费者对产品和服务的需求日益多元化与个性化。他们不再仅仅满足于基本的功能需求，而是更加注重产品的体验、服务的质量和个性化定制。这种需求变化促使企业必须向服务化转型，以满足消费者的多元化和个性化需求。数字化、网络化、智能化等新技术的不断涌现，为企业的服务化转型提供了强有力的技术支持。云计算、大数据、人工智能等技术的应用，使得企业能够更精准地分析市场需求、优化产品设计、提升生产效率和服务质量。这些技术创新不仅推动了制造业向更高层次发展，也为服务化转型提供了广阔的空间和可能。

随着全球环境问题的日益严峻，环保和可持续发展已成为企业和社会共同关注的焦点。传统制造业的生产方式往往伴随着高能耗、高污染等问题，难以适应可持续发展的要求，服务化转型则可以通过提供增值服务、优化资源配置等方式，实现资源的高效利用和环境的可持续发展。这种转型不仅符合国家政策导向，也是企业履行社会责任的重要体现。

## （二）服务化转型的驱动力

市场需求是企业服务化转型的直接驱动力。随着消费者需求的多元化和个性化发展，企业必须不断创新服务模式、拓展服务领域，以满足市场需求的变化。同时，市场竞争的加剧也促使企业寻求新的竞争优势和增长点，服务化转型成为企业应对市场竞争的重要途径。

技术创新是企业服务化转型的重要支撑。云计算、大数据、人工智能等先进技术的应用，使得企业能够更精准地分析市场需求、优化产品设计、提升生产效率和服务质量。这些技术创新不仅为企业服务化转型提供了技术支持和保障，也为企业开辟了新的商业模式和服务领域。同时服务化转型还伴随着盈利模式的转变。传统制造业的盈利模式主要依赖产品销售的利润差价，而服务化转型则要求企业从单一的产品销售盈利模式向多元化的服务盈利模式转变。通过提供增值服务、解决方案、长期合同等方式，企业可以获取更加稳定和可持续的收入来源，提升企业的盈利能力和市场竞争力。

另外，服务化转型还需要产业链上下游企业的协同合作。随着制造业服务化趋势的加强，产业链上下游企业需要更加紧密地合作，共同推动服务化转型的进程。通过协同合作，企业可以整合资源、共享信息、优化流程，提升整个产业链的效率和竞争力。同时政策环境也是企业服务化转型的重要驱动力之一。近年来，各国政府纷纷出台相关政策措施，鼓励和支持企业向服务化转型。例如，中国政府提出了"中国制造2025"战略，强调制造业向高端化、智能化、绿色化和服务化方向发展。这些政策措施为企业服务化转型提供了良好的外部环境和政策保障。

# 三、服务化转型在全球范围内的发展趋势

服务化转型在全球范围内的发展趋势，是当前全球经济结构调整和产业升级的重要体现。这一趋势不仅反映了市场需求的变化、技术进步的推动，还涉及全球经济一体化、服务全球化以及可持续发展等多方面的因素。

## （一）服务化转型的全球化背景

随着全球经济一体化的深入发展，国家间的经济联系日益紧密，商品、资本、技术、信息等生产要素跨国流动日益频繁。这种背景下，服务化转型不再局限于某一国家或地区，而是成为全球范围内的普遍现象。各国企业通过服务化转型，不仅能够在国内市场上获得竞争优势，还能通过跨国经营和全球资源配置，拓展国际市场，实现全球化发展。

服务贸易在全球贸易中的比重逐年上升，已成为推动全球经济增长的重要引擎。随着信息技术的进步和全球供应链的完善，服务贸易的边界不断拓宽，服务产品日益丰富多样。服务化转型正是顺应这一趋势，通过提供高质量、高附加值的服务产品，满足全球市场需求，推动服务贸易的快速发展。

## （二）技术进步的推动作用

云计算、大数据、人工智能等数字技术的广泛应用，为服务化转型提供了强有力的技术支持。这些技术不仅提高了服务产品的智能化、个性化水平，还降低了服务成本，提高了服务效率。企业利用数字技术，可以实

现对市场需求的精准分析、对服务过程的实时监控和优化，从而提升服务质量和客户满意度。

互联网平台的兴起为服务化转型提供了更加便捷、高效的渠道。企业通过搭建互联网平台，可以突破地域限制，实现服务的远程交付和全球化覆盖。同时，互联网平台还促进了服务产品的创新和多样化发展，为企业提供了更多的商业模式和服务形态选择。

## （三）市场需求的多元化与个性化

随着生活水平的提高和消费观念的转变，消费者对产品和服务的需求日益多元化和个性化。他们不再满足于基本的功能需求，而是更加注重产品的体验、服务的质量和个性化定制。这种需求变化促使企业必须向服务化转型，提供更加贴近消费者需求的服务产品。

除了个人消费者，企业间的服务需求也在不断升级。随着市场竞争的加剧和产业链分工的深化，企业越来越需要专业的服务支持来提升自身竞争力。例如，供应链管理、金融服务、信息技术服务等领域的服务需求持续增长，为企业服务化转型提供了广阔的市场空间。

## （四）政策环境的支持与引导

各国政府纷纷出台相关政策措施，鼓励和支持企业向服务化转型。例如，通过税收优惠、资金补贴、政策扶持等方式，降低企业服务化转型的成本和风险；通过加强国际合作与交流，推动服务贸易自由化和便利化，为企业拓展国际市场提供有力支持。

在国内层面，政府通过制定产业政策、优化营商环境等方式，引导和支持企业服务化转型。例如，通过设立专项基金、建设公共服务平台等方式，为企业提供技术研发、市场开拓等方面的支持；通过加强知识产权保护、打击不正当竞争等行为，维护良好的市场秩序和竞争环境。

## （五）服务化转型的具体表现与趋势

制造业服务化是服务化转型的重要表现形式之一。随着制造业竞争的加剧和利润空间的压缩，越来越多的制造企业开始向服务领域延伸产业链条，通过提供增值服务、解决方案等方式提升产品附加值和市场竞争力。例如，一些汽车制造商不仅提供汽车销售服务，还提供金融贷款、保险代理、维修保养等"一站式"服务解决方案。

除了制造业，服务业内部也在进行服务化升级。传统服务业企业通过引入新技术、新模式等方式提升服务质量和效率，积极拓展新的服务领域和市场空间，推动服务业的转型升级和高质量发展。例如，金融机构通过运用大数据、人工智能等技术提升风险管理能力和客户服务水平，零售企业通过线上线下融合的方式拓展销售渠道和提升消费者体验。随着数字技术的快速发展和应用场景的不断拓展，一些新兴服务业如电子商务、在线教育、数字娱乐等迅速崛起，并成为服务化转型的重要领域。这些新兴服务业以互联网为平台依托，通过提供便捷高效的服务产品满足消费者的多元化需求，同时不断创新商业模式和服务形态推动行业快速发展和变革。

# 四、服务化转型对工业经济管理的影响

服务化转型对工业经济管理的影响深远且广泛，它不仅改变了企业的经营模式和盈利结构，也为整个工业经济的管理体系、理念和方法带来了新的挑战与机遇。

## （一）服务化转型概述

服务化转型是指制造业企业从传统的以产品为中心的经营模式向以服务为中心的模式转变。这一转型过程中，企业不仅关注产品的生产和销售，还要注重通过提供增值服务、解决方案和长期合同等方式，提升产品附加值和客户满意度。服务化转型已成为全球范围内工业经济发展的重要趋势，对工业经济管理产生了深刻影响。

## （二）服务化转型对工业经济管理理念的影响

传统的工业经济管理以产品为导向，注重产品的生产效率、成本控制和质量保证，而服务化转型则要求企业从产品导向转向服务导向，将服务视为企业价值创造的核心。这一转变促使工业经济管理理念发生根本性变化，企业开始更加重视客户需求、服务质量和客户满意度等非物质因素。

服务化转型要求企业管理者具备强烈的服务意识和创新能力。服务意识促使企业关注客户需求和市场变化，及时调整经营策略和服务内容；创新能力则推动企业不断研发新技术、新产品和新服务，以满足市场的多元化和个性化需求。这种理念的变化促使工业经济管理更加注重服务的创新性和差异化竞争。

## （三）服务化转型对工业经济管理体系的影响

服务化转型要求企业调整和优化组织结构，以适应新的经营模式和服务需求。企业可能需要设立专门的服务部门或团队，负责服务的研发、推广和交付等工作。同时，企业还需要加强跨部门协作和资源整合，确保服务化转型的顺利实施。这种组织结构的调整和优化促使工业经济管理体系更加灵活与高效。

服务化转型对工业经济管理体系提出了更高要求。企业需要建立完善的服务质量管理体系、客户关系管理体系和风险管理体系等，确保服务质量和客户满意度。同时，企业还需要加强数据管理和分析能力，运用大数据、人工智能等技术手段提升服务效率和精准度。这些管理体系的完善与升级促使工业经济管理更加科学化和智能化。

## （四）服务化转型对工业经济管理方法的影响

服务化转型促使工业经济管理方法发生转变。企业需要借鉴精益生产的思想和方法，通过优化生产流程、降低成本和提高效率等方式提升服务产品的竞争力。同时，企业还需要采用敏捷服务的理念和方法，快速响应客户需求和市场变化，提供定制化和个性化的服务解决方案。这种精益生产与敏捷服务的结合促使工业经济管理更加灵活和高效。

服务化转型要求企业加强与供应链的协同管理。企业需要与供应商、分销商和合作伙伴等建立紧密的合作关系，共同推动服务化转型的进程。通过共享信息、优化库存和协同作业等方式，企业可以降低运营成本、提高服务效率和提升客户满意度。这种供应链管理的加强与协同促使工业经济管理更加协同化和一体化。

### （五）服务化转型对工业经济管理效果的影响

服务化转型有助于提升企业竞争力和盈利能力。通过提供增值服务、解决方案和长期合同等方式，企业可以增加收入来源并降低对单一产品销售的依赖。同时，优质的服务体验和客户满意度还可以提升品牌形象和口碑效应，进一步增强企业的市场竞争力。这种竞争力的提升和盈利能力的增强促使工业经济管理效果更加显著。

服务化转型有助于推动产业升级和可持续发展。通过引入新技术、新模式和新业态等方式，企业可以推动传统制造业向高端化、智能化和绿色化方向发展。同时，服务化转型还有助于企业实现资源的优化配置和循环利用，降低对环境的影响，并提升社会效益。这种产业升级和可持续发展的推动促使工业经济管理效果更加长远。

# 第二节　服务化转型在工业经济管理中的作用

## 一、服务化转型对工业经济管理的意义

服务化转型，作为当代工业发展的重要趋势，正在深刻地改变着工业经济的面貌。这一转型不仅意味着企业经营模式的转变，也代表着工业经济管理理念的革新和管理方法的升级。

### （一）服务化转型与工业经济管理理念的革新

传统的工业经济管理主要聚焦产品的生产、销售和成本控制。然而，在服务化转型的背景下，企业的关注点逐渐从产品转向服务，这意味着企业开始更加重视客户的需求、体验以及长期的价值创造。这种思维转变促使工业经济管理理念从短期的利润最大化转向长期的价值创造和客户满意度的提升。

服务化转型要求企业与客户建立更加紧密的关系，通过提供优质的服务来增加客户的忠诚度和满意度。这要求工业经济管理不仅关注产品本

身，还要关注服务的质量、效率和创新性。强化客户关系和服务意识有助于企业在竞争激烈的市场中脱颖而出，实现可持续发展。

## （二）服务化转型对工业经济管理体系的升级

服务化转型要求企业对其组织结构进行优化和调整，以适应新的服务模式和市场需求。企业可能需要设立专门的服务部门或团队，负责服务的研发、推广和交付。同时，企业还需要加强跨部门协作和资源整合，以确保服务化转型的顺利实施。这种组织结构的优化和调整使得工业经济管理体系更加灵活和高效。

服务化转型对工业经济管理体系提出了更高的要求。企业需要建立完善的服务质量管理体系、客户关系管理体系和风险管理体系等，以确保服务的质量和客户的满意度。同时，企业还需要加强数据管理和分析能力，运用大数据、人工智能等技术手段提升服务效率和精准度。这些管理体系的完善与创新使得工业经济管理更加科学化和智能化。

## （三）服务化转型对工业经济管理方法的改进

服务化转型促使工业经济管理方法发生转变。企业需要借鉴精益生产的思想和方法，通过优化生产流程、降低成本和提高效率等方式来提升服务产品的竞争力。同时，企业还需要采用敏捷服务的理念和方法，快速响应客户需求和市场变化，提供定制化和个性化的服务解决方案。这种精益生产与敏捷服务的融合使得工业经济管理更加灵活和高效。

服务化转型要求企业加强与供应链的协同管理。企业需要与供应商、分销商和合作伙伴等建立紧密的合作关系，共同推动服务化转型的进程。通过共享信息、优化库存和协同作业等方式，企业可以降低运营成本、提高服务效率和客户满意度。这种供应链管理的协同与优化使得工业经济管理更加协同化和一体化。

## （四）服务化转型对工业经济管理效果的提升

服务化转型有助于提升企业竞争力和盈利能力。通过提供增值服务、解决方案和长期合同等方式，企业可以增加收入来源并降低其对单一产品销售的依赖。同时，优质的服务体验和客户满意度还可以提升品牌形象及口碑效应，进一步增强企业的市场竞争力。这种竞争力的提升和盈利能力的增强使得工业经济管理效果更加显著。

服务化转型有助于推动产业升级和可持续发展。通过引入新技术、新模式和新业态等方式，企业可以推动传统制造业向高端化、智能化和绿色化方向发展。同时，服务化转型还有助于企业实现资源的优化配置和循环利用，降低对环境的影响并提升社会效益。这种产业升级和可持续发展的推动使得工业经济管理效果更加长远和深远。

# 二、服务化转型在工业经济管理中的应用场景

随着全球经济的不断发展和市场竞争的日益激烈，传统制造业正面临着前所未有的挑战。为了应对这些挑战并抓住新的发展机遇，越来越多的工业企业开始实施服务化转型。服务化转型不仅改变了企业的经营模式和盈利结构，还在工业经济管理中开辟了新的应用场景。

## （一）产品研发与设计阶段

服务化转型促使企业在产品研发与设计阶段更加注重客户需求。通过深入了解客户的使用场景、偏好和痛点，企业可以开发出更加贴近市场需求的产品。这种以客户需求为导向的产品开发模式，不仅提高了产品的市场接受度，还增强了企业的市场竞争力。

在服务化转型的背景下，企业在产品研发阶段就开始融入服务元素。例如，企业可以在产品中嵌入远程监控、预测性维护等智能服务功能，为客户提供更加全面和便捷的服务体验。这些服务元素的融入，不仅提升了产品的附加值，还为企业创造了新的盈利增长点。

## （二）生产制造阶段

服务化转型要求企业在生产制造阶段实现精益生产与柔性制造的有机结合。精益生产通过优化生产流程、降低浪费和提高效率，确保产品的高质量和低成本。柔性制造可以使企业能够快速响应市场需求变化，实现多品种、小批量的生产。这种结合使得企业能够灵活应对市场变化，满足客

户的个性化需求。

随着服务化转型的深入，服务型制造逐渐成为工业经济管理中的重要应用场景。服务型制造不仅关注产品的生产，更注重产品的使用和维护。企业通过建立完善的服务体系，为客户提供从产品交付到后期维护的全生命周期服务。这种服务模式不仅增强了客户的忠诚度，还为企业创造了稳定的收入来源。

## （三）市场营销与销售阶段

服务化转型促使企业在市场营销与销售阶段更加注重服务营销策略的制定。企业通过分析客户需求和市场趋势，制定符合市场需求的服务营销策略。例如，企业可以推出定制化服务、增值服务等差异化服务，以吸引和留住客户。这些服务营销策略的制定，不仅提升了企业的品牌形象，还增强了企业的市场竞争力。

服务化转型要求企业拓展和优化销售渠道，以适应新的市场需求。企业可以通过建立线上销售平台、与第三方电商平台合作等方式，拓展销售渠道并覆盖更广泛的客户群体。同时，企业还可以优化线下销售渠道的布局和服务质量，提升客户体验和满意度。这种销售渠道的拓展与优化，有助于企业更好地把握市场机遇并实现利润快速增长。

## （四）售后服务与客户关系管理

服务化转型促使企业在售后服务阶段进行升级与创新。企业通过建立完善的售后服务体系，为客户提供及时、专业、全面的售后服务。例如，企业可以推出远程技术支持、快速响应机制等服务项目，提高售后服务的效率和满意度。此外，企业还可以通过大数据分析等手段，预测潜在问题，并提前采取措施预防故障发生，进一步提升客户满意度和忠诚度。

服务化转型要求企业强化客户关系管理，建立长期稳定的客户关系。企业可以通过CRM系统等工具记录客户信息、分析客户行为并预测客户需求，为客户提供更加个性化的服务体验。同时，企业还可以通过定期回访、客户关怀等活动增强与客户的互动和沟通，增加客户黏性和忠诚度。这种客户关系管理的强化，有助于企业建立稳定的客户群体并实现可持续发展。

### （五）供应链管理与协同

服务化转型促使企业在供应链管理中更加注重服务的整合与优化。企业可以通过与供应商、分销商等合作伙伴建立紧密的合作关系，共同推动供应链服务的整合与优化。例如，企业可以与供应商合作开展联合研发、共同采购等活动降低成本并提高效率，与分销商合作开展市场推广、渠道拓展等活动扩大市场份额并提高品牌影响力。这种供应链服务的整合与优化有助于提升整个供应链的竞争力和盈利能力。

服务化转型要求企业加强供应链协同与信息共享，实现供应链各环节的高效协作和无缝对接。企业可以通过建立供应链协同平台或采用其他信息技术手段实现供应链信息的实时共享和透明化管理。这种协同与信息共享有助于企业快速响应市场变化、优化库存管理和提高物流效率等方面取得显著成效，进而提升整个供应链的竞争力和盈利能力。

## 三、服务化转型对工业经济管理的创新

随着全球经济的快速发展和技术的不断进步，传统工业经济管理模式正面临着前所未有的挑战。为了应对这些挑战并抓住新的发展机遇，越来越多的工业企业开始实施服务化转型。服务化转型不仅改变了企业的经营模式和盈利结构，也对工业经济管理模式带来了深刻的创新。

### （一）理念创新：从产品为中心到以客户为中心

传统工业经济管理模式往往以产品为中心，注重产品的生产、销售和成本控制。然而，在服务化转型的背景下，企业的关注点逐渐从产品转向客户，强调以客户为中心，注重客户需求、体验和长期价值创造。这种理念创新推动了工业经济管理模式的深刻变革。服务化转型促使企业在决策过程中更加注重客户需求。企业通过建立完善的客户需求收集和分析机制，及时了解客户的偏好、痛点和期望，将客户需求作为决策的重要依据。这种客户需求导向的决策机制有助于企业更加精准地把握市场趋势，开发出符合市场需求的产品和服务，提升市场竞争力。

在服务化转型过程中，企业开始将客户体验作为服务设计的核心要素。通过深入了解客户的使用场景、操作习惯和心理需求，企业可以设计出更加人性化、便捷和高效的服务流程和服务界面。这种客户体验优化的服务设计不仅提升了客户满意度和忠诚度，还为企业创造了差异化的竞争优势。

## （二）组织创新：构建服务型组织体系

服务化转型要求企业从传统的生产型企业向服务型企业转变，构建服务型组织体系。这种组织创新涉及组织结构的调整、职能部门的重组和业务流程的优化等多个方面。

为了适应服务化转型的需求，企业需要调整组织结构，实现扁平化与柔性化。扁平化的组织结构有助于减少管理层级、提高决策效率和响应速度；柔性化的组织结构则使企业能够快速适应市场变化、灵活调整业务布局。这种组织结构的调整有助于企业更好地满足客户需求、提升服务质量和效率。服务化转型要求企业建立并强化服务型职能部门，如客户服务部、技术支持部等。这些部门负责为客户提供全方位、专业化的服务支持，确保客户在使用产品和服务过程中获得良好的体验。同时，服务型职能部门的建立还有助于企业深入了解客户需求和市场趋势，为企业的产品和服务创新提供有力支撑。

## （三）流程创新：实现服务与生产的一体化

服务化转型促使企业将服务与生产紧密结合起来，实现服务与生产的一体化。这种流程创新有助于企业提升服务质量和效率，降低运营成本，增强市场竞争力。

在服务化转型过程中，企业开始将服务元素嵌入生产流程中。例如，在生产过程中引入远程监控、预测性维护等智能服务功能，确保产品在交付给客户前达到最佳状态。这种服务嵌入生产流程的做法不仅提升了产品的质量和可靠性，还为客户提供了更加便捷和高效的服务体验。为了实现服务与生产的一体化，企业需要加强生产与服务的协同优化。通过建立跨部门协作机制和信息共享平台，企业可以确保生产部门和服务部门之间的紧密配合与无缝对接。这种协同优化有助于企业快速响应客户需求变化、优化资源配置和提高整体运营效率。

### （四）技术创新：运用数字化、智能化手段提升服务能力

服务化转型离不开技术的支持。数字化、智能化等先进技术的应用为企业提升服务能力提供了有力保障。

企业可以通过构建数字化服务平台，实现服务的在线化、智能化和个性化。例如，通过搭建客户服务平台、技术支持平台等在线服务渠道，企业可以为客户提供 $7 \times 24$ 小时不间断的服务支持；通过运用大数据分析、人工智能等技术手段，企业可以深入了解客户需求和行为特征，为客户提供更加精准和个性化的服务体验。

智能化技术的应用为企业实现生产与服务系统的集成提供了可能。通过引入智能制造系统、物联网技术等先进手段，企业可以实现生产过程的自动化、智能化和可视化。同时，通过将这些系统与服务平台进行集成，企业可以实时监控生产状态、预测维护需求并及时响应客户问题。这种智能化生产与服务系统的集成不仅提升了企业的生产效率和产品质量，还为客户提供了更加高效和便捷的服务体验。

### （五）模式创新：探索新的商业模式和服务模式

服务化转型促使企业不断探索新的商业模式和服务模式以适应市场变化和提升竞争力。

传统工业企业往往以产品销售为主要盈利方式。然而，在服务化转型的背景下，企业开始从产品销售向解决方案提供转变。企业通过深入了解客户的业务需求和痛点问题，可以为客户提供定制化的解决方案和服务方案；通过整合内外部资源和技术手段，可以为客户提供"一站式"的服务支持。这种解决方案提供的商业模式不仅提升了企业的服务水平和市场竞争力，还为客户创造了更大的价值。服务化转型还促使企业从一次性交易向长期合作转变。企业通过提供优质的服务和解决方案以及建立紧密的客户关系管理机制，可以与客户建立长期稳定的合作关系；通过不断满足客户需求和提升客户体验以及提供持续的服务支持和价值创造，可以赢得客

户的信任和忠诚并实现长期稳定的收益增长。

# 四、服务化转型对工业经济管理竞争力的提升

随着全球经济一体化和市场竞争的日益激烈，传统工业经济管理模式面临着诸多挑战。为了应对这些挑战并抓住新的发展机遇，越来越多的工业企业开始实施服务化转型。服务化转型不仅改变了企业的业务模式和市场定位，也对工业经济管理竞争力产生了深远的影响。

## （一）拓展盈利空间，增加收入来源

服务化转型为企业带来了新的利润增长点，显著拓展了盈利空间。传统工业企业主要依靠产品销售获取利润，而服务化转型后，企业可以通过提供增值服务、技术咨询、维修保养等多样化服务来增加收入来源。这些服务往往具有较高的附加值，能够为企业带来更高的利润回报。例如，汽车制造企业不仅销售汽车产品，还提供金融贷款、保险、维修保养等"一站式"服务，从而构建多元化的盈利模式。这种多元化的盈利模式不仅增强了企业的盈利能力，还降低了对单一产品销售的依赖，提高了企业的抗风险能力。

## （二）提升客户价值，增加市场黏性

服务化转型有助于企业提升客户价值，增加市场黏性。通过深入了解客户需求和痛点，企业可以提供更加个性化、定制化的服务方案，满足客户的多样化需求。这种以客户为中心的服务理念不仅提升了客户的满意度和忠诚度，还增加了客户与企业的互动和黏性。例如，家电制造企业可以通过提供上门安装、调试、维修等售后服务，提高客户的使用体验和信任度；通过收集客户反馈和意见，不断优化产品和服务，形成良性循环。这种紧密的客户关系不仅有助于企业巩固现有市场份额，还为拓展新市场提供了有力支撑。

## （三）促进技术创新与产品升级

服务化转型促进了企业的技术创新与产品升级。在服务化转型过程

中，企业需要不断引入新技术、新工艺和新材料，以提升服务质量和效率。这种技术创新的需求推动了企业加大研发投入和技术创新力度，不断推出具有自主知识产权的新产品和新服务。例如，智能制造、物联网、大数据等先进技术的应用，不仅提升了企业的生产效率和质量水平，还为企业提供了更加精准、高效的服务支持。这种技术创新与产品升级不仅提升了企业的市场竞争力，还为企业的可持续发展奠定了坚实基础。

### （四）优化资源配置与降低成本

服务化转型有助于企业优化资源配置和降低成本。通过实施服务化转型，企业可以更加灵活地调整生产计划和供应链布局，实现资源的优化配置和高效利用。例如，企业可以根据市场需求变化及时调整生产计划，减少库存积压和浪费；通过优化供应链管理，降低采购成本、运输成本和物流成本等。此外，服务化转型还可以推动企业内部管理的变革和创新，提高管理效率和执行力。这种资源配置的优化和成本的降低不仅提升了企业的盈利能力，还增强了企业的市场竞争力。

### （五）增强品牌影响力和市场竞争力

服务化转型有助于企业增强品牌影响力和市场竞争力。通过提供高质量、个性化的服务体验，企业可以树立良好的品牌形象和口碑效应。这种品牌形象的提升不仅有助于企业吸引更多潜在客户和合作伙伴，还为企业赢得了更多市场份额和竞争优势。例如，一些国际知名品牌通过提供卓越的售后服务和客户关怀计划，赢得了全球消费者的广泛认可和信赖。这种品牌影响力的增强不仅提升了企业的市场地位和议价能力，还为企业的国际化发展提供了有力支撑。

### （六）推动产业协同与生态构建

服务化转型推动了产业协同与生态构建。在服务化转型过程中，企业需要与上下游企业、科研机构、行业协会等多方合作，共同推动产业链条的优化和升级。这种产业协同不仅有助于企业获取更多的资源和支持，还为企业提供了更加广阔的发展空间和市场机遇。例如，一些制造业企业通过与服务业企业的合作，共同打造智慧工厂、工业互联网等新型业态，推动了制造业与服务业的深度融合和协同发展。这种产业生态的构建不仅提升了整个产业链条的竞争力和创新能力，还为企业的可持续发展提供了有力保障。

# 第三节　服务化转型的前沿理论与模式

## 一、服务化转型的前沿理论概述

在当今全球经济格局下，服务化转型已成为工业企业转型升级的重要路径之一。随着技术的飞速发展和市场需求的不断变化，服务化转型的理论研究与实践探索日益深入，形成了一系列前沿理论。

### （一）服务化转型的概念

服务化转型，简而言之，是指工业企业从以产品制造为核心向以提供服务为核心转变的过程。这一转型不仅涉及产品形态的变化，还深刻地体现在企业价值创造模式、市场定位、组织结构和运营流程等多个层面的根本性变革。服务化转型的核心在于通过整合产品、服务和技术，为客户提供整体解决方案，从而实现价值的最大化。

### （二）服务化转型的理论演进

服务化转型的理论研究起步于20世纪70年代，随着服务业在国民经济中地位的不断提升，服务创新理论逐渐受到关注。服务化转型的理论演进大致经历了以下几个阶段。

初期探索阶段：这一阶段主要关注服务作为产品附加值的延伸，认为服务化是制造业功能的扩展，通过在有形产品的基础上附加额外服务，实现企业产品价值和使用价值的延伸。

理论深化阶段：随着研究的深入，学者们开始认识到服务化不仅是产品附加值的简单增加，而是一种全新的价值创造模式。这一阶段的理论研究强调服务在价值链中的核心地位，以及服务化转型对企业竞争力和盈利能力的深远影响。

系统整合阶段：近年来，服务化转型的理论研究趋向于系统化和整合化。学者们开始从产业链、创新系统、组织变革等多个维度探讨服务化转型的机理和路径，强调服务化转型是一个涉及技术、市场、组织等多个层面的复杂过程。

## （三）服务化转型的关键要素

服务化转型的成功实施依赖多个关键要素的共同作用，这些要素包括但不限于：

客户需求导向：服务化转型的核心在于以客户需求为导向，通过深入了解客户需求和痛点，提供定制化、个性化的服务解决方案。

技术创新与应用：技术创新是服务化转型的重要驱动力。通过引入云计算、大数据、人工智能等先进技术，企业可以提升服务效率和质量，实现服务的智能化和个性化。

组织结构与流程变革：服务化转型要求企业调整组织结构和优化运营流程，以适应服务化业务的需求。这包括建立跨部门协作机制、加强服务团队建设、优化服务流程等。

人才队伍建设：服务化转型对人才提出了更高的要求。企业需要引进和培养具备服务意识、专业技能和创新能力的人才队伍，以支撑服务化业务的发展。

品牌建设与市场拓展：品牌建设是服务化转型成功的重要标志之一。通过提升服务质量、优化客户体验、加强市场宣传等方式，企业可以树立良好的品牌形象，进而拓展市场份额。

## （四）服务化转型的实施策略

为了成功实施服务化转型，企业需要采取以下一系列有效的策略措施。

明确转型目标与路径：企业应结合自身实际情况和市场需求，明确服务化转型的目标和路径，制订切实可行的转型计划。

加强技术研发与创新：企业应加大技术研发投入力度，关注前沿技术的发展趋势，积极引入和应用新技术，提升服务化业务的技术含量和竞争力。

优化组织结构与流程：企业应调整组织结构，优化运营流程，建立跨部门协作机制，加强服务团队建设，确保服务化业务的顺畅运行。

强化人才培养与引进：企业应注重人才培养和引进工作，建立完善的人才培训体系，提升员工的服务意识和专业技能，为服务化业务的发展提供有力支撑。

深化市场与客户关系：企业应加强与客户的沟通与互动，深入了解客户需求和痛点，提供定制化、个性化的服务解决方案，提升客户满意度和忠诚度。

推动品牌建设与市场拓展：企业应注重品牌建设和市场拓展工作，通过提升服务质量、优化客户体验、加强市场宣传等方式，树立良好的品牌形象，拓展市场份额。

## （五）服务化转型的未来趋势

展望未来，服务化转型将呈现以下发展趋势。

深度融合与跨界合作：随着技术的不断进步和市场需求的不断变化，服务化转型将更加注重与制造业、信息技术等其他产业的深度融合与跨界合作，形成新的产业生态和价值链体系。

智能化与个性化服务：人工智能、大数据等先进技术的应用将进一步推动服务的智能化和个性化发展。企业将通过智能算法和数据分析技术，实现服务的精准推送和个性化定制，提升客户体验和满意度。

绿色化与可持续发展：在全球环保意识日益增强的背景下，服务化转型将更加注重绿色化和可持续发展。企业将通过提供环保产品、节能减排服务等方式，推动经济社会的可持续发展。

全球化与国际化：随着全球经济一体化的深入发展，服务化转型将更加注重全球化和国际化布局。企业将积极拓展海外市场，加强与国际知名企业的合作与交流，提升国际竞争力和品牌影响力。

# 二、服务化转型的模式与路径选择

在全球化竞争日益激烈和市场需求不断变化的背景下，服务化转型已成为众多工业企业寻求可持续发展和提升竞争力的重要途径。服务化转型不仅涉及企业业务模式的深刻变革，还关系到组织结构、资源配置、市场策略等多方面的调整。

## （一）服务化转型的模式

服务化转型的模式多种多样，企业可根据自身实际情况和市场环境选择适合的模式。

产品服务化模式是指企业不再仅仅销售产品本身，而是将产品与服务相结合，为客户提供包含产品全生命周期服务的整体解决方案。这种模式下，企业不仅关注产品的生产和销售，更注重产品的后续使用、维护、升级等增值服务，从而延长产品价值链，提升客户价值和企业盈利能力。例如，电梯制造企业不仅销售电梯产品，还提供安装、调试、维修保养等"一站式"服务，确保电梯的安全运行和客户的满意体验。解决方案服务模式是指企业根据客户的具体需求和问题，提供定制化的解决方案服务。这种模式下，企业不再局限于单一产品的提供，而是综合运用技术、知识、经验等资源，为客户解决复杂问题或实现特定目标。例如，信息技术服务企业可以根据客户的需求，提供系统集成、软件开发、云计算解决方案等全方位服务，帮助客户提升信息化水平和业务效率。

平台化服务模式是指企业构建开放共享的服务平台，吸引多方参与者加入，共同创造价值。这种模式下，企业作为平台的运营者，通过提供基础设施、技术支持、规则制定等服务，促进平台上各参与方的互动与合作，实现资源的优化配置和价值的最大化。例如，电商平台通过提供商品展示、交易撮合、物流配送等服务，连接消费者和商家，推动电商生态的繁荣发展。网络化服务模式是指企业利用互联网和信息技术手段，打破地域和时间的限制，实现服务的远程化、网络化提供。这种模式下，企业可以跨越物理界限，将服务触角延伸至更广泛的市场和客户群体。例如，远程医疗服务通过互联网技术，实现医生对患者的远程会诊、咨询和治疗，提高了医疗服务的可及性和效率。

## （二）服务化转型的路径选择

服务化转型的路径选择是企业成功实施服务化战略的关键。

企业在启动服务化转型之前，应首先明确转型的目标与愿景。这包括确定转型的方向、范围、预期成果以及对企业未来发展的意义等。明确的目标与愿景有助于统一企业内部思想，激发员工的积极性和创造力，为转型工作提供有力的指导。企业应对自身的资源与能力进行全面评估，包括技术实力、人才储备、市场地位、品牌影响力等方面。通过评估，企业可以了解自身的优势和不足，为选择适合的转型模式和路径提供依据。同时，企业还应关注外部环境的变化，如市场需求、竞争态势、政策导向等，确保转型决策的科学性和合理性。

在明确转型目标与愿景并评估自身资源与能力的基础上，企业应制订详细的转型计划。转型计划应包括转型的具体步骤、时间表、责任分配、资源投入等方面。制订详细的转型计划有助于确保转型工作的有序进行和有效推进。同时，企业还应建立相应的监控和评估机制，对转型进展进行实时跟踪和评估，及时调整转型策略以应对可能出现的风险和挑战。服务化转型不仅涉及业务模式的变革，还关系到组织结构和企业文化的调整。企业应加强组织与文化变革工作，推动组织结构的扁平化、灵活化和网络化发展；倡导以客户为中心的服务理念和创新精神，营造开放、协作、共享的企业文化氛围。组织与文化变革有助于打破传统思维模式和行为习惯的束缚，激发员工的创新潜能和工作热情，为服务化转型提供有力的组织保障和文化支撑。

技术创新是服务化转型的重要驱动力。企业应加大技术研发投入力度，关注前沿技术的发展趋势和应用前景；积极引入和应用新技术、新工艺和新材料等手段提升服务效率和质量水平。例如，利用大数据、人工智能、物联网等技术手段实现服务的智能化、个性化和精准化提供；利用云计算、区块链等技术手段提升服务的可靠性和安全性等。技术创新与应用有助于提升企业的服务创新能力和市场竞争力。深化市场与客户关系是服务化转型成功的重要保障。企业应加强与客户的沟通与互动工作，深入了解客户的需求和痛点问题；提供定制化、个性化的服务解决方案满足客户的多样化需求提升客户满意度和忠诚度。此外，企业还应积极拓展新的市场空间和客户资源，寻找新的增长点和发展机遇。深化市场与客户关系有助于巩固和提升企业的市场地位和品牌形象，为服务化转型提供稳定的市场基础和客户支持。

构建生态合作体系是服务化转型的重要趋势之一。企业应积极寻求与产业链上下游企业、科研机构、行业协会等多方合作机会，共同构建开放共享的服务生态体系实现资源共享、优势互补和互利共赢。例如，与供应商建立紧密的合作关系，确保供应链的稳定性和可靠性；与科研机构合作开展技术研发和创新工作，提升企业的技术实力和创新能力；与行业协会合作参与行业标准制定和推广工作，提升企业在行业内的地位和影响力等。构建生态合作体系有助于拓展企业的服务领域和市场空间，提升企业的综合服务能力和市场竞争力。

# 三、服务化转型的理论与实践结合点

服务化转型，作为工业企业转型升级的重要路径，其成功实施不仅依赖理论上的深入探索，也离不开实践中的具体操作与经验积累。

## （一）服务化转型的理论基础

服务化转型的理论基础主要涵盖价值链理论、分工理论、能力理论等多个方面。

价值链理论由迈克尔·波特提出，强调企业的价值创造活动是由一系列相互关联的环节组成的链条。在服务化转型的背景下，价值链理论指出，企业不应仅关注产品制造环节的价值创造，也应重视服务环节在价值链中的增值作用。通过向客户提供全方位的服务解决方案，企业可以延长产品价值链，提升产品附加值，从而增强市场竞争力。分工理论指出，分工是经济增长的源泉。在服务化转型过程中，企业可以通过细化服务环节、优化服务流程等方式实现专业化分工，提高服务效率和质量。同时，分工的深化还有助于企业形成差异化的竞争优势，满足不同客户的个性化需求。

能力理论认为，企业的核心竞争力来自其独特的能力组合。在服务化转型中，企业需要构建包括技术能力、客户问题识别能力、服务开发能力、资源吸收能力和合作协同能力在内的综合能力体系。这些能力的提升有助于企业更好地适应市场需求变化，进而提供更具竞争力的服务解决方案。

## （二）服务化转型的实践探索

服务化转型的实践探索涉及多个方面，包括组织变革、技术创新、市场拓展、客户关系管理等。

服务化转型要求企业从传统的产品制造型企业向服务型企业转变，这必然伴随着组织结构的调整和优化。企业需要打破原有的部门壁垒，建立跨部门协作机制，形成以客户为中心的服务型组织。同时，企业还应加强对员工的培训和教育，提升员工的服务意识和专业能力，确保服务化转型的顺利实施。技术创新是服务化转型的重要驱动力。企业应加大技术研发投入力度，关注前沿技术的发展趋势和应用前景。通过引入和应用新技术、新工艺和新材料等手段提升服务效率与质量水平。例如，利用大数据、人工智能、物联网等技术手段，实现服务的智能化、个性化和精准化提供；利用云计算、区块链等技术手段，提升服务的可靠性和安全性等。技术创新的应用不仅有助于提升企业的服务创新能力，还能增强企业的市场竞争力。

市场拓展是服务化转型的关键环节之一。企业需要深入分析市场需求和竞争态势，明确目标客户群体和定位。通过制定差异化的市场策略，提供个性化的服务解决方案满足客户的多样化需求。同时企业还应积极开拓新的市场空间和客户资源，寻找新的增长点和发展机遇。市场拓展的成功与否直接关系到企业服务化转型的成效和可持续发展能力。客户关系管理是服务化转型的核心内容之一。企业需要加强与客户的沟通与互动工作，深入了解客户的需求和痛点问题。通过建立完善的客户关系管理系统，实现对客户信息的全面收集和分析，为制订个性化的服务解决方案提供有力支持。同时企业还应注重提升客户满意度和忠诚度，通过提供优质的服务体验，增加客户黏性，促进客户复购和口碑传播。客户关系管理的优化，有助于提升企业的市场竞争力和品牌形象。

### （三）理论与实践的结合点

服务化转型的理论与实践之间存在多个结合点，这些结合点是推动企业成功实现服务化转型的关键所在。

理论是实践的先导和指南。在服务化转型过程中，企业需要运用价值链理论、分工理论、能力理论等理论工具，深入分析市场需求、竞争态势和企业自身资源与能力状况明确转型方向及路径。理论指导实践有助于企业避免盲目决策和无效投入，确保转型工作的有序进行和有效推进。实践是检验真理的唯一标准。在服务化转型过程中，企业需要不断总结经验教训调整和完善转型策略，以适应市场变化和企业发展需求。实践验证理论有助于企业发现理论中的不足和缺陷，推动理论的不断完善和发展。同时实践中的成功案例和经验积累，还可以为其他企业提供有益的借鉴和参考。

理论与实践相互促进是推动服务化转型不断深化的重要动力。一方面，理论研究成果可以为实践提供有力支持指导实践中的具体操作和策略制定；另一方面，实践中的经验积累和问题反馈可以推动理论的不断完善与创新形成良性循环。理论与实践的相互促进有助于企业更好地适应市场需求变化，提升服务化转型的成效和可持续发展能力。

# 第四节　服务化转型的挑战与实施策略

## 一、服务化转型实施面临的挑战与问题

服务化转型作为企业战略调整的重要方向，旨在通过深化服务环节，提升产品附加值，增强市场竞争力。然而，这一转型过程并非一帆风顺，企业在实施过程中往往面临诸多挑战与问题。

### （一）内部挑战

1.组织结构与文化的惯性

组织结构僵化：传统制造企业往往以产品为中心构建组织结构，部门

间壁垒森严，缺乏跨部门协作机制。服务化转型要求企业打破这种僵化结构，建立以客户为中心的服务型组织，这涉及部门重组、职责重新划分等复杂问题。

企业文化转变困难：企业文化是企业长期形成的价值观和行为规范，服务化转型需要企业从产品导向转向服务导向，这种文化转变往往难以一蹴而就。员工可能对新的服务理念产生抵触情绪，进而会影响服务化转型的推进。

2.人才与技能短缺

专业人才匮乏：服务化转型需要企业具备一批既懂技术又懂市场的复合型人才，能够为客户提供专业的服务解决方案。然而，现实情况是企业往往缺乏这类人才，导致出现在转型过程中人才瓶颈问题突出。

技能提升滞后：即使企业拥有一定数量的专业人才，他们的技能提升速度也往往滞后于市场需求的变化。企业需要投入大量资源进行员工培训，以提升其服务能力和市场响应速度。

3.技术与创新压力

技术投入不足：服务化转型离不开技术的支持，包括大数据、人工智能、物联网等前沿技术的应用。然而，许多企业在技术投入方面存在不足，导致服务创新能力受限，难以满足客户的多样化需求。

创新能力不足：创新是企业持续发展的动力源泉。服务化转型要求企业具备较强的创新能力，能够不断推出新的服务产品和解决方案。然而，许多企业在创新方面存在短板，导致服务同质化现象严重，难以形成竞争优势。

## （二）外部挑战

市场需求具有不确定性和快速变化的特点。服务化转型需要企业紧跟市场需求变化，灵活调整服务策略和产品组合。然而，由于信息不对称和预测难度大等原因，企业往往难以准确把握市场需求的变化趋势，导致其服务和产品与市场需求脱节。

随着服务化转型的深入推进，越来越多的企业加入服务市场的竞争中来。这导致服务市场竞争环境日益激烈，企业面临着来自同行、跨界竞争对手以及新兴业态的多重压力。如何在激烈的市场竞争中脱颖而出成为企业亟待解决的问题。

服务化转型涉及多个领域和环节，需要完善的政策法规和标准体系来规范和引导。然而，目前许多领域仍存在政策法规缺失或不完善的问题，给企业服务化转型带来了一定的风险和不确定性。同时，标准体系的不健全也导致服务产品质量参差不齐难以保障客户的合法权益。

### （三）具体问题

企业在开发服务产品时，往往过于关注自身技术能力和资源条件而忽视了客户需求的变化。这导致服务产品与客户需求不匹配，难以满足客户的实际需求，影响客户满意度和忠诚度。

服务化转型需要企业在研发、营销、运营等多个环节加大投入力度导致服务成本高昂。同时由于服务产品的无形性和个性化特点，使得服务成本难以精确控制和预测，给企业带来了一定的财务压力。服务质量是企业服务化转型成功与否的关键因素之一。然而由于服务过程的复杂性和不确定性以及员工技能水平的差异等因素，导致服务质量不稳定难以满足客户的期望和要求。

## 二、服务化转型的实施策略与路径规划

随着市场竞争的加剧和消费者需求的日益多样化，服务化转型已成为众多企业寻求可持续发展的重要途径。服务化转型不仅要求企业从产品导向转变为服务导向，还涉及组织结构、运营模式、技术创新等多个方面的深刻变革。

### （一）服务化转型的实施策略

服务化转型的首要任务是明确转型目标与愿景。企业应深入分析市场需求、竞争态势及自身资源与能力状况，确定转型的具体目标和长远愿景。这些目标应具体、可量化，并与企业的总体战略保持一致。同时，通过愿景的设定，激发员工的积极性和创造力，可以为转型工作提供强大的精神动力。服务化转型要求企业打破传统的部门壁垒，建立以客户为中心

的服务型组织。因此，优化组织结构与流程成为实施策略的关键环节。企业应重新划分部门职责，加强跨部门协作，确保服务流程的顺畅高效。同时，通过引入项目管理、流程再造等现代管理方法，提升组织的响应速度和创新能力。

人才是企业发展的核心资源。在服务化转型过程中，企业应注重人才队伍的建设和培养。一方面，通过引进具有服务意识和创新能力的复合型人才，为转型工作注入"新鲜血液"；另一方面，加强内部员工的培训和教育，提升其服务技能和综合素质。此外，建立完善的激励机制和晋升机制，激发员工的积极性和创造力，为转型工作提供有力的人才保障。技术创新是服务化转型的重要驱动力。企业应加大技术研发投入力度，关注前沿技术的发展趋势和应用前景。通过引入大数据、人工智能、物联网等先进技术，提升服务的智能化、个性化和精准化水平。同时，加强与高校、科研机构等外部机构的交流与合作，共同推动技术创新与应用的发展。

客户关系管理是服务化转型的核心内容之一。企业应建立完善的客户关系管理系统，实现对客户信息的全面收集和分析。通过深入了解客户需求和偏好，企业可以提供个性化的服务解决方案，提升客户满意度和忠诚度。同时，企业可以加强客户沟通与互动，建立良好的客户关系网络，为企业创造更多的商业机会和价值。

## （二）服务化转型的路径规划

在启动服务化转型之前，企业应进行充分的市场调研与需求分析。通过问卷调查、访谈、数据分析等手段，了解目标市场的规模、结构、需求特点等信息。同时，深入分析竞争对手的服务模式和策略，明确自身的优势和劣势。基于市场调研结果，制订符合市场需求的服务化转型方案。产品与服务创新是服务化转型的核心路径之一。企业应围绕客户需求和市场变化，不断推出新的服务产品和解决方案。通过技术创新和服务模式创新，提升产品的附加值和竞争力。同时，企业可以加强与产业链上下游企业的合作与交流，共同推动产品与服务的创新发展。

供应链整合与优化是服务化转型的重要保障。企业应加强与供应商、分销商等合作伙伴的沟通与协作，建立稳定的供应链关系。通过引入先进的供应链管理理念和技术手段，提升供应链的响应速度和协同效率。同时，加强对供应链风险的监控和管理，确保供应链的稳定性和安全性。数字化与智能化转型是服务化转型的重要趋势。企业应积极推动数字化转型工作，将数字技术应用于服务流程的各个环节。通过建设数字化服务平台、引入智能客服系统等手段，提升服务的便捷性和高效性。同时，加强数据分析和挖掘能力，为服务创新提供有力支持。在智能化转型方面，企业应关注人工智能、物联网等前沿技术的应用和发展趋势，推动服务的智能化升级。

组织变革与文化重塑是服务化转型的内在要求。企业应根据转型目标和愿景的要求，推动组织结构的优化和流程再造工作。通过引入扁平化管理、项目制管理等现代管理方法，提升组织的灵活性和创新能力。同时，加强企业文化建设工作，培育以客户为中心的服务理念和创新精神。通过组织变革和文化重塑工作的深入推进，为服务化转型提供坚实的组织保障和文化支撑。服务化转型是一个持续的过程，需要企业不断进行评估和改进工作。企业应建立完善的评估体系和方法论，对转型工作的进展和成效进行定期评估。通过评估结果的分析和反馈，及时调整转型策略和路径，确保转型工作的顺利进行和可持续发展。同时鼓励员工提出改进意见和建议，形成全员参与、持续改进的良好氛围。

# 三、服务化转型的风险管理与应对策略

随着全球经济的不断发展和市场竞争的日益激烈，越来越多的企业开始探索服务化转型的道路，以期通过深化服务环节来提升产品附加值，增强市场竞争力。然而，服务化转型并非一帆风顺，企业在实施过程中面临着诸多风险与挑战。因此，有效的风险管理与应对策略对服务化转型的成功至关重要。

## （一）服务化转型面临的主要风险

市场风险是服务化转型中最直接、最显著的风险之一。由于市场需求的不确定性，企业可能难以准确预测市场变化，导致服务产品与市场需求不匹配，进而影响企业的市场占有率和盈利能力。此外，新进入者和替代品的威胁也可能加剧市场竞争，使企业在服务化转型中面临更大的市场压力。服务化转型要求企业打破传统的组织结构和文化惯性，建立以客户为中心的服务型组织。然而，这一过程中可能遭遇组织内部的阻力和抵触情绪，导致转型进展缓慢甚至失败。同时，企业文化的转变也是一个长期且复杂的过程，需要企业投入大量时间和精力进行引导与培育。

技术创新是服务化转型的重要驱动力，但企业在引进和应用新技术时也可能面临风险。一方面，新技术的投入成本较高，可能给企业带来财务压力；另一方面，新技术的应用效果可能难以预测，存在失败的风险。此外，企业在技术创新过程中还可能面临知识产权侵权等法律风险。服务化转型需要企业具备一批既懂技术又懂市场的复合型人才。然而，现实情况是企业往往缺乏这类人才，导致在转型过程中人才瓶颈问题突出。同时，即使企业拥有一定数量的专业人才，但由于服务化转型的复杂性和不确定性，员工也可能难以迅速适应新的工作环境和要求，进而影响转型的顺利进行。

服务化转型过程中，企业与供应链上下游企业及合作伙伴的关系可能发生变化。供应链的不稳定性、合作伙伴的违约行为等都可能给企业带来损失。此外，随着服务化转型的深入推进，企业对供应链和合作伙伴的依赖程度可能增加，进一步加大了风险管理的难度。

## （二）服务化转型的风险管理策略

企业应建立完善的风险管理体系，明确风险管理的目标、原则、流程和责任分工。通过设立专门的风险管理部门或岗位，负责风险识别、评估、监控和应对工作。同时，建立健全的风险管理制度和流程，确保风险管理工作有章可循、有据可查。企业应密切关注市场动态和客户需求变化，通过市场调研和需求分析等手段掌握市场信息和客户反馈。在此基础上，制订符合市场需求的服务化转型方案，确保服务产品与市场需求紧密对接。同时，加强对竞争对手的分析和研究，及时调整竞争策略以应对市场变化。

企业在服务化转型过程中应注重组织与文化变革的管理。通过加强内部沟通和协调，消除组织内部的阻力和抵触情绪；通过培训和引导等方式培育以客户为中心的服务理念和创新精神；通过建立激励机制和晋升机制激发员工的积极性和创造力。此外，企业还应关注员工技能的提升和知识的传承问题，确保员工能够适应新的工作环境和要求。技术创新是服务化转型的重要支撑。企业应加大技术创新与研发投入力度，关注前沿技术的发展趋势和应用前景。通过引进和应用新技术提升服务的智能化、个性化和精准化水平；通过加强自主研发和创新能力提升企业的核心竞争力。同时，企业还应加强知识产权保护和法律风险防控工作确保技术创新活动的合法合规性。

企业应建立多元化的人才队伍以满足服务化转型的需求。通过引进和培养复合型人才，提升企业的服务创新能力和市场竞争力；通过加强内部员工的培训和教育，提升其服务技能和综合素质；通过建立激励机制和晋升机制，激发员工的积极性和创造力。此外，企业还应关注员工队伍的稳定性和忠诚度问题，确保人才队伍的稳定性和可持续发展性。

## （三）服务化转型的应对策略

针对服务化转型过程中可能遇到的各种风险，企业应制订灵活的应对方案。通过设定风险预警指标和阈值，及时监测和评估风险状况；通过制定应急预案和响应机制，确保在风险发生时能够迅速响应并妥善处理；通过建立风险储备金制度，为应对突发风险事件提供资金保障。企业应加强与供应链和合作伙伴的沟通与协作，并建立稳定的合作关系。通过定期召开供应链会议和合作伙伴大会等方式，加强信息共享和沟通协调；通过建立长期合作机制和互利共赢的合作模式，增强供应链的稳定性和可靠性；通过加强合同管理和风险防控工作，降低因合作伙伴违约行为带来的损失。

提升客户服务质量和满意度是服务化转型的核心目标之一。企业应建立完善的服务质量监控体系对服务过程进行实时监测和评估；通过设立专门的服务质量监控部门或岗位，负责服务质量的监督和管理；通过加强与客户的沟通与互动，及时了解客户需求和反馈；通过优化服务流程和提升服务水平，提高客户满意度和忠诚度。随着技术的不断进步和市场的不断变化新兴领域和趋势不断涌现。企业应关注这些新兴领域和趋势的发展动态，及时把握市场机遇和应对风险挑战。通过加强技术研发和创新能力，提升企业在新兴领域的竞争力；通过加强市场调研和需求，分析掌握新兴领域的市场需求和竞争态势；通过加强与政府、行业协会等机构的交流与合作，获取政策支持和行业指导。

# 参考文献

[1] 肖翔，董香书. 中国工业经济发展研究 [M]. 武汉：华中科技大学出版社，2019.

[2] 陈名. 沿江型城市工业经济与水资源环境耦合研究 [M]. 北京：海洋出版社，2020.

[3] 张战仁，徐剑光. 温州工业经济竞争力比较研究 [M]. 杭州：浙江工商大学出版社，2018.

[4] 史丹，王稼琼. 中国经济高质量增长 中国工业经济学会2018年年会优秀论文集 [M]. 北京：对外经济贸易大学出版社，2019.

[5] 朱东波. 绿色经济视域下中国工业结构转型 [M]. 厦门：厦门大学出版社，2021.

[6] 安玉新，王永东. 民营经济助力沈阳老工业基地振兴研究 [M]. 沈阳：东北大学出版社，2019.

[7] 张立东，孟祥波. 经济类下中国轻工业十三五规划教材 高等数学 [M]. 北京：机械工业出版社，2021.

[8] 郑飞. 产业生命周期、市场集中与经济绩效 基于中国工业子行业的实证研究 [M]. 北京：中国经济出版社，2021.

[9] 李丽清. 高等学校应用型经济管理专业十三五规划精品教材 工业工程应用案例分析 [M]. 武汉：华中科技大学出版社，2021.

[10] 哈静，李超，解思雨. 沈阳经济区工业遗产空间格局 [M]. 广州：华南理工大学出版社，2017.

[11] 张天华. 现代经济管理学新视野研究丛书 政策干预、资源配置与宏观经济效率 基于中国工业企业的估算 [M]. 武汉：武汉大学出版社，2020.

[12] 薛漫天. 长三角引领长江经济带构建外向型工业布局研究 [M]. 南京：

东南大学出版社，2020.

[13] 刘孝斌. 工业化后期宏观经济关系的阶段性审视 来自中国及世界的实证 [M]. 北京：中国致公出版社，2018.

[14] 宋文文. 河南大学商学院学术文库·财会金融系列 经常账户失衡与经济结构的关系 区工业化与经济虚拟化的影响 [M]. 北京：中国经济出版社，2016.

[15] 薛玲仙，白武华. 从工业社会走向生态社会的理论与实践 榆林高新区以技术创新引领经济社会生态化转型 [M]. 西安：陕西人民出版社，2013.

[16] 金明. 东北老工业基地绿色经济发展的法律生态研究 [M]. 长春：吉林人民出版社，2013.

[17] 李昂. 设计驱动经济变革 中国工业设计产业的崛起与挑战 [M]. 北京：机械工业出版社，2014.